成渝地区双城经济圈高质量协同发展研究丛书

成都市科技局软科学资助课题：
成都市县域经济差异化创新发展对策研究（项目编号：2016-RK00-00304-ZF）

基于共同富裕视角
创新驱动县域经济高质量发展
战略路径研究

——以成都市为例

唐　琼/著

西南财经大学出版社
中国·成都

图书在版编目（CIP）数据

基于共同富裕视角创新驱动县域经济高质量发展战略路径研究：以成都市
为例/唐琼著.—成都：西南财经大学出版社，2023.8
ISBN 978-7-5504-5840-6

Ⅰ.①基… Ⅱ.①唐… Ⅲ.①县级经济—区域经济发展—研究—成都
Ⅳ.①F127.711

中国国家版本馆 CIP 数据核字（2023）第 123319 号

基于共同富裕视角创新驱动县域经济高质量发展战略路径研究
——以成都市为例
JIYU GONGTONG FUYU SHIJIAO CHUANGXIN QUDONG XIANYU JINGJI GAOZHILIANG FAZHAN ZHANLÜE LUJING YANJIU
——YI CHENGDU SHI WEILI

唐 琼 著

责任编辑：李 琼
责任校对：李思嘉
封面设计：墨创文化
责任印制：朱曼丽

出版发行	西南财经大学出版社（四川省成都市光华村街55号）
网 址	http://cbs.swufe.edu.cn
电子邮件	bookcj@swufe.edu.cn
邮政编码	610074
电 话	028-87353785
照 排	四川胜翔数码印务设计有限公司
印 刷	四川五洲彩印有限责任公司
成品尺寸	170mm×240mm
印 张	17.75
字 数	435 千字
版 次	2023 年 8 月第 1 版
印 次	2023 年 8 月第 1 次印刷
书 号	ISBN 978-7-5504-5840-6
定 价	88.00 元

序

创新是这个时代的特质。从人类社会经济演进发展史看，创新驱动、经济高质量发展与共同富裕之间的互动关系，是生产力与生产关系、经济基础与上层建筑关系的外在延伸和内在升华。马克思深刻地阐述了这三者间的辩证关系。自熊彼特把创新引入经济生产系统，创新与经济发展的关系便成为国内外经济学、管理学等学科研究的热点。学者普遍认为创新有助于经济的转型、结构优化和向更高质量发展。经济高质量发展是共同富裕的物质基础和条件保障；而创新与共同富裕的关系，正如创新扩散理论之父罗杰斯所言，是有条件的。

共同富裕是中国特色社会主义的本质要求。党的十八大将创新驱动上升为国家战略；党的十九大首次提出我国经济已转向高质量发展阶段，强调创新是引领发展的第一动力；党的二十大指出，高质量发展是全面建设社会主义现代化国家的首要任务，并赋予创新在我国现代化建设全局中的核心地位。习近平总书记指出："共同富裕本身就是社会主义现代化的一个重要目标。"可见，创新驱动、经济高质量发展、共同富裕是我国社会主义现代化建设中的三个关键变量和长期关注的议题，也成为近年我国高校、科研机构和政府部门等的专家学者、领导干部等关注的热点。

"郡县富国乃安。"县域是我国的基本行政单元。2017年国务院办公厅发布《关于县域创新驱动发展的若干意见》（国办发〔2017〕43号）指出："我国创新驱动发展战略实施的基础在县域，活力在县域，难点也在县域。"之后，特别是乡村振兴战略实施以来，加快推动县域经济创新驱动发展成为理论研究与实践的热点。成都市作为我国城乡统筹发展策源地，全国八大全面创新改革试验区之一的四川核心区，以及成渝地区双城经济圈建设的双核之一，创新驱动发展战略实施与共同富裕实践走在全省甚至全国前列。目前，系统、全面研究创新驱动区域经济高质量发展促进共同富裕的成果不多见。本书基于较前沿的共同富裕视角探讨了创新驱动成都市县域经济高质量发展相关问题。

本书是作者十多年来关注和研究成都市创新发展过程的成果集成。本书主要围绕西部创新驱动发展先行区成都市及其县域创新驱动战略的实施，是否促进了经济高质量发展，推动共同富裕有效实现，以及"十四五"及未来更长时期的战略路径选择等展开研讨。为探究和解决这一多重互动问题，作者基于战略管理领域的资源基础理论、创新经济理论、国家发展阶段理论、创新扩散理论和新制度经济学等构建了本书的理论分析框架。

在本书中，作者通过定量分析成都市县域经济创新能力及空间特点，利用波特及钱纳里经济发展阶段理论研判了成都市县域经济发展所处阶段，基于多时空尺度实证分析了成都市及其县域创新驱动经济高质量发展促进共同富裕的成效、特点，并进一步探讨了创新驱动、经济高质量发展与共同富裕三者的数理逻辑量化关系，尝试厘清创新、创新经济、创新政策中的相关问题，从经济关联与操作层面提供新的见解，实证结果十分有说服力。本书基于调研和实证深入挖掘问题，借鉴先进区域经验，从发展多元创新模式、培育多元创新主体出发，提出了打造以产业创新生态圈为牵引、以制造业为根本的现代化产业体系，优化重构城镇空间功能和优化提升创新文化环境等具有创新性的见解。

本书是一部理论与实践融合的创新之作，揭示了区域经济特别是作为西部快速发展的典范区域的成都市，其创新驱动、经济高质量发展与共同富裕三者的互动关系，也是一部反映区域协同创新发展的优秀作品，具有较强的参阅性、代表性和一定的创新性。从研究对象看，成都自古便有天府之国的美誉，更是一个包容、开放、勇于创新的城市，"一座来了就不想走的城市"。世界知识产权组织（WIPO）发布的全球"最佳科技集群"显示，成都从 2018 年的全球第 56 位，短短五年就上升到 2022 年的 29 位，创新发展势头锐不可当。成都市作为新一线城市之首，在 2017 年国家中心城市发展报告中，城市综合排名成都居全国第 5 位。同时，成都市电子信息产业在全球产业供应链中占据重要位置，生物医药也快速崛起，其内部"20+3"县（市）区行政和经济单元经济发展水平差异大、产业各具特色、创新能级差异明显，不同类型创新载体突出，以成都市为例具有高代表性，适应范围广。从研究内容看，本书强调理论与实践、实证与规范相结合，客观真实地反映了成都市及其县域创新驱动经济高质量发展的现状、特点、变动趋势、政府开展的主要工作及存在问题，并基于共同富裕视角提出未来成都市创新驱动县域经济高质量发展的战略路径选择与建议，对学界、政府管理部门、产业园区，以及研究创新、经济高质量发展和共同富裕关系的大学和科研单位的老师、研究生等都有一定参考价值。从研究的前沿性看，现有文献中基于共同富裕视角系统、全面研究某区域不同创新类型的县域经济如何通过创新策略实现高质量发展促进共同富裕的成果很少，尚未发现有文献实证研究共同富裕、经济高质量发展与创新驱动三者的内在逻辑及量化关系，本书具有一定的探索性和原创性。

相信本书将为广大读者解开成都市作为西部城市为何在近十余年发展得如此神速的密码。

杨锦秀于蓉城

2023 年 7 月成都举办世界大学生运动会之际

目录

第一章　导论

第一节　研究背景及意义

一、研究背景

创新是人类高质量发展的不竭源泉和永恒动力，马克思深刻地指出社会劳动生产力首先是科学的力量，人类社会有史以来四次大的科技革命，宏大、深刻地改变人类生产、生活方式，更重塑了世界经济版图格局。高质量发展是人类社会发展的必然趋势，经济高质量发展是人类社会高质量发展、共同富裕的基石和物质保障。共同富裕是人类社会千百年追求的美好愿望，是马克思科学社会主义的理想形态，是中国近现代百年为之不懈努力始终坚守并接续的初心。

回顾中国近现代波澜壮阔的 100 年发展史，从筚路蓝缕到问鼎世界，无不是改革创新、踔厉奋发、坚毅务实的精神在一路指引，特别是改革开放以来，历届中央领导集体一路擘画，推动中国经济在广袤大地高速增长，创造了震惊世界的奇迹。1998 年中国首次跨入中等收入国家行列，2001 年中国加入 WTO。随后，通过提高国家自主创新能力、建设创新型国家、实施创新驱动发展战略以及"一带一路"建设和全球命运共同体等一系列思想、行动、倡议等举措与实践，中国国际影响力、感召力和塑造力明显提高。2019 年中国人均 GDP 首次超过 1 万美元，进入中高收入国家行列；2020 年历经新型冠状病毒感染疫情洗礼，中国在国际科技创新速度、效率以及治理能力等方面反而大大提升，创新驱动经济全面高质量发展促进共同富裕成效卓越；习近平总书记在党的十九届六中全会上庄严宣布中国已全面建成小康社会，正迈上共同富裕新征程。站在新的历史起点，从经济视角讲，我国要成功突破国际社会公认的 1 万美元中等收入陷阱约束，实现第二个百年奋斗目标，还要着力解决资源过度集中，东西、南北区域收入差距，城乡贫富差距，传统产业转型升级，消费不足等诸多问题，其中，我国区域发展不平衡不充分矛盾特别突出，尤其是在广大中西部县域地区①。

自古便有"郡县强，天下兴"之说。县域是一国或区域经济发展的基本行政单元和底层，也是一个社会经济功能比较完备的区域综合体。县域既是城市与乡村的中转枢纽，也是宏观经济和微观经济的结合点，决定着一国或区域经济发展的整体水平，县域富国乃强。从近现代发达国家发展历程看，尽管欧美、日本等发达国家其县域与我国县域的行政职能及管理事务有一定差异，但仍特别重视县域经济发展，被世界广泛推广复制的首选日本的"一村一品"运动。党的十六大报告首次明确提出"要壮大县域经济"。截至 2020 年我国仍有 2 700 多个县级行政单元（市辖区、县级市、县等）。赛迪顾问县域经济研究中心发布的《2021 中国县域经济百强研究》显示，上榜百强县人均 GDP 为 11.2 万元，已达到高收入国家水平，其中，东部地区占 65 席。《小康》杂志社独家发布的《2021 中国县域综合实力百强榜》显示，百强榜中华东地区占 63 个，遥遥领先其他区域②。两份报告均以经济高质量发展和共同富裕为主题，尽管两份报告中上榜百强县有所不同，但仍呈东多西少、强县强省的特点。东部发达地区经验表明，县域经济是壮大区域经济实力、提升区域竞争力的重要基础和支撑。

党的十九大报告首次明确提出，我国经济发展已转向高质量发展阶段，表明无论我国各地区经济发展状况如何、发展所处何阶段，都必须通过调结构、转动能、优方式向高质量发展转变。新发展理念是推动我国经济高质量发展的根本动能，而创新是推动高质量发展的第一动力。党的十九届五中全会更是指出，在第二个百年奋斗目标开局的"十四五"阶段，要坚持创新在我国现代化建设全局中的核心地位，并把科技自立自强作为国家发展的战略支撑。2021 年 8 月 17 日，习近平总书记在中央财经委员

① 县域是指以县城为中心、集镇为纽带、广大农村为腹地的，区域广阔、资源丰富、人口众多、生产门类齐全的区域。

② 刘建华，陈娟华.［百县榜］最强县域如何打造"2021 中国县域综合实力百强榜"榜单出炉［J/OL］. 中国小康网，（2021-09-22）［2022-1-12］. http://www.thepaper.cn/newsDetail_forward_14719316.

会第十次会议上强调:"要坚持以人民为中心的发展思想,在高质量发展中促进共同富裕。"可见,创新正深入并持续深入到我国经济社会生活等方方面面,只有实施创新驱动发展战略,中国经济整体高质量发展才可能最终实现,共同富裕才有坚实的物质保障;也充分体现了具有中国特色的创新驱动、经济高质量发展与共同富裕的内在逻辑关系。

2017 年国务院办公厅发布《关于县域创新驱动发展的若干意见》(国办发〔2017〕43 号)指出:"我国创新驱动发展战略实施的基础在县域,活力在县域,难点也在县域。"当今世界正经历百年未有之大变局,新一轮科技革命和产业变革深入发展,我国县域经济发展环境正面临深刻复杂变化,新形势下,支持县域开展以科技创新为核心的全面创新,推动大众创业、万众创新,加快创新驱动发展,是打造发展新引擎、培育发展新动能的重要举措,对于推动县域经济社会协调高质量发展,确保如期实现新阶段共同富裕目标具有重要意义。

成都,简称"蓉",地处四川盆地西部,成都平原腹地,境内地势平坦,河流众多,气候温润,物产丰富,自古享有"天府之国"的美誉,更有"九天开出一成都,万户千门入画图"①的公园城市特质。成都有着4 500 年的人类文明史,西汉设"锦官",隋唐便成为全国四大名城之一,北宋时出现了世界最早的纸币——"交子"。宋元之后,成都成为四川乃至整个西南地区的政治、经济、军事中心。成都不仅孕育了蜀汉文化,还是熊猫的故乡,更是改革开放后新中国第一只股票"蜀都大厦"诞生地,1982 年被国务院批准成为全国 14 个单列城市之一。在区域不断重塑重构中,截至 2020 年年末,成都市下辖 15 个县(市)区、代管 5 个县级市和3 个经济区,即"20+3"行政经济单元,辖区面积 14 335 平方千米,常住人口 2 093.77 万人,占全省人口的 25.02%,居中国十大人口最多城市第四位②;地区生产总值达 17716.7 亿元,经济总量继续稳居全国 15 个副省级城市第三位。在国际环境复杂多变,新型冠状病毒感染疫情影响下,2020 年成都市地区生产总值仍保持 4.0%的增速,高于全省 3.8%的水平,远高于全国 2.3%的平均水平。

成都是一个创新、包容的内陆开放城市,有"成都都成"的美誉和愿景,是四川甚至西部首位城市和领先发展区域,其创新创业驱动经济发展

---

① 李白,《上皇西巡南京歌十首》其二。

② 数据来源于 2021 年 5 月 27 日成都市统计局发布的《成都市第七次全国人口普查公报》。

一直走在全省甚至全国前列，培育出西部首个国家级自主创新示范区——成都高新区，"创业天府·菁蓉汇"名动硅谷，并成功入选《财富》杂志"2015年中国十大创业城市"。2017年成都市成为新一线城市之首，超越杭州和武汉，进入世界城市排名100名之内。2020年成都市研发投入强度首次突破3%达到3.11%，比全省高0.94个百分点①，也远超过全国（2.4%）平均水平；入选"科创中国"试点城市，拥有国家级创新平台119家、国家双创示范基地5家，入驻世界500强企业305家，培育有效高新技术企业6120家，成都超算中心运算速度进入全球前十；国际友城和国际友好合作关系城市达到104个，全球80%以上知名品牌入驻成都，区内外开放程度进一步提升，国际影响力和知名度明显提高。2020年全球创新指数报告显示，成都在科技集群及出版和专利表现两项排名中，均位列全球第47位，国内第9位。而且2019年成都市人均GDP已达10.34万元、接近1.5万美元，已跨入中等收入行列向高度发达区域转型，整体已进入创新驱动全面发展迈向富裕城市发展初期阶段（2020年行政区域调整人口剧增，人均GDP降低至8.5万元，这只是暂时的）。

成都市作为我国城乡统筹发展策源地，城乡共同富裕取得显著成效，2020年城乡居民人均收入比为1.84，在全国城市城乡中整体较小，居副省级城市第4位，仅次于深圳、杭州、宁波。但是，2020年成都市人均可支配收入仅43 895元，居副省级城市11位；各县（市）区人均可支配收入差距也较大，高新区和五城区均上5万元，郊区新城没有一个上4万元，最低的仅3.3万元；经济发展不平衡、不充分问题突出，发展较好与发展较差的县（市）区人均GDP差5倍以上；科技对经济的贡献率不高，特别是郊区新城投入产出效率较低；GDP对财政的贡献和人均可支配收入都不高，除五城区②和高新区、双流区、温江区、龙泉驿区、新都区、青白江区等相对较好外。《小康》杂志社独家发布《2021中国县域综合实力百强榜》显示，仅新都区、双流区进入100强县。其他县（市）区经济发展质量效益整体不高，共同富裕物质基础实力不足，这些都制约了成都市经济整体协调一体化发展和高质量发展进程，不利于共同富裕目标的实现。

---

① 成都市统计局人口社科处. 2020年成都市科技经费投入统计公报［Z/OL］. 成都统计公众信息网，（2021-09-27）［2022-01-22］. http://222.210.127.224/htm/detail_397176.html.

② 五城区指锦江区、青羊区、武侯区、金牛区和成华区。

二、研究意义

纵观人类经济发展史，创新一直存在。由于资源环境、科技水平、经济发展所处阶段等不同，不同区域创新发展的强弱、侧重点有所不同。因此，不同区域经济创新发展的模式、路径是有差异的。尽管县域经济发展成功案例较多，如晋江模式、温江模式、苏南模式以及珠三角模式、浙江共同富裕示范区等，相关的著作也较多，但基于共同富裕视域下以创新为驱动力推动县域经济高质量发展的研究却不多见，研究西部地区的就更少，更没有系统研究成都市县域的相关成果。

成都，作为四川天府之国的核心区，不仅创新资源丰富多样，而且各县域自然文化历史等异质性特征十分突出，有国家级自主创新示范区、国家级新区，也有水利工程闻名世界的都江堰，更有窗含西岭千秋雪和"仙佛同缘"千年文化风韵的大邑，以及其他具有不同特色的百强县（市）区。在所有资源都可以转化为价值，创新成为世界各国促进经济复苏和培育新经济增长点的利器，成为我国经济高质量发展的第一动力和建设现代化国家的核心力量时，如何通过以科技创新为序参量的全面创新活动培育开发利用成都市各县（市）区要素资源（技术、人才、生态、资本、知识和信息、气候、数字等）驱动经济高质量发展，加快实现各县（市）区共同富裕，推动成都市"十四五"及更远目标规划实现，加快成都市"四中心一枢纽一名城"建设和成渝地区双城经济圈建设（以下简称"成渝双圈"），具有十分重要的现实意义和理论研究意义。

成都市历来高度重视区域经济创新发展，各县（市）区纷纷根据自身的特点从制度、管理、技术、业态和商业模式等方面，多维度多层次探索试点创新驱动经济发展模式、举措。但是，无论理论研究还是实践都明显存在不足。理论上，一是对"互联网+"视野下的新型创新模式实现的条件认识不到位，对创新与创业之间的关系认识不清，缺乏基于"互联网"+"绿色创新价值链"的体现全面创新、全过程创新的县域经济创新发展的科学、可行的指标体系，使成都市县域经济创新能力判断缺少科学依据；二是对成都市县域经济发展阶段缺乏全面、系统研究，导致区域科技资源整合配置不尽合理，对经济的贡献率不足；三是研究成都市城乡统筹共同富裕的相对较多，但缺乏基于共同富裕目标，系统全面地研究创新分异的县域如何实施创新驱动发展战略促进经济向更高质量发展。实践中，成都市各县（市）区经济实施创新策略整体上还是各自为政，缺乏从整体系统的高度全面考量成都市县域经济差异化协同创新的政策措施。

在当前"三新一高"发展大背景下，本书以成都市为例，系统研究成都市县域创新资源分布及动态变化、创新能力空间特征、演化趋势、经济发展所处阶段，共同富裕视角下创新驱动经济高质量发展实践、成效、制约障碍，并从多空间尺度研究共同富裕视角下创新驱动经济高质量发展时空演化特点、三者内在逻辑关系（创新驱动、经济高质量发展与共同富裕），结合各县域经济创新发展的优势和短板，以制度创新为动力、协调为主线、环境优化为基础，构建基于多元化创新主体培育、差异化创新模式协同、具有全球影响力产业创新生态圈打造、城乡（镇）创新功能空间重构和双创环境优化的五大战略路径，着力推动成都市县域经济高质量发展促进共同富裕。这不仅能着重展示党的十八大以来成都市创新创业发展的历程和取得的成绩，更能窥见其内部存在的不足，为进一步推动成都市整体向更高质量发展，加快"四中心一枢纽一名城"建设，尽快建成国家级创新型城市和具有新发展理念的国家公园城市以及加快成渝地区双城经济圈建设提供参考，也为中西部甚至发达县域、区域、园区等提供借鉴。

第二节　研究现状述评

本书研究的初心和最终目的是推动县域经济高质量发展。创新是主驱动力，共同富裕是方向，经济高质量发展是根本。因此从经济高质量发展、创新驱动与经济高质量发展、创新驱动与共同富裕、经济高质量发展与共同富裕四个方面进行文献梳理和述评。

一、经济高质量发展研究述评

（一）研究现状梳理

从目前中国知网上可收集的文献资料看，以高质量发展为研究主题的学术论文始于1977年，以后年度大部分仅有1~2篇文献，到2017年才突破100篇，截至2021年12月底，已累计达4万余篇，在党的十九大之后，学界才开始关注高质量发展，相关成果呈爆发式增长。其中，以经济高质量发展为主题的文献有 4 000 余篇，以区域经济高质量发展为主题的文献仅 124 篇。本书以区域经济高质量发展为研究主题，鉴于区域经济高质量发展研究成果较少，而区域经济高质量发展与经济高质量发展具有一般属性，为全面了解区域经济高质量发展特性，本书从经济高质量发展与区域经济高质量发展两方面进行文献梳理。

1. 经济高质量发展相关研究

目前学界主要从以下四个方面开展相关研究：①以新发展理念为指引。韩君等（2019）[①] 认为经济高质量发展是由新发展理念五个方面构成的有机整体；刘瑞等（2020）[②] 基于创新、协调、绿色、开放和共享五个层面构建发展指数。②以解决"人民日益增长的美好生活需要与不平衡不充分的发展之间的矛盾"为准则。金碚（2018）[③] 指出是否用各种有效和可持续的方式满足人民不断增长的个性化需要，是判断经济发展质量高低的标准。李金昌等（2019）[④] 分别从人民美好生活需求和不平衡不充分发展两方面入手，从经济活力、创新效率、绿色发展、人民生活和社会和谐五个部分进行分析。③基于宏观、中观、微观不同层面提出发展要求和对策。王一鸣（2018）[⑤] 指出，对于高质量发展，微观层面要把关产品和服务质量，中观层面要强调产业和区域发展质量，宏观层面要重视国民经济的整体质量和效益。张丽伟（2019）[⑥] 从微观、中观和宏观三维度十二个方面（产品、市场、企业、创新，产业经济、城乡经济、区域经济、国际经济、均衡发展、国民分配、绿色发展、调控能力）构建经济高质量发展三位一体的指标体系，并对指标来源进行理论分析，但没有进行实证研究，

---

① 韩君，张慧楠. 中国经济高质量发展背景下区域能源消费的测度 [J]. 数量经济技术经济研究，2019，36（7）：42-61.

② 刘瑞，郭涛. 高质量发展指数的构建及应用：兼评东北经济高质量发展 [J]. 东北大学学报，2020（1）：31-39.

③ 金碚. 关于"高质量发展"的经济学研究 [J]. 中国工业经济，2018（4）：5-88.

④ 李金昌，史龙梅，徐蔼婷. 高质量发展评价指标体系探讨 [J]. 统计研究，2019，36（1）：4-14.

⑤ 王一鸣. "十问"向高质量发展转型 [R/OL]. 中国经济形势报告网，（2018-04-01）[2021-5-25]. http://www.china-cer.com.cn/zhonghong/2018040176.html.

⑥ 张丽伟. 中国经济高质量发展方略与制度建设 [D]. 北京：中共中央党校，2019.

且就十二个方面提出了相关制度建设建议。张涛（2020）① 建立了包括企业、行业、区域宏、中、微三位一体的高质量发展体系。④根据我国经济现存的实际问题，以"高质量"为基准提出具体的目标。魏敏等（2018）②从经济结构优化、创新驱动发展、资源配置高效、市场机制完善等十个方面进行了归纳总结。马茹等（2019）从高质量供给与需求、发展效率、经济运行和对外开放等五个维度进行论述和指标体系设计。

2. 区域经济高质量发展相关研究

覃成林等（2019）③ 认为区域经济高质量发展是指一个区域通过构建创新发展动力、更新发展条件和扩大对外开放形成新型结构，从而显著提升经济增长效率及持续性，并实现经济与社会、生态良性互动的发展过程。董文良等（2020）④ 认为，推动区域经济高质量发展，应充分发挥科技创新的核心价值，激活科技创新驱动区域经济高质量发展内生动力机制。刘国斌等（2019）⑤ 从科技创新、市场机制、社会组织参与、政府制度供给四个维度阐述了促进区域经济高质量发展的作用机理。李华军（2020）⑥ 以广东为例，探讨了区域创新驱动与经济高质量发展的关系及协同效应。

（二）研究述评

总体来讲，现阶段经济高质量发展研究处于起步阶段，对经济高质量发展的内涵特征、内在机理、实现途径等方面的定性分析描述相对较多；研究区域经济高质量发展的成果相对较少，主要对指标体系构建、经验总结和影响因素进行分析，路径优化与运行机制等方面专门且深入的探讨很少。

---

① 张涛. 高质量发展的理论阐释及测度方法研究［J］. 数量经济技术经济研究，2020，37（5）：23-43.

② 魏敏，李书昊. 新时代中国经济高质量发展水平的测度研究［J］. 数量经济技术经济研究，2018（11）：3-20.

③ 覃成林，张震. 中国区域经济高质量发展测度及分析［J］. 中国社会科学（内部文稿），2019（5）：90-115.

④ 董文良，邓珊，王心. 科技创新驱动区域经济高质量发展机制研究［J］. 中国商论，2020（24）：172- 173.

⑤ 刘国斌，宋瑾泽. 中国区域经济高质量发展研究［J］. 企业活力，2019（2）：56-60.

⑥ 李华军. 区域创新驱动与经济高质量发展的关系及协同效应：以广东省为例［J］. 科技管理研究，2020（8）：104-111.

二、创新驱动与经济高质量发展研究述评

(一) 研究现状梳理

自熊彼特把创新引入经济生产系统的百余年间，创新与经济发展的关系一直成为国内外经济学、管理学等领域研究的热点，特别是在经济发展缓慢和萧条时期，并主要关注创新与一国（区域）经济增长的关系。随着资源锐减、环境恶化、产能过剩以及竞争加剧，理论与实践部门开始关注创新对经济发展转型向更高质量升级的研究和应用。对于创新与区域经济（产业）高质量发展，学术界主要关注以下几方面的内容：

1. 创新驱动经济高质量发展路径研究

创新驱动是系统性工程，科学研究、试验开发、推广应用等阶段均需创新，创新形式亦表现出多样性，不仅涵盖知识创造阶段的原始创新与知识创新，创新知识孵化阶段的协同创新、集成创新和基础创新，而且涵盖推广应用阶段的商业模式创新、市场创新、引进消化吸收再创新以及体制机制创新（张银银 等，2015[①]；郭晗 等，2017[②]）。韩江波（2019）[③] 基于要素配置视角，从五个方面提出了创新驱动经济高质量发展的战略选择，包括塑造基于高级要素的边际收益递增的创新系统；积极孵化与发展高级要素，增强产业转型升级的能力；积极培育与发展对高级要素具有强大控制力的跨国公司；强化中国企业对全球价值链的治理能力；优化不同要素密集型产业间的创新生态环境，培育产业间协同创新系统。丁涛等（2018）[④] 基于新发展理念，实证分析了江苏省科技创新与经济高质量发展的关联度，结果表明：科技创新对区域绿色发展和协调发展推动作用较强，对共享发展和开放发展的推动作用还须进一步加强，并从营造良好创新环境、强化企业科技创新主体地位和构建现代产业体系等方面提出相关建议。

[①] 张银银，黄彬. 创新驱动产业结构升级的路径研究 [J]. 经济问题探索，2015 (3)：108-110.

[②] 郭晗，任保平. 中国区域结构转换的增长效应：要素流动与技术扩散 [J]. 经济问题探索，2017 (12)：10-17.

[③] 韩江波. 创新驱动经济高质量发展：要素配置机理与战略选择 [J]. 当代经济管理，2019，41 (8)：6-14.

[④] 丁涛，顾金亮. 科技创新驱动江苏地区经济高质量发展的路径研究 [J]. 南通大学学报（社会科学版），2018，34 (4)：41-46.

2. 创新驱动经济高质量发展影响因素研究

大部分学者认为创新驱动经济高质量发展受资本、人力资本、经济发展阶段、制度和环境、产业结构形态以及开放程度等影响。蒂莫·J. 海迈莱伊宁等（2011）[①] 基于产业、社会和区域结构等多维度、广视域研究社会创新、制度变迁对经济绩效的影响。孙建等（2012）[②] 通过实证分析认为区域基础设施和区域市场开放度是影响区域技术创新效率的主要显著因素。王慧艳等（2019）[③] 的实证研究表明，研发投入强度、人均 GDP、开放程度对经济总体效益影响显著，科技服务水平、劳动者素质与经济总体效益呈正相关，而政府研发投入以及市场化水平影响不显著。王金波等（2022）[④] 认为政府补助、主营业务收入、市场化进程、外商直接投资与制造业创新效率正相关，融资约束与创新效率负相关。董理（2021）[⑤] 认为人力资本、激励机制和社会资本对高技能人才创新内生动力具有显著的正向作用，其中社会资本的直接影响作用最突出，激励机制的总体影响作用最突出且能通过人力资本和社会资本影响创新内生动力。

3. 创新要素配置与经济高质量发展互动关系研究

创新驱动经济发展虽涉及多方面复杂因素，但就要素微观本质特征来讲，主要有劳动、土地、资本以及各种自然资源等初级要素和知识、技术、信息、制度以及数字等高级要素两大类基本要素。关于创新要素配置与经济高质量发展的关系，国内外相关文献主要从以下三方面展开：①创新要素配置对经济高质量发展的影响。经济增长理论始终将要素作为经济增长的源泉和动力。要素及其配置比的动态变化，加之要素自身质量升级和流动机制的影响，创新要素配置对经济高质量发展的影响是双向的。

---

① 海迈莱伊宁，海斯卡拉. 社会创新、制度变迁与经济绩效：产业、区域和社会的结构调整过程探索 [M]. 清华大学启迪研究学院组，译. 北京：知识产权出版社，2011：12-117.

② 孙建，吴利萍. 中国区域创新效率及影响因素研究：空间过滤与异质效应 SFA 实证 [J]. 科技与经济，2012（2）：25-29.

③ 王慧艳，李新运，徐银良. 科技创新驱动我国经济高质量发展绩效评价及影响因素研究 [J]. 经济学家，2019（11）：64-74.

④ 王金波，肖凤华，李兴光. 经济高质量发展背景下京津冀制造业创新效率及其影响因素 [J]. 河北工程大学学报（社会科学版），2022，39（3）：21-30.

⑤ 董理. 经济高质量发展背景下高技能人才创新内生动力影响因素实证研究 [J]. 职业技术教育，2021，2（1）：24-31.

一方面要素的优化配置会促进经济高质量发展（唐荣 等，2021[①]）；另一方面要素错配会抑制经济高质量发展，认为要素错配会带来经济效率和全要素生产率的损失进而影响经济高质量发展（Aoki，2009；Brandt et al.，2012）。②经济高质量发展对创新要素配置的影响。潘雄锋等（2013）[②] 认为经济发展水平较高的地区能够为创新提供丰富的人力资本、外商投资、研发投入等物质条件。贺晓宇等（2018）[③] 认为高质量发展需要以提升全要素生产率为切入点，完善要素市场改革，优化要素配置。③创新要素配置与经济高质量发展的相互影响研究。张延平等（2011）[④] 基于协同理论构建区域人才结构与产业结构升级复合系统模型并测算其协调适配水平，发现我国 31 个省份协调适配水平均较低。逯进等（2013）[⑤] 基于两系统的耦合原理构建了人力资本与经济增长交互作用的耦合模型，系统阐述了两者间耦合及跃迁原理，认为二者能够在相互作用中彼此促进、耦合发展。徐晔等（2021）[⑥] 构建了基于新发展理念的经济高质量发展系统与人力、知识、技术、数据和制度五大维度的创新要素两大系统指标体系，通过对中国省域创新要素配置与经济高质量发展的耦合度测度，发现我国创新要素配置与经济高质量发展呈逐年递增趋势，但整体水平不高。同时，中国区域间耦合度发展区域差异呈扩大趋势，并认为数字创新要素最具潜力。

4. 基于系统视角的创新与区域经济高质量发展关系研究

有一些学者开始基于创新系统与区域经济高质量系统时空耦合协调度进行实证研究。葛鹏飞等（2020）探讨了中国创新系统与经济发展系统的耦合协调性，发现我国创新与经济发展的耦合协调性相对较低并存在区域

---

① 唐荣，黄抒田. 产业政策、资源配置与制造业升级：基于价值链的视角 [J]. 经济学家，2021（1）：63-72.

② 潘雄锋，张维维. 基于空间效应视角的中国区域创新收敛性分析 [J]. 管理工程学报，2013，27（1）：63-67，62.

③ 贺晓宇，沈坤荣. 现代化经济体系、全要素生产率与高质量发展 [J]. 上海经济研究，2018（6）：25-34.

④ 张延平，李明生. 我国区域人才结构优化与产业结构升级的协调适配度评价研究 [J]. 中国软科学，2011（3）：177-192.

⑤ 逯进，周惠民. 中国省域人口迁移的经济增长效应：基于内生增长视角的实证分析 [J]. 人口与发展，2013，15（9）：57-67，77.

⑥ 徐晔，赵金凤. 中国创新要素配置与经济高质量耦合发展的测度 [J]. 数量经济技术经济研究，2021，38（10）：46-64.

差异和空间相关性。刘和东等（2020）[①]基于耦合协调度模型，对中国省域 2005—2018 年经济与创新两个系统耦合协调度进行研究发现，整体协调度逐渐提升、以中度耦合协调阶段为主，呈东高西低特点，并提出了相应建议。刘思明等（2021）[②]基于科技创新与制度创新两维度第一次从全球视野探讨了创新驱动力与表征经济高质量发展效应的全要素生产率的关系，研究指出：一国的创新驱动力与经济发展水平密切相关，发达国家的创新驱动力指数明显较高；中国的创新驱动力指数在考察期内特别是 2014 年以来迅速提升，但是制度创新明显滞后于科技创新水平。

（二）研究述评

学者普遍认为创新（要素）是经济向更高质量发展的重要推动力或源泉，国外很早就关注到创新要素配置对经济增长和发展的影响，理论与实证研究都表明创新要素配置对经济发展的影响结果是多方面的，错配会产生负面影响，并认为数字要素已成为最具潜力的要素。而且学者关注创新驱动经济高质量发展的影响因素较多，已有少部分学者开始从系统视角研究两者的耦合关系。但基于智能化、数字化等大背景对我国进入高质量发展阶段的理论与实证研究较少，从文献资料看，仅有 2 篇，一篇关注中国区域，一篇关注制造业领域，其指标设计还值得深入探讨。而创新驱动区域经济转型或向更高质量发展的方向是多元的，没有统一定论，总体趋势是向绿色、创新、集约（内生）、开放以及数字化、智能化高效转变，创新驱动经济发展转型或向更高质量发展的路径具有阶段性和时代特征，并成为每一轮经济周期或不同经济发展阶段的热点问题之一。

三、创新驱动与共同富裕研究述评

（一）研究现状梳理

创新是否有助于共同富裕，无论是西方还中国学者都在积极探索。2005 年，罗杰斯（Everett M. Rogers）[③]基于创新扩散指出技术推广面向贫穷和教育程度较低的人，创新有助于促进社会公平；如果是社会精英创新

---

① 刘和东，刘童. 区域创新驱动与经济高质量发展耦合协调度研究［J］. 科技进步与对策，2020，36（16）：64-71.

② 刘思明，张世瑾，朱惠东. 国家创新驱动力测度及其经济高质量发展效应研究［J］. 数量经济技术经济研究，2019（4）：3-23.

③ 罗杰斯. 创新的扩散：第 5 版［M］. 唐兴通，郑常青，张延臣，译. 北京：电子工业出版社，2016：483-494.

将加大社会贫富差距，同时指出社会结构部分决定了创新结果的公平性和不公平性；同时希格与莫迪（Shingi and Mody，1976）认为缩小数字鸿沟或增强连接有助于缩小差距。陈劲等（2022）[①] 基于逻辑转向和范式创新视角指出："共同富裕视野下中国科技创新范式要真正意义上走向后熊彼特主义下的公共创新、人民创新与企业社会责任创新，向'政府—社会—企业'三重创新主体驱动的创新范式转型，构建并完善区域创新协同合作、产业跨界融合与深度赋能以及大中小企业融通创新发展的政策体系。"杜运周（2021）基于物质和精神的双重共同富裕，提出高质量发展阶段中国创新的路径：促进"兴趣驱动创新"制度化，强化价值创造的人，而不是成功的人；中国本科教育扩展科学哲学和批判思维的教育；推动从上层应用创新到底层基础创新的共同创新；强化互利共生的整合或融合创新；强化超越效率，提倡做正确的事而非正确地做事等创新思想和路径等。李春成（2021）[②] 基于科技创新与共同富裕视角，认为科技创新在促进共同富裕中起到了引领与支撑作用，并分别从产业体系、科技、人才以及数字技术等方面提出了建议。王楠等（2022）[③] 基于共同富裕框架提出科技创新实现三大路径为"共创—共享—共益"，即通过充分发挥企业、政府、高校、用户、平台等多主体的作用，形成科技创新的价值共创体系；有效利用数字化技术和平台，完善科技创新的价值共享生态；鼓励树立社会创新意识，健全发展科技创新的价值共益机制。李春林等（2022）从科技创新的角度出发，建立"科技创新—产业结构升级—共同富裕"的研究路径，利用中介效应模型，以浙江省为例，探究科技创新与共同富裕的内在联系以及产业结构升级在科技创新促进共同富裕过程中的路径机制[④]。

（二）研究现状述评

目前学者主要关注创新驱动有助于共同富裕的条件和影响因素，以及共同富裕视角下科技创新的实现路径，但几乎没有学者研究创新驱动与共

---

① 陈劲，阳镇，张月遥. 共同富裕视野下的中国科技创新：逻辑转向与范式创新 [J]. 改革，2022（1）：1-15.

② 李春成. 科技创新助力共同富裕的路径 [J]. 中国科技论坛，2021（10）：1.

③ 王楠，裴童心，陈劲. 共同富裕框架下的科技创新实现路径：共创—共享—共益 [J]. 创新科技，2022，22（4）：1-9.

④ 李春林，潘帆帆，贺义雄，等. 科技创新、产业结构升级与共同富裕：理论建构及实证分析：以浙江省为例 [EB/OL]. 科技导报，2022 年第 24 期. 网易号，（2023-02-15）[2023-02-16]. https://www.163.com/dy/article/HTKNVK2T0511DC8A.html.

同富裕的数量逻辑量化关系。

四、经济高质量发展与共同富裕研究评述

(一) 研究现状梳理

关于经济高质量发展与共同富裕的关系，更多的是政府的实践。习近平总书记指出："共同富裕，是马克思主义的一个基本目标，也是自古以来我国人民的一个基本理想。"中国共产党的初心和使命，就是为中国人民谋幸福，为中华民族谋复兴。毛泽东同志从参与领导土地革命到新中国成立，一直在理论和实践上探索共同富裕的道路。邓小平同志（1993）[①] 指出："社会主义的本质，是解放生产力，发展生产力，消灭剥削，消除两极分化，最终达到共同富裕。"江泽民同志（2006）指出："实现共同富裕是社会主义的根本原则和本质特征，绝不能动摇。"胡锦涛同志（2007）指出："要走共同富裕道路，促进人的全面发展，做到发展为了人民、发展依靠人民、发展成果由人民共享。"党的十八大以来，习近平总书记提出以人民为中心的发展思想和新发展理念，明确强调"共同富裕是中国特色社会主义的根本原则"，实现共同富裕"是关系党的执政基础的重大政治问题"。以更平衡更充分的高质量发展实现共同富裕，围绕共同富裕目标实施若干重大战略：创业就业促进战略、产业高质量发展战略、区域协调发展和高质量城镇化相融合的战略。党的十九届五中全会首次明确提出到2035年"全体人民共同富裕取得更为明显的实质性进展"。2021年5月，《中共中央、国务院关于支持浙江高质量发展建设共同富裕示范区的意见》中再次明确，要"以解决地区差距、城乡差距、收入差距问题为主攻方向"。

(二) 研究述评

整体上，经济高质发展有助于共同富裕是生产力与生产关系的内在逻辑，这是普遍认同的观点，但从实证角度研究较少，更多的是政府的实践和执政目标。

---

① 邓小平. 邓小平文选：第三卷 [M]. 北京：人民出版社，1993：373.

第三节　基本思路和内容架构

一、基本思路

2021 年，在庆祝中国共产党成立 100 周年大会上，习近平总书记庄严宣告，中国已全面建成小康社会，正向着全面建成社会主义现代化强国目标迈进。共同富裕是社会主义的本质要求，更是中国式现代化的重要特征和目标之一。县域作为我国经济社会的基本行政单元和共同富裕的基石，县域富国乃强。成都是西部创新极、增长极，更是我国战略后方科研基地核心区之一和中国城乡统筹发展策源地，但县（市）区间经济发展质量和富裕程度差距仍较大。本书旨在构建创新驱动、经济高质量发展与共同富裕的内在数理逻辑关系，以成都市为例，研判县域创新与经济高质量发展时空演进特点、政府举措、问题和症结所在，借鉴先进区域经验，以共同富裕为总基调，以"互联网+绿色创新"为主动力，以体制机制改革创新为切入点，从"创新模式、创新主体、主导产业、生态城镇和双创环境"五个方面重构成都县域经济高质量发展战略路径，推动成都整体共同富裕加快实现。

二、研究内容及架构

（一）研究的主要内容

本书研究的内容包括七个部分：第一章导论。主要阐明研究的目的和意义，研究的现状和动态，提出研究的问题，研究的基本思路，研究的内容及架构，研究的方法及本书的特色，以展示本书研究的脉络。第二章理论基础。这部分主要阐述和再认识支撑本书后文的理论基础和重要概念，涉及五个方面的内容：一是创新的理论基础。包括不同视角创新的内涵，创新的演进、特征以及未来趋势特点，创新与创业的关系；区域创新体系的内涵、演进，重点阐明"互联网+区域创新生态系统"的内涵。二是创新驱动的理论基础。包括创新驱动的内涵及实现过程与路径，并重点阐明创新扩散的规律和影响因素，特别是数字化背景下创新扩散的特点。三是创新导向型县域经济发展相关理论基础，涉及模式、空间路径和对策研究动态等。四是基于历史视角梳理和总结中国创新驱动经济高质量发展促进共同富裕的实践逻辑。五是总结分析中国县域创新驱动经济发展的历程特点。第三章成都市县域创新能力空间特征、变动趋势及所处阶段研究。本章首先从创新资源、科技投入、创新成果以及成果产业化四个方面整体描述并统计对比分析成都市科技创新资源现状及变动特点，各县域创新资源及变动情况；然后基于"互联网+绿色创新"发展理念，构建并评价成都县域创新能力及空间分布特点；最后，借鉴钱纳里和波特的经济发展阶段理论，对成都市县域经济发展所处阶段进行创新性研判，整体上成都市各县（市）区正处于创新驱动发展和转型阶段，少数迈入财富驱动发展初期阶段。第四章共同富裕目标下成都市创新驱动县域经济高质量发展实践。本章首先对成都市县域经济社会人口、文化、地理、产业等基本情况及特质进行总的描述；然后基于政府层面从八个方面梳理总结党的十八大以来，特别是"十三五"时期，成都市政府部门创新驱动县域经济高质量发展开展的主要工作、具体举措及成效；最后从六个方面提出成都市创新驱动县域经济高质量发展存在的主要问题和障碍。第五章共同富裕视角下成都市创新驱动经济高质量发展多时空尺度实证研究。本章首先基于共同富裕视角构建创新驱动县域经济高质量发展的通用型指标体系。其次，总体评价成都市与其他副省级及以上19个城市创新驱动经济高质量发展，并进行比较分析。再次，纵向测度成都市2005—2020年创新驱动经济高质量发展的变动趋势，并从数理逻辑分析创新、经济高质量发展与共同富裕三者的相关关系及数理量化模型。最后，横向评价2020年成都市内部各县（市）区创新驱动经济高质量发展促进共同富裕的特点，并利用差分差位法动态分析创新驱动成都市县域经济高质量发展的动态变化。本章通过纵横向及内部多维度实证分析，为创新驱动成都市县域经济高质量发展促进共同富裕实施差异化战略发展提供有力的决策支撑。第六章先行区域创新创业创富驱动经济高质量发展的经验及启示。本章重点以创新驱动经济高质量发展并极大实现人的全面发展的国内外成功案例，包括美国硅谷、以色列特拉维夫、深圳南山区以及浙江省的长兴县和德清县。第七章战略路径选择及建议。这是本书的核心和最终目的，在前六章的基础上，基于战略目标、战略路径以及保障措施三个维度提出共同富裕视角下成都市创新驱动县域经济高质量发展的设想和建议。

（二）研究的架构

本书的研究架构如图1-1所示。

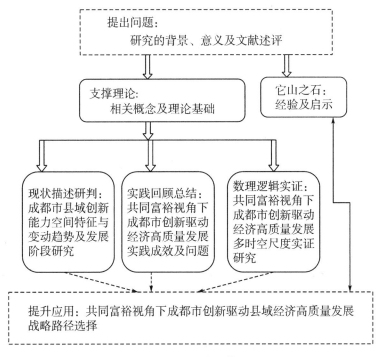

图 1-1　研究架构

三、研究方法

本书的研究涉及以下诸多方法：①文献分析与实践相结合。应用文献分析法梳理本书研究的理论基础并通过实践经验重新认识、构建新的理论框架。②描述统计与比较分析相结合。本书对成都市及县域科技创新资源及变化，成都市及各县域自然、地理及产业特点采取描述性比较分析，能清晰展示成都市及县域社会经济特质、科技创新资源分布及内部特点变化。同时描述总结分析共同富裕视角下创新驱动经济高质量发展政府部门开展的主要工作、举措及成效。③实证分析法。实证分析是本书的一大特色。本书在研究成都市县域经济创新能力空间特点、动态演化趋势、经济发展所处阶段，多空间尺度成都市创新驱动经济高质量发展特点，以及创新驱动、经济高质量发展与共同富裕三者间相关关系和量化模型等均采取实证分析法，使研究的结论更加精准科学合理。④问卷调查和实地考察相结合。本书对成都市及县域创新存在的问题采取问卷调查和实地考察相结合的方法，使问题更有针对性。⑤系统分析法。本书在总体分析中国宏观大背景下，以成都市内部县域为基点，同时研究成都市自身演化及与其他副省级城市的关系，充分体现研究的系统性、整体性和层次性，使研究结论更有对比性和参考性。⑥归纳演绎法。本书对先进区域经验进行归纳总结，推演研究结论对策建议。

四、特色和不足之处

（一）本书的特色和创新

本书是笔者近十多年关注和研究成都市创新过程的集成成果，系成都市软科学课题"成都市县域经济差异化创新发展对策研究"和四川省科技厅软科学课题"成都高新区科技创新先行先试政策研究"等成果整理丰富完善而成，具有以下特点：

1. 参阅性较强

从研究的内容讲，本书强调理论与实践、实证与归纳相结合，比较客观真实地反映成都市县域经济创新空间特点及变动趋势，经济高质量发展动态特点及经济发展所处阶段，政府开展的主要工作及存在问题，并提出共同富裕视角下未来成都市创新驱动县域经济高质量发展的不同路径，对学界、政府管理部门、产业园区以及研究创新与高质量发展的大学和科研单位的老师、研究生等都有一定参考价值。

2. 代表性突出

成都自古便有天府之国的美誉，更是一个包容、开放、勇于创新的城市，"一个来了就不想走的城市"。世界知识产权组织（WIPO）发布的全球"最佳科技集群"显示，成都从 2018 年全球第 56 位，短短五年就上升到 2022 年的 29 位，创新发展势头锐不可当。成都市作为新一线城市之首，在 2017 年国家中心城市发展报告中，居全国第 5 位。同时，成都市电子信息产业在全球产业供应链中占据重要位置，生物医药也快速崛起，其内部"20+3"县（市）区行政和经济单元经济发展水平差异大、产业各具特色、创新能级差异明显，不同类型创新载体突出，以成都市为例具有高代表性，适应范围广。

3. 创新性独特

从现有文献看，基于共同富裕视角，系统、全面而又个性化研究某区域不同创新类型的县域经济如何通过创新策略实现高质量发展促进共同富裕的成果很少，更没有学者实证研究共同富裕、经济高质量发展与创新驱动三者的内在逻辑及量化关系，因此本书具有独特的创新性。

（二）本书存在的不足

1. 数据年限不统一

本书创作时间跨度较长，始于 2018 年，在数据使用上坚持最新、可比和可获得性原则。同时考虑数据更新的工作量，在不影响评价结论时，部分整体更新困难、工作量大的仍保持最初研究结果。

2. 探索性研究深度不够

本书以成都市整体为研究对象动态探究其共同富裕视角下创新驱动与经济高质量发展变化以及共同富裕、创新驱动与经济高质量三者的内在逻辑关系和数理量化模型，但没有研究三者的协同耦合度。同时，本书静态综合评价研究成都市县域共同富裕、创新驱动与经济高质量发展，由于数据获取困难或统计数据本身的限制，没有从时序视角研究成都市县域创新、经济高质量发展与共同富裕三者的动态变化及空间结构演化。

3. 文字资源数字化、图表化整合不充分

本书涉及的内容丰富、广泛，由于时间和笔者本身文字驾驭能力有限，文字资源数字化、图表化创新整合不够，如在研究成都市县域文化、地理以及产业特质上，没有高度整合，提炼成图成表，理论和经验借鉴部分也存在此现象。

4. 缺少个案呈现

本书在研究的过程中涉及许多个案研究，限于篇幅没有呈上个案分析。

第二章 理论基础及实践逻辑

第一节 创新相关理论基础

创造新的使用价值是马克思关于创新最一般的哲学理解。创新从哲学上讲是一种人的创造性实践行为，矛盾是创新的核心，物质世界矛盾的利用和再创造即创新。不过，自 1912 年约瑟夫·熊彼特（Joseph Schumpeter）在其《经济发展理论》[①] 中首次从经济学和创业视角解读"创新"以来，"创新"一词不断被赋予新的内涵，研究"创新"的文献丰富多样、汗牛充栋，本书重点对相关的知识点进行梳理和重新认识以支撑全书。

一、创新内涵的演进

（一）不同视角创新的内涵及运用范围

随着理论与实践不断探索与互证，创新概念及内涵不断丰富并日益完善。在当今分工全球化、专利丛林化以及创新常态化、绿色化和法治化的知识经济时代背景下，特别是在共同富裕和经济高质量发展的宏观背景下，为更好地实施创新驱动发展战略，从不同视角理解创新的内涵，对于学界、企业界以及政界都十分有益。

1. 熊彼特的商业化创新

尽管对创新的概念众说纷纭，但是权威且被普遍接受的仍是熊彼特商业化创新概念。熊彼特认为，所谓创新"是指把一种从来没有过的关于生产要素的'新组合'引入生产体系"，这种新组合主要包含 5 类：①引进

[①] 熊彼特. 经济发展理论 [M]. 何畏，易家详，等译. 北京：商务印书馆，2021：67-108.

新产品；②引进新技术；③开辟新的市场；④提供一种新的材料；⑤新的产业组织形式。可见，熊彼特的创新概念十分宽泛，包含产品创新、技术创新、市场创新（营销创新）、工艺创新、组织创新等内容，简要地说，就是旧元素，新组合。同时，熊彼特最先将发明创造与技术创新区别开来，明确指出前者是知识创造，系科技行为，后者是经济行为。他认为发明创造只是一种新概念、新设想，或者至多表现为实验品；而技术创新则是把发明或其他科技成果引入生产体系，这种科技成果产业化和商业化的过程才是技术创新，即只有当技术发明被应用到经济活动中才实现"创新"，这为创新驱动县域经济（产业）发展奠定了理论基础。需要指出的是熊彼特的创新理论更强调企业家精神、科学家的发现、精英个体的创造。

2. 技术创新

熊彼特最先提出"技术创新"一词，但并没有定义。1962 年，伊诺思从行为集合的角度在其《石油加工业中的发明与创新》中首次明确指出："技术创新是几种行为综合的结合，这些行为包括发明的选择、资本投入保证、组织建立、制订计划、招用工人和开拓市场等。"[①] 林恩（G. Lnn）则首次从创新时序角度认为技术创新是"始于对技术的商业潜力的认识而终于将其完全转化为商业产品的整个行为过程"。美国国家科学基金会（NSF）在《1976：科学指标器》报告中指出，"技术创新是将新的或改进的产品、过程或服务引入市场"，并明确地将模仿和不需要引入新技术知识的改进划入技术创新定义的范围。1982 年，弗里曼（Chris Freeman）在其《工业创新经济学》中从经济学的角度，明确指出，"技术创新就是指新产品、新过程、新系统和新服务的首次商业性转化"[②]，并得到广泛认可。刘劲扬（2002）[③] 在区分知识和制度创新后把技术创新定义为：以实现特定经济目的和技术的高效应用为目标，优化组合既有技术，并发展出新的技术，打破旧有技术经济的均衡格局，实现经济发展的突破。目前比较被广泛接受的基于全过程视角对技术创新的理解为：技术创新是一个从

---

① ENOS J L. Petroleum progress and profits：a history of progress innovation［M］. Cambridge MA：The MIT Press，1962.

② 弗里曼，苏特. 工业创新经济学：第 3 版［M］. 华宏勋，华宏兹，等译. 北京：北京大学出版社，2004.

③ 刘劲扬. 知识创新、技术创新与制度创新概念的再界定［J］. 科学学与科学技术管理，2002（5）：5-7.

产生新产品或新工艺的设想到市场应用的完整过程，它包括新设想的产生、研究、开发、商业化生产到扩散这样一系列活动，本质上是科技与经济一体化过程，它包括技术开发和技术应用这两大环节。

3. 德鲁克的管理创新

被誉为现代管理学之父的德鲁克（Peter F. Drucke，1985）从管理的视角将创新定义为"赋予资源以新的创造财富能力的行为，即任何使现有资源的财富创造潜力发生改变的行为就是创新"①。德鲁克认为创新包括两种：一种是科技创新，它在自然界中为某种自然物找到新的应用，并赋予新的经济价值；一种是社会创新，也称管理创新，它在经济与社会中创造一种新的管理机构、管理方式或管理手段，从而在资源配置中取得更大的经济价值与社会价值，进一步拓展了创新边界。当然德鲁克更主张社会创新，其在《创新与企业家精神》②（1985，2009）一书中指出，创新机遇来源于七个方面：①意外事件；②不协调的现象；③流程的需求；④行业（产业）和市场结构等的变化，这是创新的大好机会；⑤人口及结构的变化；⑥认知、情绪，特别是消费者认知的变化；⑦新知识的出现，如人工智能、区块链、5G、基因编辑等，这为人们创新提供了方向指引。

4. 制度创新

1971年，美国经济学家戴维斯和诺思在其《制度变迁与美国经济增长》③中指出，制度创新是指能够使创新者获得追加或额外利益而对现存制度进行的变革过程。制度创新包括个人、团体以及政府三个层级，不同层级的创新活动特点不同。个人的制度创新活动并不需要支付组织成本，也不需要支付强制成本；团体创新活动需要支付组织成本，但没有强制成本；政府的创新活动则既要支付组织成本，也要支付强制成本。从制度创新的过程可见制度创新是要付出代价的，制度变迁（创新）的成本与收益之比对于促进或推迟制度变迁起着关键作用，只有在预期收益大于预期成本（包括变革之初至变革见效的时间成本）的情形下，行为主体才会去推动直至最终实现制度的变迁，反之亦反。我国科技成果"三权"改革，从制度创新层级看，涉及三个制度层级的耦合，包括职务发明个体（团体）、

---

① 转引自 SAMUELSON J A. The pure theory of public expenditures [J]. Review of Economics and Statistics，2004（11）：387-396.

② 德鲁克. 创新与企业家精神 [M]. 蔡文燕，译. 北京：机械工业出版社，2009：32.

③ 戴维斯，诺思. 制度变迁与美国经济增长 [M]. 张志华，译. 上海：格致出版社，2018.

科研院所组织以及政府甚至技术中介等多元化利益主体的博弈和共同合作，因此制度改革十分困难。

5. 组合式创新

《组合式创新理论》是哈格顿（Andrew Hargadon，2003）的代表性著作，他以熊彼特的经济学理论为背景，基于网络视角将现实世界的经验与来自互联网的智能概念相结合，以体系化解决创新如何产生，创新增长的机会问题和实现路径，其核心思想是新的创意往往建立在旧想法的碎片之上，简单地说就是"利用过去创造未来"，未来早已存在。连接（特别是弱连接）、跨界、网络化、社群等是关键元素，技术中介策略①扮演十分重要的角色②。哈格顿不仅丰富和完善了熊彼特的创新理论，相较德鲁克的创新机遇更具一般性、科学性，并提出了实现路径，为新一代信息化技术如何实现数字化创新转型提供了机会点，值得企业家、发明家、社群、区域、政府等认真学习和运用。

6. 颠覆性创新

颠覆性创新理论又称破坏性创新理论，主要研究市场新进入者与已在位者两类具有不对称能力和资源现状企业之间如何博弈的问题，是克莱顿·克里斯坦森（Clayton M. Christensen）的经典理论。克里斯坦森细致入微地研究了颠覆性创新的方方面面，并认为破坏性创新涉及的内容很多，但其核心关键环节有四项基本标准或条件：①初始目标关注低端市场或全新市场；②不沿着现有的技术轨迹发展；③在主流消费市场寻求差异，尽最大努力满足新消费群的需求，如更便宜、更方便、更小；④逐步向主流市场渗透③。可见弱者或新进入者只有且必须依靠创新才能颠覆强者和在位者，也警示了强者或在位者要时时居安思危，不断创新才能持续发展。该理论是弱小企业（区域）追赶甚至超越强大企业（区域）的创新策略和模式。

7. 逆向创新

维杰伊·戈文达拉扬是"逆向创新"④的先驱，其认为逆向创新指在低端市场或者发展中市场中进行市场实践，再逆向拆解创新反哺发达市

---

① 指通过发现人、思想和物体的组织连接多个领域并建立新的网络去推动创新.

② 哈格顿. 组合式创新：增长的机会与突破路径 [M]. 唐兴通，焦典，赵萌，译. 北京：电子工业出版社，2020.

③ 斯晓夫，刘婉，巫景飞. 克里斯坦森破坏性创新理论：本源与发展 [J]. 创新政策与管理，2021（1）：17-26.

④ 戈文达拉扬，特林布尔. 逆向创新 [M]. 钱峰，译. 北京：中国电力出版社，2013.

场。实现逆向创新有两个关键：一是发达市场的创新如何适应本地化；二是低端和不发达市场的产品在改造以后放到发达市场。这种创新兼顾了两种经济体的不同需求，透过大量的设计与分析，从现实生活的蛛丝马迹找到创新成功密码。逆向创新不仅包括技术创新还涉及营销创新等细分内容，本身是一种综合性创新概念，注重创新的扩散。

8. 非研发创新

顾名思义就是没有研发活动的创新，创新活动不以研发投入强度（R&D）来表征。不可否认，研发活动是创新的重要内容，但许多引致创新的活动并非基于研发活动，如设计、生产、销售、教育培训、人力资源管理、团队工作、外部知识搜索和合作等创新管理工具。非研发创新一般产生于技术改造提升过程，非研发密集型产业对于经济的增长和就业作用日益重要，这一点在 20 世纪 80 年代西方发达国家特别是日本、德国等就得到实证。经济合作与发展组织（OECD，1997）将制造业分为高技术、中等技术和低技术产业，将研发投入低于 3%（少数低于 2.5%）的划为非研发密集型产业或低技术产业。航空航天、计算机、半导体、通信、制药和仪器设备是常见的高技术产业，纺织、服装、皮革制品等研发强度比较低。对德国等发达地区的高技术企业的调查表明，非研发创新费用占全部创新费用的 40% 以上，非研发创新活动企业占研发创新活动企业近 50%。Som（2011，2015）[1] 实证研究揭示了德国制造业中非研发型企业的五种创新模式：知识密集型产品开发者、顾客驱动型的技术工艺专家、临时性的 B2C 产品开发者、低创新性劳动密集型制造企业、灵活的专业化供应商。在我国学界也开始关注非研发创新活动，截至 2022 年 7 月，CNKI 文献数据库共收录 42 篇相关文献，主要是高技术企业非研发活动与创新关系（侯建 等，2017）[2]，中小企业非研发创新活动（郑刚 等，2014）[3]，整体来说，相关研究很少。另外，非研发创新在公共和政府政策讨论中仍然被忽视，没有政策支持，欧美也不到 5%。政府政策制定者需要更多地关注非研发企业的创新战略，从而提升企业和整个经济体的创新能力。成都市

---

① 索姆. 没有研发的创新：德国制造业中非研发企业的多样化创新模式 [M]. 郑刚，孟禹，郭艳婷，等译. 北京：科学出版社，2015：192-196.

② 侯建，陈恒. 部知识源化、非研发创新与专利产出：以高技术产业为例 [J]. 科学学研究，2017（3）：448-458.

③ 郑刚，刘仿，徐峰，等. 非研发创新：被忽视的中小企业创新另一面 [J]. 科学学与科学技术管理，2014，35（1）：140-146.

中小微企业多，创新扩散不足，各县（市）区协同创新离不开非研发创新的激励。

9. 包容性创新

包容性创新源于包容性增长，OECD（2012）[①] 认为，包容性创新是利用科学、技术和创新诀窍以解决低收入群体的需求。包含两层含义：一方面是针对低收入群体的特定需求开展创新活动，使他们能获得并享受创新成果；另一方面，低收入群体新参与、推动、实施具体的创新活动，在创新过程中发挥作用、创造价值，也被称为"草根创新"。包容性创新主要具有以下特征：①市场（需求和供给主体）具有特殊性（如收入少而和稳定，受教育程度低等）；②创新形式的多样性，不仅包括新产品、服务的开发，也包括对制度、组织、价值链以及渠道与市场策略等的创新、调整与变革；③创新过程的"田野性"。包容性创新的重点不是在实验室里进行系统的研发，企业要能有效辨识、吸收与利用外部环境中的知识与资源，以开放的心态搜索潜在创新的机会。显然，包容性创新对于成都市各县（市）区乡镇及农村、农业、农民创新创业具有重要的指导意义。

10. 自主创新

自主创新是后发国家或地区在追赶发达国家或地区中提出的相对概念。所谓自主创新（self-innovation），从结构分析讲，自主是创新的主体约束成分即创新成果的主体是自我，而不是他人，是自己可以控制的，其本质就是对某项创新成果（发明专利或技术标准）掌握着主动权、控制权，具有一定的排他性和垄断性，是与"他创"相对应的。当然，自主创新并不等同于自我创新，自我创新是封闭的，自主创新既可以封闭也可以开放。根据自主创新的可控度和深度，自主创新可分为原始创新、集成创新（组合式创新）和引进消化吸收再创新（模仿创新）三种模式[②]。实践中，

---

① 柳卸林，高太山，周江华. 中国区域创新能力报告 2013 年 [M]. 北京：科学出版社，2013：43-49.

② 原始创新，就是指重大科学发现、技术发明、原理性主导技术等原始性创新活动。特点是自主研究设计、自成体系，有利于开拓新兴产业和市场，缺点是投资大、风险大、时间长。原始创新成果通常具备三大特征：一是首创性，前所未有、与众不同；二是突破性，在原理、技术、方法等某个或多个方面实现重大变革；三是带动性，在对科技自身发展产生重大率引作用的同时，对经济结构和产业形态带来重大变革，在微观层面上将引发企业竞争态势的变化，在宏观层面上则有可能导致社会财富的重新分配、竞争格局的重新形成。集成创新是利用已有的科技资源（包括自创技术和他创技术）创造性集成起来再创新一个或多个新的科学和技术或新的产品和产业，属于创新的中间层次。引进消化吸收再创新的特点是在引进国外技术的基础上经过研究、消化、吸收，再创造出新的技术和产品，优点是投资小、风险小、见效快。

企业、产业、区域（国家）在创新中根据自身的资金、人才、基础设施以及产业发展所处阶段以及战略定位等条件选择不同的创新模式和创新路径。

11. 模仿创新

大部分企业发展都是从模仿开始，通过模仿创新、集成创新到原始创新的创新"逆袭"进路，实现自主创新。模仿并不是简单地复制和抄袭，有的模仿创新也能够为企业带来自主的知识产权。创新实力名噪全球的华为最初也是从模仿开源的操作系统发展起来的。

蔡翔翔等（2013)[1] 认为企业的模仿创新是企业通过引进、购买等手段，消化吸收自主创新者的核心技术，并在此基础上改造企业现有的技术系统的二次创新行为。模仿创新能节约大量研发成本和市场培育费用，并能回避市场成长初期的不稳定性，降低了投资及市场风险。模仿主要分两类，一类是通过购入版权模仿使用；另一种是反求工程，即通过对在市场上购买的先进产品进行解剖和破译，获取核心技术和工艺，再结合企业已有的知识和经验进行整合，进而模仿出自己的创新产品（范秩琳 等，2010)[2]。对于成都市郊区县等创新能力较弱的区域和中小企业，引进、购买技术（专利）进行模仿、引进吸收将是未来创新的主要形式。

12. 协同创新

协同创新[3]是指通过突破创新主体间的时空及制度等壁垒，充分释放彼此间"人才、资本、信息、技术、数据"等创新要素活力而实现知识价值增值和创新要素有效汇聚、深度合作和优化整合，着力提高创新资源要素利用效率。协同创新是一项复杂的创新组织方式，其关键是形成以大学、企业、研究机构为核心要素，以政府、金融机构、中介组织、创新平台、非营利性组织等为辅助要素的多元主体协同互动的网络创新模式，通过知识创造主体和技术创新主体间的深入合作和资源整合，产生系统叠加的非线性效用，具有整体性和动态性。协同创新是通过国家（机构）意志

① 蔡翔，谌婷. 中小企业自主创新与模仿创新博弈分析 [J]. 科技进步与对策，2013，30 (4)：91-95.

② 范秩琳，吴晓波. 二次创新视角下的产业集群演进：诸暨山下湖珍珠产业集群案例 [J]. 科学管理研究，2010，28 (1)：6-9.

③ 佚名. 协同创新 [EB/OL]. 360 百科，[2021-06-07]. https://baike.so.com/doc/5538327-5755468.html.

的引导和制度安排，促进企业、大学、研究机构发挥各自的优势整合互补性资源，实现各方的优势互补，加速技术推广应用和产业化，协作开展产业技术创新和科技成果产业化活动，是当今科技创新的新范式，"互联网+"是其实践的主要范式。我国自 2012 年启动实施"2011 计划"，旨在建设不同类型协同创新中心，探索不同协同创新模式。成都市各县（市）区创新资源分布差异明显，各有特色，协同创新是推动其创新驱动经济（产业）发展的重要战略路径。

13. 绿色创新

绿色创新源于绿色经济，由于绿色经济跨数个学科，对"绿色创新"内涵存在不同的理解。学术上，可持续创新、生态（技术）创新、环境创新和绿色创新四种定义同时存在，一般来讲，与绿色经济有关的创新都称为绿色创新，即降低碳排放和污染、提高能源和资源使用效率的行为都可称为绿色创新。Fussler 等（1996）[①] 最早提出绿色创新的概念，之后，James（1997）[②] 将绿色创新进行定义为"能够显著减少环境影响，并且使个人或企业实现增值的新工艺或者新产品"。OECD（2009）对绿色创新定义时更加注重环境目标，而 MEI（2009）认为新颖性和环境目标是其两个显著特征。Jens Horbach 等（2012）[③] 认为绿色创新是指能够显著缓解环境问题的产品、生产工艺、市场方式和组织结构的创新行为，显然环境效应仍是绿色创新的明确目标。总的来说，绿色创新具有不同于其他创新的三个显著特点：双重外部性、较弱的技术推动和市场拉动效应、规制的推动和拉动效应（Rennings，2000）[④]。双重外部性即传统研发的溢出效应和环境溢出效应，是其最重要的特性。正是绿色创新的双重外部性对社会的正向积极作用，而对于生态创新企业来讲，如果其创造的产品/服务的市场价格不足以弥补反映出相关环境问题的外部性环境技术投入的研发成本，

① FUSSLER C, JAMES P. Driving eco-innovation：a breakthrough discipline for innovation and sustainability［M］. London：Pittman Publishing, 1996.

② JAMES P. The sustainability circle：a new tool for product development and design［J］：Journal of sustainable product design, 1997（2）：52-57.

③ HORBACH J, RENNINGS K. Environmental innovation and employment dynamics in different technology fields -an analysis based on the german community innovation survey 2009［J］. General information, 2012, 57（20）：158-165.

④ RENNINGS K. Redefining innovation：eco - innovation research and the contribution from ecological economical［J］. Ecological economics, 2000, 32（2）：319-332.

这会影响到企业投资环境技术的积极性（杨燕，2013）[①]。由此引发学者们对绿色创新产业化组织模式的探索，产业公地和公私伙伴关系（PPs）成为绿色创新产业化的主要组织模式[②]。在"双碳"目标下，绿色创新成为县域经济创新发展的重要方向。

（二）创新 1.0 到创新 3.0 模式演进

迄今为止，创新范式经历了线性、体系、系统三个演化阶段，即创新1.0 到创新 2.0，再到现今创新 3.0 的不断演进，各阶段特点如表 2-1 所示。

表 2-1　三代创新范式的特点比较[③]

创新范式	创新 1.0	创新 2.0	创新 3.0
理论基础	内生增长理论	开放创新理论	创新生态理论
创新主体（关系）	企业单体内部	政产学研协同	政产学研用共生
创新战略重点	自我研发	合作研发	创意设计+用户关系
价值实现载体	产品	产品+服务	体验+服务+产品
创新驱动模式	政府+企业；需求+竞争双螺旋	政府+企业+学研；供给+需求+竞争三螺旋	政府+企业+学研+用户；供给+需求+竞争+共生四螺旋

1. 创新 1.0

20 世纪 70 年代，内生增长理论以封闭式创新或自我创新为主，强调企业内设研发机构进行自行研发，创新驱动力来自市场需求和科研成果推动的"双螺旋"。同时也表现为以研发投入与产出的线性模式为特征，认为只要加大研发投入就能增加创新产出，政府弥补创新外部性以及市场失灵。

2. 创新 2.0

进入 21 世纪，在全球化背景下，信息技术推动和知识经济社会的形成及对创新认识的不断深入，创新被认为是各创新主体、创新要素交互作用下的一种复杂涌现现象，由此，基于开放式创新理论的创新 2.0 模式开始

---

① 杨燕，邵云飞. 生态创新研究进展及展望 [J]. 科学学与科学技术管理，2013，32（8）：107-116.

② 佚名. 绿色创新技术的概念特点以及绿色创新技术产业化 [EB/OL]. 360 文库，[2022-08-20]. https://wenku.so.com/d/fa2acd88dfa2976de9bf5fdad8dcaef0.

③ 李万，常静，王敏杰，等. 创新 3.0 与创新生态系统 [J]. 科学学研究，2014（12）：1763.

出现。创新主体包括政府、企业和高校，构成三螺旋，强调产学研协同发展与多元创新（李万 等，2014）。这个阶段产学研相互渗透交融，既各自独立，又充分建立联系，国家（区域）创新体系建设加强，政府更多提供支持性政策，如加大财政科技投入，研发费用加计扣除等。

3. 创新 3.0

随着互联网的发展，各行业创造无限的可能，创新周期越来越短，同时科技创新与业态变革特别是与金融有效对接，创造的价值巨大，而发展的旧模式、旧经验和产品被加速破除或淘汰，着力体现了以应用为本、以用户为中心、以生态软环境为基底的自组织创新，即创新活动具有动态性和关联性的生态学特征，既具有空间性质的结构层次性特征又具有时间性质的演化过程性特征，既是物竞天择的竞争关系又是共生与共亡的依赖关系，呈现出一种生存与发展相互交织复合的运行状态。

（三）创新的分类

创新是一个复杂的过程，不同视角对创新的理解和分类各不相同。综合以往学者研究和笔者的理解，我们从以下几个维度进行分类：按照创新的强度分为突破性创新（革命性创新）和渐进性创新；按照创新的对象分为产品创新、工艺（技术流程）创新、组织创新和营销创新（服务商业模式）四类；按照创新的开放程度分为开放式创新和封闭式创新；按照创新的知识产权归属分为自主创新、他人创新和混合创新；按照创新的主体构成分为独立创新和协同（合作）创新；按照创新的机理划分为市场拉动创新、技术推动型创新和两者共同推动的复合型创新；按照创新所处范畴分为制度创新、技术创新、管理创新、模式创新、业态创新等；按照创新所处价值链分为基础创新、应用创新、市场开发创新、营销创新；按照创新的深度分为原始创新、集成创新、模仿创新（引进、消化吸收再创新），按照创新来源分为理论创新与实践创新，当然这些分类难免有交叉重叠。

（四）创新的新特点和新趋势

传统的创新主要是由少数精英、行业内部推动，并由政府支持为主实现。随着互联网、人工智能、区块链、万物互联发展，新型创新组织、模式正加速涌现，并呈现五大新特点和新趋势（潘教峰，2019）①。

---

① 潘教峰. 适应创新组织模式的"五化"趋势需要发展知识经济时代的管理学［R/OL］. 战略与政策论坛，个人图书馆，（2019-03-29）［2021-08-011］. http://www.360doc.com/content/19/0329/01/60669552_824874459.shtml.

1. 创新参与主体的大众化和民主化

基于兴趣或利益等通过互联网快速集结的创新共同体不断涌现，在网络社区集成智慧，形成一种自组织、集众智、跨区域的创新组织，实现自下而上、自外而内的创新。

2. 创新组织机构的开放化

创新组织从垂直整合转向纵横向聚合，组织壁垒被打破，朝扁平化、外部化、网络化转变。

3. 创新行业领域的跨界化

技术边界、行业边界日益模糊，成为"你中有我，我中有你"的跨界融合共同体行业或产业，如无人机、区块链金融等。

4. 创新链接机制的平台化

随着万物互联的速度加快，创新逐渐由"管道"思维转向"平台"思维。例如，苹果、腾讯等公司通过搭建研发应用市场平台，吸引全世界的应用开发人才来设计满足各类用户个性化需求的应用。

5. 创新资金来源的多元化

目前来看，仍然是以政府、企业支持创新资金为主要方式，不过，全社会的资源、资本和力量支持创新的新态势正在形成。同时政府支持创新的方式也在发生变化，除了传统的固定拨款、设立研究基金等方式外，越来越重视采用公私合作、科技悬赏、创新券、众包众筹、揭榜挂帅等更为灵活有效的方式。

（五）创新经济的主要表现形态——"四新经济"

"四新经济"[①] 是指新技术、新产业、新业态、新商业模式的经济形态，其核心是现代信息技术的深度融合应用，以互联网、AI、区块链、新能源、新材料等技术的重大创新与融合应用为代表，带动了整个产业形态、生产形式、组织方式、商业模式等的深刻变革，强化产业链的不同环节之间以及不同产业链之间的互动关系，不断地分化、融合、跨界、变异以及与信息技术嫁接，产生出一系列新模式和新业态。可见，四新经济本

---

① "四新经济"是指一种有别于传统经济划分模式的表现形式，是新技术、新产业、新业态、新商业模式生产活动的集合。新业态是指基于不同产业间的组合、企业内部价值链和外部产业链环节的分化、融合、行业跨界整合以及嫁接信息及互联网技术所形成的新型企业、商业乃至产业的组织形态。信息技术革命、产业升级、消费者需求倒逼是推动新业态产生和发展的三大重要因素。商业模式创新的基本原则包括：以价值创造为灵魂、以客户需求为中心、以企业联盟为载体、以应变速度为关键、以信息网络为平台。

质是创新经济，具有渗透性、融合性、轻资产、高成长、动态变化、基础环境依赖等特性，更加注重无形资产、核心团队、智慧发展和核心竞争力[①]，是当前和未来十年创新经济的主要表现形态，主要包括以下六种：

1. 共享经济（人群经济）

共享经济基于数十亿在线人群的连接，共享、共用闲置、静态的存量资源（包括数据、信息、不动产、创新平台、载体等）。

2. 智能经济

AI 与其他业务结合的 "AI+" 模式，是继 "互联网+" 后又一新商业模式或业态。

3. 闭环经济

大自然是一个闭环的生态系统，没有任何的浪费，一个物种的废弃物都会成为另一个物种的生存基础，而 "仿生" "plastic bank" 等正代表创造无废物系统的尝试，是未来解决环境问题的有效探索和尝试。

4. 去中心化的自治组织经济

基于区块链和 AI 的融合，出现一种全新的组织或公司，通过智能合约实现 7×24 小时的全天候运行。

5. 数字经济

从经济学看，数字经济是人类通过大数据（数字化的知识与信息）的识别—选择—过滤—存储—使用，引导、实现资源的快速优化配置与再生，实现经济高质量发展的经济形态。"十四五"规划明确指出 "数字经济" 是未来推动中国经济发展的重要手段。"数字经济" 作为一个内涵比较宽泛的概念，凡是直接或间接利用数据来引导资源发挥作用，推动生产力发展的经济形态都可以纳入其范畴。在技术层面，包括大数据、云计算、物联网、区块链、人工智能、5G 和 6G 通信等新兴技术。在应用层面，涉及产业数字化和数字产业化，"新零售""新制造""共享经济"等都是其典型代表。

6. 体验经济[②]

体验经济基于生活情境出发，塑造感官体验及思维认同，以此抓住顾客的注意力，改变消费行为，并为商品找到新的生存价值的空间消费经

① 佚名. 四新经济 [EB/OL]. 360 百科，[2022-11-22]. https://baike.so.com/doc/30048581-31660794.html.

② 派恩，吉尔摩. 体验经济 [M]. 毕崇毅，译. 北京：机械工业出版社，2021.

济，具有终端性、差异性、感官性、知识性、延伸性、参与性、补偿性、经济性等特点，是继产品经济、商品经济、服务经济之后的一种全新的经济形态，孕育着消费方式与生产方式的重大变革。

二、创新与创业的关系

（一）创业的内涵

1. 创业概念的诠释

创业一词起源久矣，《辞海》解释为创立基业；《现代汉语词典》解释为创办事业。当前学术界对创业的研究更是方兴未艾，研究文献较多，不过至今未能给出一个清晰的概念框架，也还没有发展形成真正意义上的有别于其他研究领域的创业理论。郭占恒等（2007）认为创业不仅是创办新组织或开展新业务，更是一个创新的过程，在这个过程中，新产品或新服务的机会被确认、被创造，最后被开发出来产生新的财富。我国学者对创业概念的理解分为三个层次：狭义的创业、次广义的创业和广义的创业。狭义的创业概念为"创建一个新企业的过程"。次广义的创业概念是"通过企业创造事业的过程"，包括两个层次的内容，即创建新企业和企业内部创业。广义的创业概念为"创造新的事业的过程"，是劳动者个人或团队主动地开创基业和不断创造新事业并获取创业收入的活动过程，包括一切创新创造活动。广义的创业认为所有创造新的事业的过程都是创业，既包括营利性组织，也包括非营利性组织；既包括官方设置的部门和机构，也不排斥非政府组织；既包括大型的事业，也包括小规模的事业甚至"家业"。本书在应用时，借鉴广义创业的概念。

2. 创业的基本特质

从有关"大众创业"的解读看，广义创业具有四个特性：①创业具有新颖性，或者是新产品、新服务，或者是新事业，或者是在原有的基础上达到新的规模或新的层次；②创业具有主动性，是人们有目的有意识的活动，是积极进取精神的体现；③创业具有艰难性，有人形容为"是赤着脚在布满荆棘的市场上踏出一条自己的路"；④创业具有影响性，对个人、家庭、社会产生较大的影响[1]。

---

[1] 郭占恒，金晶瑜. 创业的本质是创新 [N/OL]. 浙江日报，(2007-08-20) [2021-06-05]. https://zjnews.zjol.com.cn/05zjnews/system/2007/08/20/008716109.shtml.

（二）创新与创业的互动关系研究

谷力群（2013）[①] 认为创新是创业的前提和基础，没有创新，谈何创业。创新的本质是敢于突破旧的思维和常规。创业是指创立社会、集体、个人的各项事业。创业的本质是创新，创业的过程就是不断创新的过程。王延荣等（2015）[②] 认为创新并不等同于创业，创新如果发生在原有企业框架中，则这种创新不属于创业的范围，而如果创新是通过创建新的企业来实现的，则它就是创业活动。但创业离不开创新，创新是创业的源泉，也是创业的本质；如果没有创新，创业就失去了生命力和发展力。当然创新也离不开创业，创业是实现创新的重要组织保证和载体。实践证明创业企业的创新占全部创新的 50% 以上和重大创新的 90%。彭志强（2016）[③] 认为，当前中国创新主战场在中小企业的二次创业和再创业。

（三）创新与创业关系的重新认识

在前人研究的基础上本书认为：①创新是创业的基础，没有创新，创业就会像无源之水、无本之木，没有生机活力，创新的成效也只有通过创业实践来检验；②创业是创新的载体和表现形式，创新是创业的根本支撑；③创新推动创业，创业依靠创新，二者相互促进又相互制约，是密不可分的辩证统一体。因此，县域经济创新发展的实现离不开县域内大众创业环境的培育，大众创业、万众创新只有深入到县域甚至乡镇和村（组）/社区才能真正实现县域经济的创新发展。

三、区域创新系统理论

众所周知，县域经济首先也是区域经济，因为在县域经济下还存在村镇经济，也就是说，村镇经济构成了县域经济，县域经济构成了更广领域的区域经济。同时，县域经济基本上是以当前的县级行政区划为依托，按照市场经济的导向来优化配置资源，属于具有地域特色和功能完备的区域经济的一种形态。因此，研究县域经济创新发展离不开对区域创新系统演进变化的认识、理解和辨析。

---

① 谷力群. 论大学生创业精神的培养 [D]. 沈阳：辽宁大学，2013.
② 王延荣，宋冬凌，等. 创业型经济发展的政策研究 [M]. 北京：科学出版社，2015.
③ 彭志强. 这五要素齐全了，创新才能实现 [EB/OL]. （2016-08-26）[2021-08-16].
https://www.sohu.com/a/112312103_467333.

（一）区域创新系统的内涵

在创新系统的研究中，库克（Cooke，1992）[①] 率先提出区域创新系统（RIS）的重要性。库克等[②]（1997）和弗里曼[③]（Freeman）在国家创新系统（NIS）的研究基础上，对区域创新系统进行了全面的理论研究与实证分析，认为区域创新系统是一种区域创新型组织体系，而该体系中的创新主体是由一定地域内分工协作、相互联系的生产型企业、高等院校和科研机构等构成的，通过这些创新主体间的分工协调在区域内产生创新活动，主要包括研发、应用、商业化、教育、连接（linkage）五种基本活动。魏格（Wiig，1995）[④] 作为较早研究区域创新系统的学者之一，通过区域创新系统的概念解释，较全面地概括了区域创新系统中的五大主体机构（企业、高等院校、科研机构、政府以及中介机构），并认为区域创新系统是以产业为中心的企业、高等院校、科研机构、政府、中介机构之间，以生产服务为核心，相互作用和相互影响产生的各种创新活动的集成和动态变化过程，产业创新发展是区域创新系统发展的关键，本书认同此观点。

（二）区域创新生态系统

1. 创新生态系统研究演进

创新生态系统是在创新系统理论和生物学类比思想基础上产生的新概念。硅谷的持续创新发展引发了创新生态概念的提出。美国政府最先提出"创新生态系统"概念，并高度重视和不断自省，方稳居全球创新型引领国家之首。学者普遍认为创新系统主要关注创新要素构成和资源配置的静态结构性问题，是一种工程化和机械化系统；而创新生态系统更加强调创新过程事件和各创新行为主体之间交互作用的动态演化分析，是一种有机化、生态化和网络化过程。创新生态系统研究起源早，历经"可持续发展"（1996—2005 年）、"开放创新"（2006—2010 年）、"价值创造"与"协同创新"（2011—2016 年）、"共生理论视角价值共造"（2016 年以后）四个主要阶段，不同阶段研究和关注重点不同，体现了研究的问题导向和

① COOKE P. Regional innovation systems：competitive regulation in the new Europe ［J］. Geoforum，1992，23（3）：365-382.

② COOKE P，URANGA M G，XTXEBARRIA G. Regional innovation system：institutional and organizational dimensions ［J］. Research policy，1997（26）：475-491.

③ FREEMAN C. The economies of industry innovation ［M］. The MIT Press，1982：35-98.

④ WIIG H，WOOD M. What comprises s regional innovation system?：an empirical study ［C］. Regional Association conference，1995.

社会需求性。共生理论视角价值共造不仅强调组织间的网络协作，而且重视参与者间互惠共赢，更符合创新生态系统发展演化规律，成为当下学界、政界关注热点。

2. 关于创新生态系统概念比较权威的理解

我国学者黄鲁成（2003）[①] 首次从生态学视角提出区域技术创新生态系统，是指在一定的空间范围内技术创新复合组织与技术创新复合环境，通过创新物质、能量和信息流动而相互作用、相互依存形成的系统，具有整体性、层次性、耗散性、动态性、稳定性、复杂性和调控性（被引用238次）。李万等（2014）[②] 从生物学和可持续发展视角认为创新生态系统是指一个区间内各种创新群落之间及与创新环境之间，通过物质流、能量流、信息流的联结传导，形成共生竞合、动态演化的开放、复杂系统，并从创新范式演进推导出中国从 2010 年到 2030 年创新生态系统建设路径（其引用率高达 557 次）。董铠军等（2018）[③] 认为创新生态系统是创新系统发展到高级阶段的产物，其内涵主要包括三个方面：一是结构上，一方面，创新主体间存在共生耦合与竞争合作等非线性交互关系；另一方面，存在物种、种群和群落即研究、开发和应用三大群落生态组织化特征。二是与外部环境的关系，创新生态系统是开放系统，创新主体与创新环境相互作用。创新环境不仅包括经济环境，而且包括社会和自然环境，它们构成了创新的"栖息地"。三是功能上，创新生态系统是可持续发展的系统，这不仅表现为生态系统中创新活动的持续性和多样性，而且表现为生态系统自身的持续进化。本书主要以这三位学者的观点作为相关理论支撑。

3. 创新生态系统的要素

达沃斯世界经济论坛"中国创新生态系统（2014）"的年度报告指出：创新生态系统的要素包括可进入的市场、人力资本、融资及企业资金来源、导师顾问支持系统、监管框架和基础设施、教育和培训、重点大学的催化作用、文化支持[④]。不过，随着数字技术的发展，数据在创新要素中

① 黄鲁成.区域技术创新生态系统的特征 [J].中国科技论坛，2003（1）：23-26.

② 李万，常静，王敏杰，等.创新 3.0 与创新生态系统 [J].科学学研究，2014（12）：1761-1769.

③ 董铠军，杨茂喜.浅析创新系统与创新生态系统 [J].科技管理研究，2018，38（14）：1-9.

④ 转引自陈鸿波.中国创新生态系统的优势、挑战与对策 [EB/OL].启迪之星河泽，（2017-05-15）[2022-10-16].https://www.sohu.com/a/140731678_760331.

的重要性日益突出，并受到世界各国的高度重视。

4. 创新生态系统的空间结构

从功能空间看，创新生态系统分为企业创新生态系统、产业创新生态系统、区域创新生态系统、国家（全球）创新生态系统。其中，产业创新生态系是区域创新生态系统的核心，也是创新驱动经济高质量发展的关键。

5. 创新生态系统的动力机制

创新生态系统演化的动力源自内部创新主体和外部创新环境两个方面。政府、市场、在位企业、新进入的企业与用户之间不断博弈，成为创新生态系统演化的关键。根据自然生态系统演化规律，创新生态系统类似自然生态系统通过遗传、变异、衍生、选择四个演化机制来实现创新生态系统的持续演进发展。对于经济较为落后的国家（地区）或发展较为相对滞后的产业，"有控制的"管理方式属于更节约、更快速的方式，特别适用于采用创新系统范式来完成"追赶型"创新；当面对更多的不确定性，就需要"搜寻、试探、自组织"等尝试性创新，特别适用于采用创新生态系统范式来进行"领导型"创新。随着技术的不断飞跃，尤其是人工智能的发展，在新的状况下，可能出现创新智能生态系统管理，这是创新系统与创新生态系统的一种融合。

（三）"互联网+"创新生态系统

1. "互联网+"创新生态系统的形成

近十年，创新驱动发展战略和"互联网+"是中国推动经济转型升级向更高质量发展两大核心战略，成为学界、政界和商界等研究和关注的前沿热点。不过迄今为止只有少量文献关注互联网与创新生态系统的结合，并主要把互联网作为创新生态系统的外在因素。杨伟等（2018）[1] 第一次基于互联网的技术属性和社会制度属性视角把创新生态系统与互联网融合产生的新形态称为"互联网+"创新生态系统。

2. 概念内涵

所谓"互联网+"创新生态系统是指在互联网技术和社会环境的深刻影响下，由各类创新主体（产、学、研、中、金及个体等）构成的，线上线下结合的生态化创新组织体系，由主体、运行空间和环境三部分构成，见图2-2。

---

① 杨伟，周青，郑登攀. "互联网+"创新生态系统：内涵特征与形成机理 [J]. 技术经济学，2018（7）：10-15.

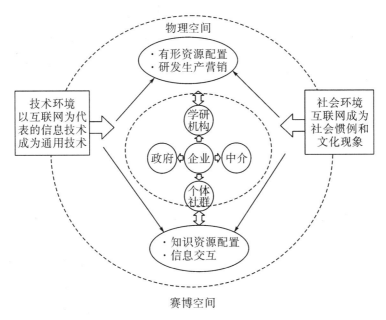

图 2-2 "互联网+"创新生态系统的组织结构

主体："互联网+"创新生态系统的构成主体包括企业、大学、科研院所和政府、中介机构等机构组织创新者，并包括大量的消费者、极客和产消者等个体创新者。主体之间基于互惠共生关系，围绕创意、信息、资金、技术等进行互动与合作，形成生态化的组织体系。

运行空间："互联网+"创新生态系统同时在物理空间和赛博空间（cyberspace）① 上运行，是一个线上线下结合的创新生态系统。这是"互联网+"创新生态系统的最重要属性。其中，物质资源的转移、新产品的研发与生产等活动发生在真实世界的物理空间中；知识共享、信息交互等活动则大量转移到赛博空间中。两个空间发生的活动存在协同耦合关系，赛博空间为物理空间提供信息指引，并接受和处理来自物理空间的信息。大数据、人工智能、量子信息和区块链的发展，以及数字产业化和产业数字化的发展，推动了物质资源载体的数字化。

环境：互联网成为创新生态系统最重要的技术和社会环境因素。以互

---

① 赛博空间是以知识和信息为内容的新型空间，这是人类用知识创造的人工世界，一种用于知识交流的虚拟空间，因此采用电脑空间等译法都不能表达其广博的内涵。

联网为代表的信息技术是典型的智能技术（enabling technology）①，具有强烈的带动性和衍生性，深刻影响着创新主体的技术方向选择和关键技术开发，并为主体之间的交互提供了共性的技术范式。同时，大量互联网用户的存在使得互联网成为一种社会惯例和文化现象，也成为创新生态系统重要的社会环境。

因此，"互联网+"创新生态系统具有三个关键特征：一是基于互联网的知识资源配置；二是正式合作组织与网络社群结合的组织模式；三是根植于互联网思维的创新方法论。

3. "互联网+"创新生态系统实践运用

随着互联网对经济社会的影响日益深化，越来越多的创新主体依托互联网进行创新资源配置、信息传递和价值共创，形成了线上线下结合的"互联网+"创新生态系统。美国硅谷既是创新生态系统的典范也是互联网技术、组织和思维方式的重要发源地；德国"工业4.0"战略的关键环节就是创新生态系统与互联网的融合；海尔、华为等能跨入世界创新灯塔企业行列就是在加速互联网化转型的进程中，着力打造适应自身需求的"互联网+"创新生态系统。总之，"互联网+"创新生态系统不仅有助于利用互联网在信息交互方面的优势提升创新效率，更能推动互联网时代的万众创新创业创富的实现，特别是县域乡村充分利用互联网+数字技术，促进创新实体资源弱的区域通过数字化共享，实现城乡创新系统的一体化。

第二节　创新驱动相关理论基础

一、创新驱动的内涵

"创新驱动"概念最早是由迈克尔·波特（Michael E. Porter，1990）提出的。他在《国家竞争优势》一书中，基于一国经济竞争优势不同，将经济发展阶段分为要素导向驱动、投资导向驱动、创新导向驱动和财富导向驱动四个阶段。他认为："创新导向驱动阶段是把高科技和知识作为最

---

① 使能技术，也称赋能技术，是一个舶来语，国内外对于使能技术还没有明确的定义，从技术创新链的角度，使能技术处于基础研究和产品研发之间，属于应用研究的范畴，其使命是通过使能技术的创新来推动创新链下游的产品开发、产业化等环节的实现。

重要的资源，通过市场化、网络化实现科技与经济的一体化，形成产业聚集，从而推动经济发展。"[1] 此处使用的创新驱动概念把创新作为推动经济增长的主动力。国内学者近几年开始探究我国转型动力问题，其中洪银兴（2011）[2] 对创新驱动概念理解较深入，认为创新驱动就是利用知识、技术、企业组织制度和商业模式等创新要素对现有的资本、劳动力、物质资源等有形要素进行重新组合，以创新的知识和技术改造物质资本，提高劳动者素质，实现科学管理，显然是以熊彼特的创新理论来解释的。根据创新发展理论及前人研究，我们认为，所谓创新驱动，就是经济（产业）发展建立在知识创造、利用和扩散的基础之上，各种新产品、新工艺、新方法、新思想等纷纷涌现，进入大众视野，融入人们生产生活中，创新成为一种常态，成为经济增长方式转变、产业转型升级和人们生活高品质化的关键要素和核心动力源。从改革开放总设计师邓小平提出"科学技术是第一生产力"，到百年未有之大变局掌舵人习近平总书记提出"创新是引领发展的第一动力"，创新实践和精神已在 40 余年的奋发进取中深深刻入中华民族的灵魂，中国整体已迈入创新驱动经济全面高质量发展新阶段。

二、创新驱动经济（产业）的实现过程

（一）创新驱动经济（产业）实现的全过程

根据熊彼特的技术创新过程，显然技术创新包括新设想产生、研究、开发、商业化生产到扩散等一系列活动，同时也是科技与经济一体化的过程。我们认为，从微观的角度，创新实现过程就是创新主体对创新项目预期评估后进入创新的研发投入决策，再把创新成果转化和孵化形成产品，通过市场商品化最终进入大众生活视野，实现其创新价值。创新纵向链条主要包括研发设计（专利、诀窍、创意等）—成果孵化转化（产品化）—商业化（品牌和服务）三个阶段，形成一条纵向的创新驱动产业价值链微笑曲线。由于产品的复杂化和分工碎片化，每个环节又形成众多的细分价值链节点，最终形成立体网状的价值链球体。

（二）不同创新阶段驱动经济（产业）实现的重点及特征

在创新驱动的不同阶段，创新驱动的重点、创新的主体、投入来源和

---

① 波特. 国家竞争优势 [M]. 李明轩，邱如美，译. 北京：华夏出版社，2002.

② 洪银兴. 关于创新驱动和创新型经济的几个重要概念 [J]. 群众，2011（8）：31-33.

创新的主要类型不同，特点鲜明。张银银等（2013）①认为，微笑曲线前端驱动阶段是知识的创造和积累，面对收益未知、风险高的科技创新探索，政府、跨国大企业以及研发机构大规模投入是主力，主要是构建知识创新体系，抢占未来科技发展的制高点；微笑曲线底端驱动阶段重点在科技成果转化，需要不同创新主体协同，以及各种转化媒介的介入搭桥；后端驱动阶段直接面向市场，企业和产业集群发挥重要作用，创新的形式更加多样化。前端驱动阶段对国家的基础科研投入和实力提出较高的要求，底端驱动阶段需要创新要素在各种媒介的作用下有效衔接，后端驱动阶段对市场发育程度有较高要求。在创新驱动产业的整个过程中，驱动创新的体制机制和社会环境是强有力的保障。在互联网时代，三个驱动阶段同步性越来越强，间隔的时间越来越短，在知识、信息流通顺畅和市场发育完备的发达国家，一项新技术很快就可能被风险投资家发现并投入市场。并且在创新资源分布不均的前提下，三个不同的阶段要素相互影响、相互作用，形成复杂多样的创新生态系统。

三、创新驱动经济高质量发展战略实施的关键

基于熊彼特的毁灭性创新理论，创新驱动发展具有阶段性和周期性，从创新及创新驱动经济（产业）发展实现过程看，一个区域要实施创新驱动经济（产业）发展战略，必须把握三个关键环节。

（一）要强调自主创新能力的培育和提升

实践证明，关键技术和核心技术是购买不到的。创新驱动发展的主要核心动力是科技创新，科技创新成果作为一种知识产权，只有当知识产权可以自己掌握和可控时，科技创新的动力才是一种内驱力。要把控创新驱动发展的动力方向，就要紧抓科技创新成果的掌控权，着力培育和提升自主创新能力。

（二）要努力推动科技（创新成果）与经济（产业）的结合

创新要有市场有消费者才能实现其价值，消费者和市场又为创新提供了思想和点子。硅谷作为创新驱动产业成功发展的典范，其真正成功或贡献在于能慧眼识别那些可能对社会产生颠覆性影响的发明，进而对他们进行商业性开发，然后迅速地创造财富。比之于科技发明，硅谷更善于科技

---

① 张银银，邓玲. 创新驱动传统产业向战略性新兴产业转型升级：机理与路径 [J]. 经济体制改革，2013（5）：98.

的培育（使之企业化）①。实现创新驱动发展，既要从经济（产业）社会发展需求中找准科技创新主攻方向，又要把科技成果迅速转化为现实的生产力或产品。科技成果只有完成工程化并面向市场实现产业化、商品化，才能真正转化为强大的现实生产力和需求，实现创新驱动经济（产业）发展。之所以要围绕产业链部署创新链，就是因为产业为创新找到了进入市场的快速通道和入口，拉近了创新与市场的距离，使创新从神坛走向了大众的视野、贴近了百姓的生活，也真正建立起以市场需求为导向的技术决策机制。

（三）要明确创新驱动经济（产业）高质量发展的目标

创新是永无止境的，创新驱动经济高质量发展是有目标性和阶段性的。只有明确了目标才能选择实现目标的路径。科技创新的根本作用是促进经济社会发展，终极目标是增进人类社会的福祉和促进人类共同富裕。冯俏彬（2018）②认为我国经济高质量发展表现为第三产业、创新以及消费对经济增长的贡献更加明显，结构更加优化和包容性、普惠式增长等五大特点，并从"机会窗口"理论的视角探讨了中国区域创新驱动经济发展战略选择，最后提出了创新驱动经济高质量发展的实现路径。因此，成都市创新驱动经济高质量发展当前与今后一段时间，既要强调科技创新促进产业转型升级，以及各县（市）区之间产业的协同发展；也要不断优化创新环境，促进成都市及各县（市）区共同富裕目标的实现。

四、创新扩散的规律及特点

创新驱动产业（经济）的深度和广度与创新扩散紧密相关，创新扩散是促进产业升级、经济增长和优化资源配置的重要手段，许多学者对此进行了深入研究。舒尔茨（1990）③认为"没有扩散，创新便不可能有经济影响"，同样没有扩散，创新便不会影响产业发展，创新驱动经济高质量发展就成为一纸空谈。

（一）创新扩散的内涵

熊彼特（1928）④最早将扩散引入创新领域，提出创新在企业间大面

---

① 拉奥，斯加鲁菲. 硅谷百年史：第2版［M］. 闫景立，侯爱华，译. 北京：人民邮电出版社，2014.

② 冯俏彬. 我国经济高质量发展的五大特征与五大途径［J］. 改革纵横，2018（1）：59-61.

③ 舒尔茨. 论人力资本投资［M］. 吴珠华，等译. 北京：北京经济学院出版社，1990.

④ SCHUMPETER J A. The instability of capitalism［J］. Economic journal，1928（3）：34-56.

积的模仿行为就是"创新的扩散"。现代创新扩散理论之父罗杰斯（Rogers）（1992）指出创新扩散是指创新在特定的时间段内，通过特定的渠道，在特定的社群中传播的过程。它是特殊类型的传播，其传播的信息与新观点有关。尽管国内外学者从不同视角定义了创新扩散，但是本质上不存在原则性的分歧，基本都包含了创新本身、传播渠道、采纳与应用、社会体系四个层面的内容。而创新在产业中的扩散渠道及影响因素至关重要。

（二）创新在产业内扩散的途径

创新在产业中的扩散是多渠道和多途径的。大部分学者认为，直接投资和贸易是技术创新扩散的重要渠道。英国学者坎特韦尔（John A. Cantwel1）和托兰惕诺（Paz Estrella Tolentino）在 20 世纪 90 年代初期共同提出直接投资技术创新产业升级理论①，指出发展中国家和地区以技术积累为内在动力，随着技术积累固有的能量的扩展，对外直接投资逐步从资源依赖型向技术依赖型发展。Kokko（1994）等归纳总结指出直接投资过程中技术外溢的途径主要包括示范—模仿效应、竞争效应、培训效应三类，显然，这三类途径对企业以及区域间的技术扩散都是很有效的。胥卫东等（2008）②基于企业创新主体，将技术扩散路径分为内部扩散、合资扩散和转让扩散三种模式（路径）。近十余年学者对企业间和区域间（复杂网络系统或小世界）技术扩散有所研究。

（三）数字化背景下创新扩散的规律特点

1992 年，美国学者埃弗雷特·罗杰斯（Everett M. Rogers）在其《创新扩散》一书中，基于时间维度实证研究创新事物在一个社会系统中扩散的基本规律，提出著名的创新扩散 S 曲线理论，并认为创新是在一定社会网络中进行的。从空间角度展开研究的文献中，早期的研究认为技术扩散的强度有随距离增加而衰减的趋势，从而产生了空间上的"地理近邻效应"。后期的研究则将技术在空间扩散的方式分成了两种：一种是波浪式空间扩散，一种是等级空间扩散③。随着数字技术的发展、创新要素的数字化、创新渠道的网络化、创新采纳的协同化，创新扩散的途径更加多样

---

① 坎特韦尔，托兰惕诺. 技术创新产业升级理论［EB/OL］.［2020-01-12］. http://baike. sogou.com/v75894367.htm.

② 胥卫东，齐稳. 产业集群中技术创新扩散模式及影响因素分析［J］. 科技经济市场，2008（4）：98-99.

③ 转引自曹兴，柴张琦. 技术扩散的过程与模型：一个文献综述［J］. 中南大学学报（社会道学版），2013（4）：14-22.

和复杂化。何琦等（2022）[①] 基于数字化背景定义创新扩散为：融合多元的创新要素以数字化的形式通过平台化、网络化、生态化的复杂创新系统扩散传播，多方潜在采纳主体参与协同、融合市场需求与社会学习动态演化的传播过程，时间和空间维度以非线性的方式展开。时间维度上，创新扩散过程的数字化打破了不同创新阶段之间的界限，并在其时间范围内带来更大程度的不可预测性和叠加效应，使得创新扩散过程和创新效果之间产生更复杂动态的交互。空间维度上，数字化使得创新扩散的渠道模式、传播范围、扩散结构等发生了重大变革，由传统的大众媒体传播、人际网络传播向社交媒体、社交网络、在线社会网络传播等转变。并呈现以下特点：①创新本身，由技术属性向社会属性流动；②扩散渠道，由线性结构向网络结构拓展；③创新采纳，由个体、企业组织向平台、生态扩张；④创新系统，由简单封闭向复杂开放跨行政区域演化；⑤创新机制，由分散学习向协同演化机制演进。显然，数字化背景下创新扩散的速度、强度和广度大大增强，这也是创新周期越来越短的主要原因，因此，加快创新资源数字化和共享是未来创新扩散的主要策略。

（四）影响技术在产业中扩散的主要因素

国内外学者对于技术扩散的影响因素研究较多。武春友等（1997）对影响技术扩散的主要因素做了较全面的总结。结合学者们的研究，我们认为技术在产业中扩散主要受以下因素影响：

1. 技术及其技术体系本身对扩散的影响

技术自身属性包括技术势差、复杂性、可试验性、兼容性以及成本与收益等。一项技术的扩散速度和被采纳程度主要受制于技术本身的属性，同时，任何一项技术都不是孤立存在的，一项技术总是与其产业链中其他技术相互依赖、相互协调而构成产业（产品）技术体系。如果一项新的技术不能与现有的相互关联的互补性技术相互依赖，则扩散就很难，不过技术的涌现性使这一约束的重要性有所减弱。

2. 法律制度以及经济体制对技术扩散的影响

如果一项技术是受禁止的，如目前的"克隆"技术，则很难推广。

3. 市场信息是技术扩散的重要条件

政府可以通过直接支持和间接支持企业采用技术创新，以及制定系列

---

① 何琦，艾蔚，潘宁利. 数字转型背景下的创新扩散：理论演化、研究热点、创新方法研究：基于知识图谱视角 [J]. 科学学与科学技术管理，2022，43（6）：17-41.

法律规范，来调节扩散过程中的各个环节，理顺扩散渠道。

4. 企业及机构组织等内部条件对技术扩散的影响

扩散源企业、机构等组织能否将技术转让出去、潜在采用企业机构等是否采用该技术等都影响着技术的扩散。

5. 政策环境对技术扩散的影响（激励和约束机制）

随着信息技术、互联网、云计算、物联网、数字化等的发展，距离已不是影响扩散的主要因素，更重要的影响因素是数字资源的开放范围、权限，资源利用成本核算和给付的最低成本等。

第三节　创新导向型县域经济发展相关理论基础

一、创新导向型县域经济发展模式

（一）创新导向型县域经济概念

很少学者关注"创新导向型县域经济"概念，就本质看，是指县域经济发展以创新为主导的经济发展模式。王平等（2006）[①] 指出："所谓创新导向型县域经济是指凭借本地区创新环境的优化，通过改变观念、改善生产要素质量、建立创新机制和形成创新行为来集聚创新要素和提升创新能力，以优先加快某一方面创新发展为先导带动县域全要素创新的发展，并从持续不断的创新活动和不断涌现的创新成果中获得推动县域经济全面发展动力的一种经济发展模式。"创新导向型县域经济发展模式下，县域经济自身的禀赋条件只会对经济发展产生一定的影响，而几乎不存在某个县域因客观条件限制不适合发展创新导向型县域经济的情况。日本、以色列以及我国深圳等很多地区的成功都证明了这一观点的正确性。同时，由于创新起点不同，创新导向型县域经济可以形成多种类型，但是相互间并不存在先后、沿革、承继关系。因此无论一个区域创新资源环境如何，都可以选择适宜的模式从事创新驱动产业转型升级，培育新业态、新产品，推动区域经济向高质量发展转型。

---

① 王平，战炤磊.创新导向型县域经济发展模式及其路径选择 [J]. 探索，2006（2）：125-130.

（二）创新导向型县域经济发展模式分类

创新资源的异质性以及区域经济发展的阶段性不同决定了创新导向型县域经济发展模式的多样化、差异性。战炳磊等（2005）[1] 从创新的动力、产业以及资源来源三个维度进行分类，其中，从主导动力视角分为政府主导型、市场主导型（企业为主）和科研机构主导型三类，从产业基础视角分为生态农业启动型、新型工业牵引型、高层次城郊服务型和外向商贸开拓型四类，从创新资源来源分为内源式创新模式和外源式创新模式两类。根据区域创新资源优势不同，王平等（2006）[2] 将创新导向型经济划分为六类：市场创新导向型、企业创新导向型、产业创新导向型、技术创新导向型、人力资源创新导向型和资本创新导向型。黄晓凤（2008）[3] 基于产业视角将县域创新模式划分为现代生态农业推动型、高新技术工业拉动型、"三业"并重的城郊服务型和外商商贸开拓型四类。陈小兰等（2021）[4] 基于创新区的视角利用2017年专利获得、论文发表数据，通过核密度分析法划分广州创新区的类型，诊断其空间分布及资产特征。研究表明，广州创新区呈"核心—边缘"及多核心空间分布格局，将广州创新区划分为"大学+"辐射型（五山片区）、混合发展型（农林片区）、大学主导型（大学城）、企业引领型（科学城）四种类型。

（三）创新导向型县域经济发展模式的选择原则

总体来说，创新导向型县域经济发展模式多样，不同模式有不同的要求并各有优缺点以及不同的适用范围，各个区域在模式选择过程中必须遵循科学性、客观性、系统性、全局性、一致性、效益最大化和动态调整原则，做出最佳选择。

二、县域经济创新发展的空间转型目标路径

（一）都市区与都市圈的关系

都市区、都市圈都是城市地域空间扩张和组织形态不断高级化的产

---

① 战炳磊，韩莉. 创新导向型县域经济的模式分类及均衡选择 [J]. 农村经济，2005（6）：66-70.

② 王平，战炳磊. 创新导向型县域经济发展模式及其路径选择 [J]. 探索，2006（2）：125-130.

③ 黄晓凤. 产业视角下的县域创新模式研究 [J]. 科学管理研究，2008（3）：128-130，133.

④ 陈小兰，千庆兰，张凯煌. 广州创新区的分布、类型及资产特征 [J]. 现代城市研究，2021（1）：39-44.

物。县域经济空间转型目标设定为都市圈经济还是都市区经济，学术界仍存在不同看法。董晓峰等（2005）[①]从概念和标准两个方面界定了都市区和都市圈的区别与联系，认为都市区相当于城市化地区，对发展水平要求较高，且城市中心非农业人口达20万以上，一般指地级市或设区的市方可有资格设立都市区；都市圈更强调中心城市发达的城镇密集区域，空间较大，结构比较清晰，一般是省会城市。2019年国家发展改革委发布的《关于培育发展现代化都市圈的指导意见》（发改规划〔2019〕328号）明确指出，"都市圈是城市群内部以超大特大城市或辐射带动功能强的大城市为中心、以1小时通勤圈为基本范围的城镇化空间形态"[②]。

（二）县域经济区与都市经济区的关系

郭金喜等（2017）[③]从概念、政策两个维度对比认为县域经济向都市经济区转型是区域经济发展的历史必然，并在空间上呈现极化效应和密度经济（GDP/公顷）区；同时产业向现代产业体系转变，政策一体化取向突出；并对比了县域经济与都市区经济的差异（见表2-1）。总之，县域经济向都市区经济转型的过程从本质上来看是城市化发展的阶段性过程，是产业结构的变迁和城市空间结构的演化共同耦合的结果，其中政府政策、规划等通常产生极大作用。

表 2-1 县域经济与都市区经济的特点比较

差异点	县域经济	都市区经济
集聚经济	地方化经济	城市化经济
竞争基础	产品经济	服务经济
主导产业	地方性企业集群	生产性服务业为主的集群
发展动力	要素驱动	创新驱动
空间结构	城镇体系	城市体系
产业系统	价值链环节	现代产业体系

---

① 董晓峰，史育龙，张志强，等. 都市圈理论发展研究 ［J］. 地球科学进展，2005（10）：1067-1074.

② 国家发展改革委. 关于培育发展现代化都市圈的指导意见 ［Z/OL］. 发展改革委网站，（2019-02-21）［2020-10-18］. http://www.gov.cn/xinwen/2019-02/21/content_5367465.htm.

③ 郭金喜，谢威望，刘璐. 县域经济向都市区经济转型的理论向度与政策选择：以浙江金华为例 ［J］. 区域经济评论，2017（1）：138-143.

三、创新区的内涵特点

（一）创新区的概念

创新的聚集性特点决定了县域创新活动物理空间的聚集特点。随着创新大众化、常态化、生活化和绿色低碳化，创新活动的物理空间由传统的郊区科技园区或研发孤岛向城市中心或副中心转移，这种新型空间被称为创新区（布鲁斯·卡兹于2014年首次提出）。其与传统的科技园区或高新区有很大差别，表现为通过聚集融合不同行业和专业，提供不同产品、技术和市场解决方案，创造动态多功能空间氛围来强化知识溢出效益，并注重高知、高智力群体与社会多功能就近适配的空间聚集区。这类空间非常紧凑，交通便利，通信网络顺畅，提供办公楼宇、商业公寓，同时居民住宅以及各种生活服务都是一流的，具有高品质生活空间特点。最典型和被广泛认可的是"校园+研发+社区"的合伙关系（王峥 等，2021）[①]。

（二）创新区特点

创新区主要包括以下四个特点：①精英与大众人口结构的多元一体化。精英阶层是创新发展的核心人群，而大众阶层则通过创造更多的消费，为精英阶层培育打造创新经济提供必要的用户和信息，共同维持创新区的创新活力。②新兴技术产业与传统产业融合发展。③高品质生活环境。创新区具备充足的医疗诊所、商店、咖啡馆、茶楼、小型酒店等生活便利设备。④社会功能突出。强调创新的外溢效应对本地居民的带动性，包括知识溢出和就业机会等，因此，重视社会关系和网络资产的建设。

（三）创新区分类

根据以往学者研究，结合中国特色，我们认为创新区主要有三种类型：①创新锚机构区。有一个或多个研究机构（大学），出现在城市中心或副中心，混合用途地。②城市更新型创新区。一般由城市传统的中央商务区或老工业区改造而成。③科学园区模式。由过去经济技术开发区、高新技术产业园区走向产业社区或城市化园区，强调"职住平衡"。成都在这方面规划设计较好，特别是目前成都市打造的科创空间具有上述特质。

---

① 王峥，等. 创新型街区评价与发展模式［M］. 北京：科学出版社，2021：1-16.

四、县域经济创新发展的思路及对策研究动态

王军等（2011）①从六个方面提出县域经济创新发展的思路及对策：一是加快传统农业向现代农业转变是县域经济发展的首要问题；二是县域经济发展应紧紧抓住工业化这个中心环节，走新型工业化道路；三是大力发展服务业和非公有制经济，增强县域经济活力；四是以城镇化建设带动县、乡、村的协调发展；五是推进城乡一体化发展，实现城乡统筹；六是以体制创新为保证，包括创新农业经营体制、创新财税体制、创新金融体制，尤其是因地制宜、积极稳妥地推进"省直管县"改革，促进县域经济快速、健康、持续发展等。赛迪顾问（2018）②在中国县域经济创新发展联盟第一次工作会议上发布了党的十九大后县域经济发展新趋势。在创新发展方面，要开展以科技创新为核心的全面创新。首先要积极培育创新型企业，推进县域内企业加强与高等学校、科研院所的产学研合作，支持符合条件的高成长性科技企业上市，培育掌握行业"专精特新"技术的科技"小巨人"企业。其次要加快集聚创新创业人才，发挥企业家的作用，支持科技领军人才、高技能人才、专业技术人才等到县域开展创业服务，推广"科技镇长团""博士服务团"等模式。最后要加强创新创业载体建设，依托科技园区、高等学校、科研院所等，发展"互联网+"创业网络体系，建设低成本、便利化、全要素、开放式的"众创空间""星创天地"。2022年7月20日，张景安在赛迪顾问县域经济研究中心举办的"2022县域经济创新发展论坛"的专题演讲中，提出县域需要新赛道新场景促进创新，新时代下县域创新需要培育接地气的创新型人才③。

---

① 王军，张蕴萍. 县域经济创新发展研究［M］. 北京：人民出版社，2011：2.
② 赛迪顾问. 新时代·新方略：县域经济创新发展联盟指出县域经济发展新趋势［EB/OL］. 搜狐网，（2018-03-28）［2022-03-20］. https://www.sohu.com/a/226596474_378413.
③ 县域经济研究中心. 2022县域经济创新发展论坛成功举办！［EB/OL］. 搜狐网，（2022-07-20）［2022-07-29］. https://www.sohu.com/a/569563059_378413.

第四节 中国创新驱动经济高质量发展促进共同富裕的实践逻辑

我国在追求共同富裕的过程中，解决温饱问题、达到小康水平、人民生活水平不断提高、赶上中等发达国家以及整体社会成员更加富裕，创新始终担负着重要的使命，经济发展始终是第一要务，并充分展现了创新驱动、经济高质量发展与共同富裕的实践逻辑关系。创新必须要与经济结合才能实现其价值；没有经济高质量发展，共同富裕只是浮云。

一、以自力更生为取向的科技自主创新探索阶段（1949—1978 年）

这个阶段最大的特点是，新中国成立之初，物资极度匮乏，科技领域更是一穷二白。1956 年党中央提出"向科技领域进军"，并制定《1956—1967 年科学技术发展远景规划纲要》，提出"群众性的科学技术专业活动与主业科学技术机构相结合的两条腿走路的方针"。在如此艰苦的条件下，中国创造了"两弹一星"的传奇。受当时的国际环境和计划经济体制的限制，中国大部分时间只能在封闭或半封闭、城乡隔离、地区分割的条件下自主摸索创新，加之科技应用于经济不足，吃大锅饭的平均主义模式也并没有让大家共同富裕。人均 GDP 从 1949 年的 119.0 元，增长到 1978 年的 384.7 元，30 年仅增加了 2.2 倍，而且这段时期也是中国与世界先进科技水平差距逐渐拉大的时期。

二、以引进技术为主的科技追赶阶段（1979—1995 年）

基于马克思的科学技术是生产力的生产力理论和中国科技经济发展的实际，经过多年的探索实践，1988 年 9 月 5 日，邓小平在会见捷克斯洛伐克总统胡萨克时，首次提出了"科学技术是第一生产力"的重要论断。这个阶段最大的特点是，以技术换市场的拿来主义，以引进技术为主的模仿创新。"发展高科技、实现产业化"成为"科学技术是第一生产力"的重要实践路径。这一阶段强化了科技与经济的结合，从 1979 年到 1995 年全要素年平均增长率达到 4.6%[①]，人均 GDP 由 1979 年的 417.0 元增长到

[①] 胡鞍钢，郑京海. 中国改革时期省际生产率增长变化的实证分析（1979—2001）[C]. 清华大学公共学院国情研究中心工作论文系列 NO.1，2004.

1995 年的 4 854.0 元，仅 16 年增加了 10 倍有余。

三、开启自主创新，探索建立创新型国家发展阶段（1996—2012 年）

这个阶段首次提出实施"科教兴国"①"人才强国"②战略，促进科技、教育与经济紧密结合。2006 年全国科技大会提出自主创新、建设创新型国家战略，并颁布《国家中长期科学和技术发展规划纲要（2006—2020年）》，确定今后 15 年科技工作的方针是"自主创新，重点跨越，支撑发展，引领未来"③，到 2020 年建成创新型国家，并把这些战略意图与战略设想具体实化到国家各时期的五年计划（规划）之中，形成战略纲要+五年计划（规划）的创新驱动经济高质量发展的顶层设计，把增强自主创新能力贯彻到现代化建设各个方面，形成引进和自主创新相结合的复合创新模式。这个时期，中国科技创新实现了跨越式发展，科技实力从 2000 年占全球比例的不足 4%，上升到 2012 年的 20%（胡鞍钢 等，2016）④；人均GDP 由 1996 年的 5 576.0 元增长到 2012 年的 38 852 元，16 年间增加了近6 倍，我国站上全球第二大经济体席位。

四、实施全面全过程全民创新，探索建立世界科技强国阶段（2013 年至今）

这个阶段最重要的特点是创新驱动发展战略上升为国家战略，着力构建起以"国家战略+五年规划+专项规划"的创新发展顶层设计；建立以企业为主、产学研用相结合的技术创新生态体系；以面向社会需求、人类安全和人的健康为导向，以解决关键核心技术"卡脖子"问题为主攻方向，通过实施国家战略科研力量布局，科技成果"三权"改革、"双创"行动、全面创新改革试验区建设等，全力构建"基础研究+应用开发+场景运用"

---

① 1995 年《中共中央 国务院关于加速科学技术进步的决定》首次提出在全国实施"科教兴国"战略。

② 2003 年，全国人才工作会议明确提出实施"人才强国"战略。

③ 佚名. 2006 年全国科技大会提出自主创新、建设创新型国家战略［N/OL］. 光明日报，（2010-01-19）［2022-07-05］. https://epaper.gmw.cn/gmrb/html/2010-01/19/nw.D110000gmrb_20100119_2-02.htm.

④ 胡鞍钢，张新. 中国特色创新发展道路：从 1.0 版到 4.0 版［J］. 国家行政学院学报，2016（5）：13-20，141.

"原始创新+集成创新+引进吸引再创新""制度+技术+管理+模式+业态""大众+精英"多元复合型创新格局，真正开启全面全过程全民创新创业模式，并向科技自立自强的世界前沿巅峰迈进。纵然历经新型冠状病毒感染疫情，中国的科技创新和经济仍强势增长，2021年全社会研发投入强度达到了2.44%，比2020年增加了0.03个百分点；基础研究占全部研发投入6.5%，比2020年增加了0.49个百分点①；每万人口高价值发明专利拥有量达7.5件，较2020年提高1.2件。2021年实现14个从0到1的原始创新突破（"华龙一号"全球首堆投入商业运行、世界首个人—猴嵌合胚胎诞生、国际首次实现淀粉全人工合成等）②，北斗全球系统全面建成，国家创新能力培育走在世界前列，位居世界第12位（赵竹青，2022）③；同时，中国2020年是全球唯一正增长的经济体，2021年持续强势增长（8.1%），经济规模突破110万亿元，稳居全球第二大经济体；人均GDP突破8万元，达到80 976元，合约1.26万美元，9年间人均GDP翻了一番，超过世界平均水平（李金磊，2022）④，接近高收入国家水平，为共同富裕提供了坚实的物质保障。

总之，经过70余年的曲折探索，中国初步形成精英与草根共同创新创业，产学研用中资介协同创新，制造业、服务业同步创新，模仿、集成和原始创新全链条复合多模式的全面全过程全体人民创新态势，打破西方创造性毁灭的魔咒，使创新推动经济高质量发展，实现全体人民共同富裕目标成为可能。

---

① 国家统计局，科学技术部，财政部. 2021年全国科技经费投入统计公报［N/OL］.（2022-08-31）［2022-10-05］. http://www.gov.cn/xinwen/2022-08/31/content_5707547.html.

② 新茶. 中国2021年14个从0到1的科技突破，世界首个人猴合体胚胎诞生［EB/OL］. 腾讯网，［2022-12-05］. https://new.qq.com/rain/a/20220114A05W0L00.

③ 赵竹青. 2021年我每万人口拥有高价值发明专利达7.5件［EB/OL］. 人民网，（2022-01-12）［2022-09-16］. https://m.gmw.cn/2022-01/12/content_1302760158.html.

④ 李金磊. 人均GDP突破8万元超世界平均！2021年这些新突破值得铭记［N/OL］. 中国新闻网.（2022-03-01）［2022-08-16］. https://news.rednet.cn/content/2022/03/01/10956446.html.

第五节 中国县域经济创新发展促进共同富裕的实践历程

一、以制度创新为重点、以农村为主战场的县域经济发展实践（1978—1997 年）

改革开放后，中国经济领域的创新始于农村，并以制度创新激活了农村的巨大潜能。1978 年党的十一届三中全会提出把工作重点转移到社会主义现代化建设上来的战略决策，开启了中国改革创新的篇章，经济开始从计划经济向商品经济转型。农村农业实行联产承包责任制，1982—1986 年中央连续 5 年发布以"三农"为主题的中央一号文件，具体部署农村改革和农业发展，为"三农"创新发展指明了方向。同时，中央向地方放权让利，财政实行"大包干"等，地方政府的权力得到扩大，调动了地方政府和农民的积极性。这一时期我国县域经济出现了两个标志性的事件：一是农业实行联产承包责任制，逐步解决了温饱问题；二是个体户开始崛起。在这一阶段的后期，乡镇企业开始蓬勃发展。中国的县域经济涌现出了两个非常具有代表性的模式：第一是苏南模式，它是一种政商合一的共同富裕的集体经济模式；第二是温州模式，它是以家庭经营为主的共同富裕的民营经济模式。这一时期，农村居民人均可支配收入从 1978 年的 133.6 元，增长到 1997 年 2 090.1 元，20 年间增加 14 倍以上，城乡居民人均可支配收入比从 1978 年的 2.57 下降到 1997 年的 2.47，城乡差距有所缩小。

二、以引进模仿创新为主、以城镇发展为重点的县域经济发展实践（1998—2012 年）

1997 年亚洲金融危机爆发，为刺激经济，1998 年我国实施房改，开放了房地产市场，中国进入城镇化快车道。2001 年中国加入 WTO，经济开始向外贸转型，并伴随着进一步深化行政管理体制改革，着力政企分开，强化服务型政府建设。党的十六届三中全会提出，大力发展县域经济，促进城乡统筹发展。2004 年，中央一号文件提出壮大县域经济。2006 年 1 月 1 日，农业税正式取消，《中华人民共和国农业税条例》同时废止，这是中国农村体制改革的一个具有里程碑性质的颠覆性创举，从根本上减轻了农民的负担，从本质上加快了共同富裕的进程。与此同时，2006 年中央制定和颁发了《2006—2020年国家中长期科学和技术发展规划纲要》，为县域创新指明了方向。这一时期，中国的县域经济开始大规模地引入外资，学习新加坡工业园区等模式，大规模地招商引资进行工业化建设；在这一时期也开始大规模上马基础设施建设项目，城市化建设如火如荼。在这一阶段，各种县域社会组织开始成立，1998年成立了中国县域经济研究第一所——中君县域经济研究所，1999年《经济日报》专门开辟了"县域经济"专版，2002年建立了"中国县域经济网"交流平台等。在这个阶段涌现出以义乌模式和晋江模式为代表的外向型轻化工县域经济，县域经济发展进入黄金年代。这个阶段农村居民人均可支配收入从1997年的2 090.1元增长到2012年的7 916.6元，15年间增加了2.79倍；但城乡居民收入比从1997年2.47扩大到2012年的3.10，城乡差距进一步拉大。

三、全面创新改革驱动城乡融合一体的县域经济发展实践 （2013年至今）

在县域经济轰轰烈烈发展的同时，1994年党中央实施分税制改革，区域经济发展的重心逐步从县域向市一级以及省会城市转移，撤县设区、撤县设市频繁出现，乡镇没有财权，乡镇企业和集体经济逐渐萎缩。2004年中央提出"稳妥实施合乡并镇"，但执行的偏差加剧了被合并的原乡镇经济的衰退。2008年的国际金融危机累积到2012年使中国宏观经济面临诸多问题，城乡经济增长疲软，国际竞争加剧，改革创新务必推行。党的十八大强调要坚持走中国特色自主创新道路，实施创新驱动发展战略；同时，提出"推动城乡发展一体化"，政策重心依然侧重于城市，以城市带动乡村的发展。2013年，中央提出进一步深化简政放权，改革行政审批制度，建立权力清单制度，把权力由地方政府进一步下放给企业和民众。2015年"全国大众创业万众创新活动周"启动。2017年5月11日国务院办公厅发布《关于县域创新驱动发展的若干意见》，同年7月13日，赛迪顾问等发起成立"中国县域经济创新发展联盟"[①]。党的十九大报告提出实施乡村振兴战略二十字方针，即产业兴旺、生态宜居、乡风文明、治理有效、生活富裕，把乡村作为与城市具有同等地位的有机整体，实现经济社会文化共存共荣，表明我国城乡关系发生了历史性变革，城乡发展进入了

---

① 赛迪顾问. 中国县域经济创新发展联盟成立 [C/OL]. 网易号, (2017-07-13) [2022-05-12]. https://www.163.com/dy/article/CP88MUCO05118SRU.html.

新的阶段。新型冠状病毒感染疫情期间，在"放管服"改革深化、"助企纾困"政策力度加大和进一步实施乡村振兴战略等举措下，2021 年我国农村居民实现可支配收入 18 931 元，是 2012 年的 2.39 倍，10 年间翻了一番，城乡居民可支配收入比由 2012 年的 3.10 下降到 2021 年的 2.50。

可见，我国县域经济创新历经从农村到城市再到城乡一体融合发展过程；从制度创新，引进模仿创新，到制度、技术、管理、模式等全面创新；从食不果腹到温饱再到全面建成小康社会并走向更加富裕的社会主义现代化新征程。

第三章　成都市县域创新能力空间特征、变动趋势及所处阶段研究

第一节　研究概述

党的十八大以来，成都积极主动把握机遇，在创新驱动战略发展和大众创业万众创新的推动下，在加快建设具有全国影响力的创新型城市和科技创新中心的道路上加速前行，科技创新能力不断提升，国家级金字招牌越擦越亮，成都获批建设国家科技成果转化服务（成都）示范基地、全国专利保险试点城市、国家首批智慧城市试点示范城市、国家自主创新示范区、国家知识产权强市创建市，成都双创"第四城"的名片享誉全国。同时，世界知识产权组织（WIPO）发布的全球"最佳科技集群"百强榜显示，成都市从 2018 年全球第 56 位上升到 2022 年的 29 位，五年跃升了 27 位[①]。全球化与世界城市研究网络（GaWC）发布的《世界城市名册》显示，成都排名由 2018 年的第 71 位，上升到 2020 年的第 59 位，居我国副省级城市第 3 位。

中国科学技术信息研究所发布的《国家创新型城市创新能力评价报告2020》显示，成都创新能力指数排名全国第 9 位、副省级城市第 7 位，被列为创新策源地城市之一。成都市科技信息情报研究所编制的《2020 年成都市科技创新发展白皮书》显示，与国内 20 个重点城市对标的 33 项科技创新发展具体指标中，成都有 24 项排名前 10（含第 10 位），占全部指标

---

① 彭祥萍. 全球第 29 位，成都上榜 2022 版全球创新指数 "科技集群" 百强榜 [N/OL]. 腾讯网，（2022-09-30）[2022-10-12]. https://new.qq.com/rain/a/20220930A07MDP00.html.

的 72.7%，较上年提升 8 个百分点，成都市科技创新能力保持在全国中上游水平，且总体位势稳步提升。

不过，党的十八大以来，成都市及其内部县域创新资源集聚现状及变动特点，各县域创新能级、空间分布特征及变动趋势如何？内部各县域创新驱动经济发展处于何阶段？对此目前还没有系统梳理、全面总结、有效分析。本章旨在清晰描述和研判成都市及其内部县域创新资源优势和短板，不同创新资源流动走向；综合评价内部各县域创新能级，聚类分析空间特点，运用 α 趋同法分析变动趋势；基于创新视角研判各县域经济发展所处阶段，为创新驱动成都市县域经济高质量发展战略路径选择提供基础理论支撑。

第二节　成都市科技创新资源聚集现状及变动特点

一、科技创新资源丰富多样，高能级要素平台不断涌现

（一）科研机构平台居全国副省级城市中间水平

"三线建设"时期，国家在四川布局了大量国防科研机构，其中 70% 聚集在成都，包括中国电子科技集团第十所、二十九所、三十所以及成都飞机设计研究所、四川航天技术研究院等实力雄厚的科研机构，为成都厚植创新平台优势提供了基础条件。迄今，成都拥有研究机构千余家，有国家级科研机构 30 家，国家级研发平台 67 个。其中，在蓉国有独立科研机构 100 家；在蓉省部级及以上重点实验室 113 家，其中国家级 12 家，居全国 15 个副省级城市第 6 位；在蓉科技管理部门认定的工程技术研究中心 342 家，其中，国家级 10 家，居全国副省级城市第 6 位。各类创新机构平台数见表 3-1。

表 3-1　2021 年成都市市级及以上创新机构基本情况

单位：个

类别	重点实验室			工程研究中心			企业技术中心			工程技术研究中心			
数量	113			70			1 245			342			
细分类	国家级	省部共建基地	省级	国家级	央地联合	省级	国家级	省级	市级	国家级	省级	市级	科技部
数量	12	1	100	4	12	54	54	679	512	10	224	107	1

注：数据来源于成都市科创通实时数据（2022 年 1 月底）。

（二）高校数量及学科建设能力处于全国中上水平

成都是一个科教资源丰富的大市，整体居全国第6位。截至2020年年底，拥有各类、各层次高等院校64所，居全国第7位；拥有"双一流"建设高校8所，居全国第4位、副省级城市第2位，仅次于北京、上海、南京。其中，四川大学和电子科技大学入选世界高水平大学建设高校；西南交通大学、西南财经大学入选中国一流大学建设高校；成都理工大学、四川农业大学、西南石油大学、成都中医药大学入选中国高水平大学建设高校。教育部学位与研究生教育发展中心全国第四轮评估结果显示，成都市共有5个A+学科，在副省级城市居第6位。在蓉10所高校的46个学科入选全球前1%，上榜学科数居全国第9位、副省级城市第6位①。

（三）培育和聚集四川省一半以上的高端创新创业孵化载体

截至2021年年底，成都全市累计建成高品质科创空间54家，面积超过1 100万平方米；累计建成四川天府新区、成都高新区、郫都区、四川大学和新希望集团国家级双创示范基地5个；市级以上创新创业载体268家，其中，国家级创新创业载体74家。国家级载体中，国家级孵化器22家，占全省一半，在全国副省级城市中居第8位；国家级大学科技园4家，占全省（7家）一半以上，绩效评价均为优良；国家级专业化众创空间1家，国家众创空间49家，占全省（75家）的三分之二；另外，培育出国家备案星创天地15家；打造出国家级高新技术（现代服务业）产业化基地9个，占全省的42.9%；国家级文化与科技融合示范基地3家，占全省的四分之三，是四川省创新创业孵化的主战场。

（四）高能级创新平台载体加快布局成势

为着力解决产业技术"卡脖子"难题，成都市加快具有自身特色和优势的高能级创新平台布局建设，努力培育原始创新集群，增强区域科技自立自强。经过多年的前瞻布局、精心策划和倾力打造，2021年一系列重大创新项目、平台、载体相继启动、挂牌、建设和营运。2021年1月，省部共建西南作物基因资源发掘与利用重点实验室、省部共建西南特色中药资源国家重点实验室分别在四川农业大学和成都中医药大学启动建设；5月，国家川藏铁路技术创新中心在天府新区揭牌，并于同年12月开工建设；6月，国家超级计算成都中心获科技部批复建设。2021年7月18日，全国

---

① 成都市科技信息情报研究所. 2020年成都市科技创新发展白皮书［R］. 2021.

首个生物治疗转化医学国家重大科技基础设施——华西医院转化医学综合楼正式启用，华西转化医学中心将生物治疗成果从基础研究到临床应用的时间缩短30%~50%，将显著提升我国转化医学研究的自主创新能力；2021年10月19日，中国核动力研究设计院牵头的同位素及药物国家工程研究中心组建方案得到国家发改委正式批复，并于2022年3月7日正式落户成都市双流区；2022年3月23日四川首个国家级产业创新中心——国家精准医学产业创新中心落户成都高新区天府国际生物城①。2021年6月7日，西部（成都）科学城与天府兴隆湖实验室（光电与集成电路）正式在成都科学城挂牌，同年12月23日，天府永兴实验室（以"碳中和+"为重点）正式揭牌；2022年11月23日，聚焦电磁空间与泛在互联的天府降溪实验室（在成都东部新区未来科技城）、聚焦生命健康的天府锦城实验室（在成都新川创新科技园）揭牌。至此，由省市共建，围绕成都甚至四川省"电子信息、生命科学、生态环境"三大优势产业、资源组建的代表成都甚至是四川科技圈顶流的按"国家预备队"打造的天府实验室群全面进入实体化运营阶段②。实验室系新型研发机构采取校地共建模式，按照"基础研究+技术创新+成果转化"和"实验室+科创空间+产业园区"全产业创新链融合一体化布局，着力推动创新从0到1，从1到N裂变的实现③。至此，成都市具有自身特色和优势的高能级战略科研力量布局基本成势。

（五）科技人才队伍不断壮大

近年来，为支撑创新创业和高质量发展，成都市积极出台一系列人才引进政策，营造搭建科技人才科研成果转移转化的环境与平台，吸引越来越多的高学历创业创新人才。第七次全国人口普查结果显示，成都全市常住人口中，拥有大学（指大专及以上）文化程度的人口为535.63万人，占常住人口比重为25.58%，比2010年第六次全国人口普查（15.71%）提

---

① 陈淋. 四川省首个国家级产业创新中心落户成都高新区抢占全球医药健康战略领域制高点[N/OL]. 四川新闻网, （2022-03-23）[2022-10-26]. http://scnews.newssc.org/system/20220323/001250804.html.

② 肖莹佩, 程文雯. 天府绛溪实验室、天府锦城实验室揭牌天府实验室正式"组团出道"[EB/OL]. 成都日报, （2022-11-24）[2022-11-26]. https://www.sc.gov.cn/10462/10464/10797/2022/11/24/8e21a65c06a544d18988f278bf3b65b4.shtml.

③ 佚名. 打造战略科技力量 天府实验室全面实体化运行[EB/OL]. （2022-11-24）[2022-11-26]. 成都科技官网. https://new.qq.com/rain/a/20221124A04OW600.

高近 10 个百分点，其中研究生及以上学历程度人口占总人口的比重为 1.67%，比 2010 年（0.77%）提高 0.9 个百分点①。2020 年年末，成都全市专业技术人才总量达 556.3 万人，较 2017 年（213.32 万人）增加 1.6 倍，年均复合增长率为 27.07%，增长十分快速；新职业人群总规模达 63.71 万人，比上年增长 41.59%。其中，成都高新区聚集各类人才 60 万人以上，柔性引进诺贝尔奖得主 6 名，院士 19 名，占成都市近三分之二；国家级人才 411 名；2020 年新增高层次"四派人才"② 企业 362 家，创新团队超 1 000 个。

二、科技创新投入持续增长，规模和强度居全国中上水平

近年来，成都市深入实施创新驱动发展战略，加快推进"科技创新六大工程"③，全市全社会科技创新意识逐渐增强，科技创新投入更趋活跃，科技与经济结合日益紧密。

（一）全社会 R&D 经费投入稳步增长，研发投入强度达到发达国家水平

1. 全社会 R&D 经费投入稳步增长

党的十八大以来，成都市研发投入持续稳步增长，2013 年至 2020 年成都市全社会 R&D 经费投入累计达 2 695.41 亿元，平均每年投入 336.92 亿元，到 2020 年 R&D 经费内部支出达 551.40 亿元，总量居全省第一，是 2013 年（201.70 亿元）的 2.73 倍，年均复合增长率 8.17%。

2. 全社会 R&D 投入强度达到发达国家水平

2020 年成都市全社会 R&D 投入强度首次突破 3% 达到 3.11% 水平，比 2013 年（2.21%）提高 0.9 个百分点，居全省第 3 位，全国副省级城市第 5 位，超过全国（2.2%）及欧盟 28 国平均水平，与德国、丹麦、瑞士等发达国家基本持平，已跨入国家创新型城市行列，但远低于深圳、西安等城市（超过 5%）。

3. R&D 内部投入结构有所优化

近几年，成都市加快科技创新成果转化和产业化力度，R&D 内部基础

---

① 程文雯. 成都人口发展有哪些新趋势？把握这些关键词 [EB/OR]. 川观新闻网，(2021-05-27)[2022-08-09]. https://cbgc.scol.com.cn/news/1404467.

② "四派人才"指"蓉归派""海归派""学院派""创客派"。

③ 科技创新六大工程是指企业能力提升工程、产业升级牵引工程、区域创新示范工程、校（院）地协同创新工程、科技人才发展工程、创新生态优化工程。

研究、应用研究、试验发展支出结构由 2013 年的 9.82∶22.77∶67.41 调整为 2020 年的 7.67∶16.11∶76.22，试验发展支出相对增长 8.81 个百分点，但基础研究和应用研究分别下降 2.14、6.67 个百分点。2020 年企业 R&D 经费内部支出占总 R&D 经费支出的 55.79%，较 2013 年提高 9.22 个百分点，企业创新主体地位进一步增强。R&D 经费外部支出占 R&D 经费总支出的比例由 2013 年的 6.14% 提高到 2020 年的 7.99%，说明产学研结合紧密度进一步增强。2020 年 R&D 境外支出占外部支出的比例较 2013 年大幅降低，与我国以国内大循环为主体、国内国际双循环相互促进的新发展格局步调一致，但开放创新是必然趋势。具体见表 3-2。

表 3-2　成都市 R&D 内、外部经费支出结构变化

单位:%

年份	各主体内部经费支出变化			外部支出占总支出	境外支出占外部支出
	政府	企业	其他		
2013 年	41.80	46.56	11.64	6.14	8.30
2020 年	38.86	55.79	5.35	7.99	0.95
2020 年比 2013 年增减	-2.94	9.23	-6.29	1.85	-7.35

注：数据来源于《四川省科技统计年鉴》（2014 年、2021 年）。

（二）财政科技投入成倍增长，市本级财政科技支出规模相对较小

2020 年成都市全口径财政科技支出 109.54 亿元，是 2013 年（20.6 亿元）的 5.4 倍，年均复合增长率为 27.27%。财政科技支出占全省财政科技支出总额（158.52 亿元）的三分之二，居全省第一、副省级城市第 6 位（不足深圳三分之一）；财政科技支出占一般财政支出比重为 5.08%，居副省级城市第 7 位；2020 年成都市本地财政科技投入 35.06 亿元，是 2013 年（4.96 亿元）的 7.07 倍，年均复合增长率为 32.23%。本级财政科技支出占本级一般财政支出为 7.76%，较 2017 年（2.57%）增加了 5.2 个百分点，市本级科技投入明显增强，但市本级财政科技支出总额仅占全市财政科技支出的三分之一。

（三）R&D 人员不断增多，利用率明显提高

2020 年成都市 R&D 人员总量达 15.38 万人，比 2013 年增加了 4.93 万人，是 2013 年的 1.47 倍，年均复合增长率 5.67%；2020 年 R&D 折合全

时人员 10.15 万人年，较 2013 年增加 4.6 万人年，是 2013 年 1.78 倍，年均复合增长率 8.57%，R&D 人员规模和增速同步提升，R&D 人员利用率明显提高。

三、科技创新成果呈爆发式增长，结构和质量不断优化

成都市国家知识产权示范城市和国家创新型城市建设的深入推进，有效增强了企、事业单位创新主体科技创新意识和知识创造能力。

（一）专利量质双向持续提升，结构进一步优化

1. 专利数量和质量同步提升，高质量转型明显

2020 年成都市专利授权 65 453 件，较 2013 年（33 255 件）翻了近一番，年均复合增长率 10.16%，居全国副省级城市第 6 位。其中：发明专利 10 881 件，比 2013 年（3 198 件）增加 2 倍有余，年均复合增长率 19.11%；有效发明专利拥有量为 50 132 件，是 2013 年（8 597 件）的 5.83 倍，年均复合增长率 28.63%。同时，2020 年全市获得中国专利奖 18 项，创历年新高；郫县豆瓣、蒲江雀舌列入中欧地理标志协定首批互认名单。

2. 形成企业为主快速增长态势

2020 年成都市企业专利授权量 44 106 件，较 2013 年（20 577 件）翻了一番，年均复合增长率为 11.05%，高于全市平均增长水平近 1 个百分点；占全市专利授权量的 67.38%，较 2013 年（61.87%）增加 5.51 个百分点①。

3. 以电子信息业为主，生物医药快速崛起，未来产业多点萌发

成都市 15 个重点产业发明专利授权量中，2021 年电子信息、生物医药、装备制造发明专利授权量分别为 7 666 件、1 784 件、1 152 件，较 2020 年增长了 35.34%、75.41%、49.03% 分别占总量的 51.1%、11.9%、7.7%（2020 年电子信息 5 664 件、生物医药 1 017 件、装备制造 773 件，分别占全市的 52.1%、9.3%、7.1%）。生物医药相对量快速崛起明显，同比增长 75.41%，在总量占比中较 2020 年增加了 2.6 个百分点；电子信息绝对量增加最多达 2 002 件，但占总量相对量不增反降一个百分点。2021 年传感控制、增材制造、人工智能、精准医疗、虚拟现实 5 个未来产业发明专利授权量都有所增长，合计占全市的 6.8%，较 2020 年相对占比增长

---

① 数据由 2014 年和 2020 年成都科技创新创业监测及 2018 年成都市国家创新型城市统计整理而来。

了 1 个百分点，其中精准医疗发明专利授权量处于领跑地位。

（二）科技论文稳中有升，持续向高质量转型

2020 年成都市发表科技论文 68 712 篇、出版科技著作 1 466 部，分别是 2013 年的 1.27 倍、1.45 倍，年均复合增长率为 4.22%、5.45%。据科睿唯安数据，2020 年在蓉高校"高被引论文"1 924 篇，居副省级城市第 6 位，是 2015 年（122 篇）的 16 倍；ESI 全球排名前 1% 学科数 46 个，居副省级城市第 6 位，科研产出量持续向高质量转型。

（三）技术交易大幅度提升，并呈多元化特征

1. 政策大力支持

"十三五"以来，为进一步发展成都技术交易市场，培育市场化、专业化技术转移机构，促进高校院所科技成果落地转移转化，成都市相关部门出台了《成都市技术市场建设补贴管理办法》（成科字〔2016〕75 号）、《成都市技术转移体系建设实施方案》（成府发〔2019〕17 号）和《成都市关于鼓励知识产权成果进场交易的若干措施》（成科字〔2019〕61 号）以及《成都市技术交易资助管理办法（试行）》（成科字〔2020〕23 号）等一系列方案、措施和管理办法，加大资助比例和扩大资助对象，形成输出、吸纳、中介相关转移转化主体全面资助格局，并按交易额的 3%、4%、3% 分别给予资助，每年一个单位最高不超过 300 万元。

2. 技术交易额双位数增长

2020 年成都市技术成交金额总计 1 665.51 亿元（其中：技术输出 1 144.52 亿元，吸纳技术成交金额 520.99 亿元），比 2013 年（119.63 亿元）增加近 13 倍，年均复合增长率为 45.67%，技术交易活跃度大大增强。在全国副省级城市中，输出技术、吸纳技术合同成交额分别位居第 3、第 6 位，输出技术仅次于西安、广州，首次超过深圳。

3. 技术交易呈多元化特征

一是企业技术输出、吸纳技术成为绝对主体，分别占全市的 95.7% 和 91.1%，形成以企业供给和需求为主的技术输出不断增强的流动性强的结构网络化体系。二是高校院所科研成果市域外输出相对较多。2020 年成都市高校院所科研成果市域外转移输出超过 60% 达 63.85%，技术输出前三位分别是中国航空工业集团公司成都飞机设计院、西南石油大学和四川大学，占前十位总输出额的 70% 以上。三是形成以技术服务（占 83%）和技术开发两类为主，占总技术输出的 98.9% 的以技术秘密和未涉及知识产权

的两类非公开权属形态。四是现代交通和城市建设与社会发展领域技术创新及成果应用极其活跃，技术输出交易额居行业前两位，占总技术输出额60%以上；电子信息由 2017 年第 1 位，降低到 2020 年的第 3 位。

（四）原始创新成果及新场景应用多点涌现

在创新驱动发展战略、创新型城市建设以及《中共成都市委关于全面推进科技创新中心建设加快构建高质量现代产业体系的决定》等指引下，2021 年成都市 22 个项目获国家科学技术进步奖。其中，齐碳科技公司推出自主研发的国内首台纳米孔基因测序仪，打破了基因测序设备、配套芯片及试剂研发领域的高壁垒和海外垄断；国内首套 2.4G&5G 高功率Wi-Fi6 FEM 芯片在蓉诞生，各项参数均达国际先进水平；高新技术与建筑跨界融合的全球最长高分子 3D 打印桥——流云桥亮相成都；采用西南交通大学原创技术的世界首条高温超导高速磁浮工程化样车及试验线正式启用；国内第一个糖尿病原创 I 类新药（西格列他钠）成功上市①。

四、科技成果产业化能力明显提升，创新驱动产业结构进一步优化

（一）高新技术产业快速发展，成为全市出口的主力军

2020 年成都市高新技术产业实现营业收入 11 064.85 亿元，居全国副省级城市第二位，较 2013 年（5 306.82 亿元）翻了一番，年均复合增长率 11.06%；实现利税 975.835 亿元（利税率 8.82%），较 2013 年 510.41亿元（利税率 9.62%）增长近 1 倍，利税率略有下降。高新技术产业企业出口创汇总额 3 384.3 亿元，占全市出口总额的 82.41%，成为全市出口创汇的主力军，也反映了成都市出口产品能级大幅提升；比 2013 年（177.30亿元）增加 18 倍，成几何级数增长。不过高技术产业增加值率仅为 25%左右，远低于美国、德国、意大利等发达国家水平（35%~40%）。

（二）高技术制造业产业结构进一步优化，新业态快速成长

电子信息产业独占鳌头。从高技术制造产业分布看，电子计算机及办公设备制造业居行业榜首，2020 年营业收入高达近 3 000 亿元，是位居第二的电子及通用设备制造业（1 406.8 亿元）的 2 倍，第三位生物医药仅587.6 亿元，三个产业占高技术制造业的 93.8%。2015 年以来，三个产业

---

① 成都市科学技术信息研究所. 2020 成都市科技创新发展白皮书［R］. 2021.

年均复合增长率分别为 7.18%、10.71%、6.32%，其中，电子及通用设备制造业增速最快，发展潜力大。医疗仪器及航空产业后发强劲。医疗仪器设备及仪器仪表制造业、航空航天器制造业在"十三五"时期增长迅猛，年均复合增长率接近 30%，成为成都市高技术制造业的后起之秀和明星产业。生物医药制造业规模小，增长乏力；信息化学品制造业趋于退市状态。具体见图 3-1。

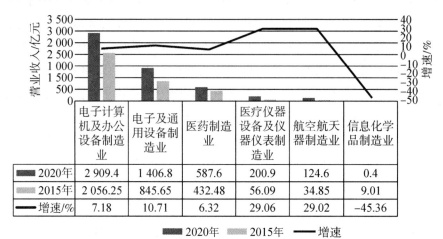

	电子计算机及办公设备制造业	电子及通用设备制造业	医药制造业	医疗仪器设备及仪器仪表制造业	航空航天器制造业	信息化学品制造业
2020年	2 909.4	1 406.8	587.6	200.9	124.6	0.4
2015年	2 056.25	845.65	432.48	56.09	34.85	9.01
增速/%	7.18	10.71	6.32	29.06	29.02	−45.36

■ 2020年　■ 2015年　— 增速

图 3-1　成都市高技术制造业内部"十三五"时期营业收入发展变化

（三）高技术服务业快速增长，各行业的业态增速和规模差异较大

由于统计口径的变化，仅查到 2017 年以前的相关数据，以后年度没有高技术服务业主营业收入数据。2017 年成都市高技术服务业主营业收入 1 536.48 亿元，较 2013 年（777.26 亿元）增加 97.67%，年均复合增长率 14.60%；实现利润总额 203.0 亿元（利润率 13.21%，明显高于高技术制造业利润率），同比增长 37.4%。从行业分布看，2017 年专业技术服务实现主营业务收入 536.8 亿元，在科学研究和技术服务行业中独占鳌头；软件和信息技术服务、电信广播电视和卫星传输服务、专业技术服务 3 个行业营业收入稳居前三位，占总收入的 92.6%（总收入 1 422.86 亿元），其中：软件和信息技术服务行业营业收入持续快速增长，行业规模、增速居高技术服务业前列，科技推广和服务业规模小并且有下降趋势。

（四）现代农业产业化能力不断增强，结构有待优化

截至 2017 年年底，成都市各县区年末规上企业 513 家（年销售收入 500 万元以上），农业产业化经营带动面达到 90%。已认证各类安全优质农产品（"三品一标"①）1 310个，新增104个；年末全市共有农产品著名商标399个，其中国家级著名商标30个。2017年现代农林牧渔服务业产值24.35亿元，比2015年增加了4.65亿元，年均复合增长率为7.32%，但占农林牧渔总产值比为2.77%，较2015年（2.97%）有所下降。

总之，创新驱动发展战略和大众创业万众创新的带动下，成都市创新创业热情高涨，双创活动如火如荼，科技创新投入大幅增长，创新驱动产业优化发展突出，高技术产业发展明显加快，但高技术产业仍以中低端为主，未来先导产业不足，创新驱动产业转型升级新动能不强，创新效率和质量需进一步提升。

第三节　成都市各县（市）区科技创新要素变动比较分析

一、各县（市）区企业创新主体快速成倍增长，技术服务型企业进一步向中心城区聚集

（一）县域企业创新主体快速增长

企业是创新创业主体的主要力量，创新型企业更是一个区域创新实力的核心，创新活力的有力代表。根据成都市科创通实时数据，截至2022年6月，成都市各县（市）区共有各类创新创业企业主体13 122家，是2018年6月（4 904家）的2.68倍，年均复合增长率为63.51%。其中入库科技型中小企业7 012家，是2018年（2 381家）的2.94倍；有效高技术企业6 069家，是2018年（2 473家）的2.45倍；技术服务型企业41家，较2018年减少了9家，技术服务型企业进一步向中心城区聚集特征明显。

（二）各县域创新创业主体培育聚集能力差异悬殊，高新区占半壁河山

截至2022年6月，成都市各县（市）区平均拥有高质量企业596家，但各类创新企业主体在各县（市）区聚集差异较大。成都高新区培育聚集5 881家，占全市近一半；武侯区1 222家，占全市的9.31%；天府新区②

① 无公害农产品、绿色食品、有机农产品和农产品地理标志统称"三品一标"。"三品一标"是政府主导的安全优质农产品公共品牌，是传统农业向现代农业转变的重要标志。

② 本书中的四川天府新区即四川省划分为天府新区部分，现涉及成都、眉山二市；成都天府新区指成都市划分为天府新区部分；天府新区成都直管区是成都天府新区的中心片区，共计564平方千米，书中没有特别说明的天府新区均指天府新区成都直管区，是本书研究成都市县域经济的一个独立统计对象。

1 047 家，占全市的 7.98%；郫都区 696 家，占全市的 5.3%；双流区 610 家，占全市的 4.65%；其余都低于平均数。中心城区其他区域（除青白江外）也均超过 200 家，郊区新城县（市）区都不足 120 家。全市 41 家技术服务型企业仅聚集在高新区和五城区，成都高新区 34 家，占全市 82.9%。各县（市）区创新企业数及增长倍数见图 3-2，各县（市）区高新技术企业与科技型中小企业分布情况见图 3-3。

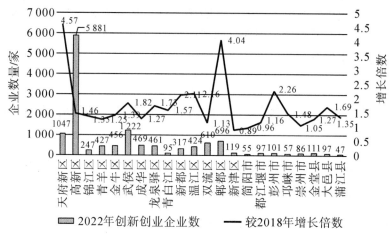

图 3-2　2022 年成都市各县（市）区创新企业数及增长倍数

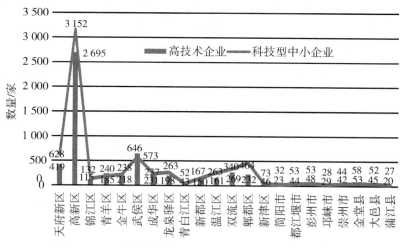

图 3-3　2022 年成都市各县（市）区创新创业企业主体分布

（三）天府新区和郫都区创新企业培育增长最快

截至 2022 年 6 月底，平均各县（区）市创新创业企业数较 2018 年 6 月增加 1.68 倍，其中天府新区和郫都区企业聚集增长最快，均超过 2018

年的 4 倍，大部分在［1，2.5］倍区间，新津区和简阳市增长最慢，不到 1 倍，见图 3-2。

二、各县（市）区科技创新财政投入持续增加，但投入意愿和能力差距较大

近几年，成都市各县（市）区财政科技投入整体保持持续增长态势，2017 年各县（市）区财政科技投入达到 41.10 亿元，占一般公共财政支出总额的 2.77%，但各县（市）区地方政府支持创新的能力和意愿差异巨大。

（一）各县（市）区财政科技投入差距大

2017 年，地方财政科技投入超过 10 亿元的仅有高新区且遥遥领先，达 22.50 亿元，1 亿～10 亿元的共 5 个县（市）区（武侯区、天府新区、双流、金牛区、郫都区），5 000 万元以下的包括锦江区（3 600 万元）等 6 个县（市）区，简阳市不到 1 000 万元；而且有 10 个县（市）区地方财政科技投入比上年有所下降。

（二）各县（市）区本级财政科技投入占公共财政支出比例差异较大

高新区地方财政科技投入占一般公共财政支出的比重达 8.29%，其次是郫都区为 2.67%，第三是双流区为 2.48%，比重在 1%～2% 之间的县（市）区有 14 个，其余 7 个县（市）区比重在 1% 以下，最低是简阳市为 0.08%，显然仅成都高新区超过全国平均水平（4.13%），其他各县（市）区都较低。具体见图 3-4。

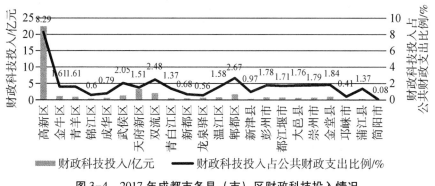

图 3-4　2017 年成都市各县（市）区财政科技投入情况

三、各县（市）区创新创业载体情况比较分析

科技创新创业载体是创新创业主体的聚集、栖息、生存和发展的物理空间，成都市科技创新创业载体主要指科技创业苗圃、科技创新创业孵化

器、加速器和双创载体聚集区①空间区域,"科创空间"提出后创业苗圃更换为科创空间。本书从载体容量、数量以及万人拥有情况来描述成都市各县(市)区创新创业载体建设和发展情况。因资料受限和后来统计增减,加之从 2017 到 2021 年成都市市级以上创新创业载体变化甚微,4 年全市仅增加 7 家,平均每县不足 0.3 家,不影响对成都市载体情况的总体研判,所以可采用《成都科技统计快讯》(2017)的数据,各县域载体面积和能级分布见图 3-5。

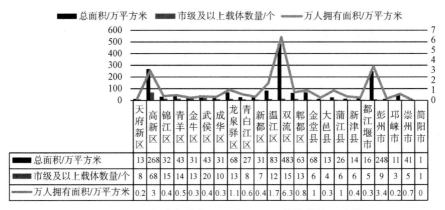

图 3-5 2017 年成都市各县(市)区双创载体情况比较

(一)县域创新创业载体面积分布不均衡突出,双流区拥有量最多

各县(市)区平均载体拥有量为 75 万平方米,仅双流区、高新区、彭州市 3 县(市)区超过平均数,最多的是双流区,达 483 万平方米;50 万~75 万平方米的有龙泉驿区、温江区、郫都区和金堂县 4 个县(市)区,其余 15 个县(市)区都低于 50 万平方米(含五城区及郊区新城),最少的是简阳市仅 1 万平方米。

(二)高能级双创载体主要分布在中心城区,成都高新区自主创新示范区拥有量居首位

各县(市)区平均拥有 11 个经认定的市级以上双创载体,超过平均数的有 9 个县(市)区,其中:高新区最多,有 68 个;其次是武侯区,有 20 个;再次是锦江区和双流区,均为 15 个;最少的是简阳市,仅有 1 个。

(三)创新创业载体量质双优的县域数量少

整体来说"11+2"中心主城区双创载体容量和质量优于郊区新城。各

---

① 成都市创新创业载体是指结合各县(市)区优势产业,围绕创业企业培育,降低创业风险、门槛和成本,以双创服务机构为主,创业企业集中、创业机构集聚、创业服务完善良好的创新创业街区、创客广场、特色小镇以及科创空间等空间。

县（市）区平均每个常住人口拥有 1.06 平方米的双创新载体，仅高新区、温江区、双流区、彭州市和龙泉驿区 5 个县（市）区超过平均数，量质双优的仅高新区、双流区和龙泉驿区 3 个县（市）区。不过，近几年天府新区高端载体平台聚集和建设加快，未来将是成都市原始创新高能级创新载体平台的策源地。

四、各县（市）区技术流动现状及变动比较分析

区域技术流动性反映了一个区域技术交易的市场活跃程度，技术吸纳交易额反映了一个区域企业创新的主动性和积极性，技术输出（扩散）则反映了一个区域设计能力和技术开发能力对区外的辐射和引领带动能力。2021 年成都市各县（市）区平均技术输出额、吸纳额分别为 54.05 亿元、30.15 亿元，分别是 2017 年技术输出额的 3.13 倍、技术吸纳额的 2.50 倍，年均复合增长率为 33%、25.86%，整体表现为技术输出为主的快速增长态势。金牛区、高新区分别位居输出和吸纳技术成交额榜首，各占全市的 39.9%、24.5%。

（一）中心城区技术输出、吸纳能力进一步加强，与郊区差距进一步扩大

从区域分布看，2021 年中心城区输出、吸纳技术成交额分别占全市的 99.71% 和 96.91%%，较 2017 年的 98.16%、96.04%，无论输出额还是吸纳额均有所上升，表明中心城区技术输出和技术吸纳都进一步聚集。中心城区与郊区新城各县（市）区技术输出额比值由 2017 的 33 倍上升到 2021 年的 236 倍，技术吸纳额由 2017 年的 17 倍上升到 22 倍，表明中心城区各县（市）区技术输出和吸纳能力远远强于郊区，差距进一步扩大，特别是中心城区的技术输出能力是郊区新城无法跨越的，见表 3-3。

表 3-3　2017 年和 2021 年成都市县域技术输出与吸纳情况比较

指标	2021 年		2017 年	
	技术输出	技术吸纳	技术输出	技术吸纳
交易总额/亿元	1 189.15	663.19	362.73	252.28
平均各县/亿元	54.05	30.15	17.27	12.01
中心城区均值/亿元	91.21	49.44	27.39	18.63
郊区新城均值/亿元	0.39	2.28	0.83	1.11
中心城区占比/%	99.71	96.91	98.17	96.02
郊区新城占比/%	0.29	3.09	1.83	3.98
中心城区与郊区新城比	236	22	33	17
县年均复合增长率/%	33	25.86	—	—

注：东部新区数据仍包含在简阳市，2017 年没有简阳市的数据。

（二）技术交易由单核向双核引领，共同发展格局

2018年前，成都高新区技术交易份额一直处于领先地位，不过2021年技术输出、吸纳份额由2017年的45.37%、32.05%下降到22.39%、25.92%。金牛区成为黑马，近年来技术输出和吸纳能力不断增强，2019年输出能力首次超过成都高新区，并持续三年稳居榜首，吸纳能力紧追成都高新区，2021年技术输出、吸纳份额由2017年的20.43%、11.09%，上升到33.56%、21.63%。

（三）区域内部技术输出和吸纳增长不平衡突出

近几年，成都市各县（市）区技术交易份额如图3-6所示，锦江区、成华区、青白江区、新都区技术输出和吸纳反差大，天府新区、高新区、金牛区、双流区、温江区、都江堰市技术输出持续占优势，其中天府新区、锦江区的技术输出份额与新都区和青白江区的技术吸纳份额增长表现强劲，年均复合增长超过100%；武侯区及郊区新城等以吸纳技术为主，蒲江县和简阳市吸纳技术成交额大幅跃升，表现出旺盛的技术创新需求，但郊区新城吸纳能力弱，总量不足全市的8%，除新津区外，其他都低于1亿元。从整体上讲，郊区新城技术交易市场活跃度不高，占总交易额的1.29%，特别是都江堰市、邛崃市和崇州市，企业创新的主动性和影响力弱。

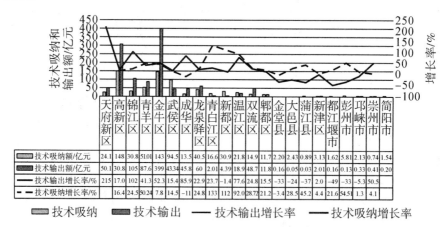

	天府新区	高新区	锦江区	青羊区	金牛区	武侯区	成华区	龙泉驿区	青白江区	新都区	温江区	双流区	郫都区	金堂县	大邑县	蒲江县	新津区	都江堰市	彭州市	邛崃市	崇州市	简阳市
技术吸纳额/亿元	24.1	148	30.8	51.01	143	94.5	13.5	40.5	16.6	30.9	21.8	14.9	11.7	2.20	2.43	0.89	3.13	1.62	5.81	2.13	0.74	1.54
技术输出额/亿元	50.1	30.8	105	87.6	399	43.34	45.8	60	2.01	4.39	18.9	48.7	11.8	0.16	0.05	0.03	2.01	0.16	0.13	0.33	0.41	0.20
技术输出增长率/%	215	17.0	101	41.3	52.3	15.4	85.9	22.9	23.7	-1.4	77.6	24.8	15.5	-33	-24	-37	2.0	-49	-33	-5.3	50.5	
技术吸纳增长率/%	16.4	24.5	50.24	7.8	14.5	-11	24.8	133	112	92.0	28.72	21.2	-3.4	28.5	45.2	4.4	21.6	54.51	1.3	4.1		

技术吸纳　技术输出　技术输出增长率　技术吸纳增长率

图3-6　2021年成都市各县（市）区技术吸纳、输出及增长变化

基于共同富裕视角创新驱动县域经济高质量发展战略路径研究——以成都市为例

五、各县（市）区知识创造能力比较分析

2021 年，成都市各县（市）区平均专利授权和有效发明专利拥有量分别为 3 997 件、2 869 件，较 2017 年增加 2 131 件、1 482 件，年均复合增长率为 20.98%、19.93%。各县（市）区富有特色，如图 3-7、图 3-8 所示。

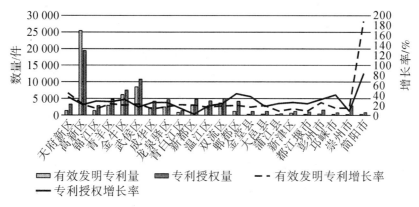

图 3-7　成都市各县 2021 年专利分布及增长态势

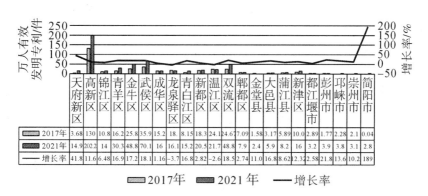

	天府新区	高新区	锦江区	青羊区	金牛区	武侯区	成华区	龙泉驿区	青白江区	新都区	温江区	双流区	郫都区	金堂县	大邑县	蒲江县	新津区	都江堰市	彭州市	邛崃市	崇州市	简阳市
2017年	3.68	130	10.8	16.2	25.8	35.9	15.2	18.	8.15	18.3	24.1	24.67	7.09	1.58	3.17	5.89	10.0	2.89	1.77	2.28	2.1	0.04
2021年	14.9	202.2	14	30.3	48.8	70.1	16	16.1	15.2	20.5	21.7	48.8	7.9	2.4	5.9	8.2	16	3.2	3.9	3.8	3.1	2.8
增长率	41.8	11.6	6.48	16.9	17.2	18.1	1.16	-3.7	16.8	2.82	-2.6	18.5	2.74	11.0	16.8	8.62	12.3	2.58	21.8	13.6	10.2	189

图 3-8　成都市各县（市）区万人有效发明专利拥有量及复合增长率

（一）专利授权呈"五八"分布，成都高新区占全市两成以上

图 3-7 显示，2021 年高新区专利授权量居成都市各县（市）区榜首，近 2 万件，占全市 22.11%，所占份额与 2017 年基本持平；其次是武侯区，迈上万件台阶；再者是金牛区，7 575 件。超过平均数的共有 10 个区（市）县，合计占 79.17%，较 2017 年略有降低（80.95%），基本形成"五八"规律，即成都市 80% 的知识创造在 50% 的区域产生；低于 1 000

件的有简阳市、都江堰市、邛崃市及蒲江县4个县（市）；不过，天府新区、简阳市等专利授权量增速很快。

（二）有效发明专利量呈"三八"分布，成都高新区占四成以上

成都高新区、武侯区、金牛区、双流区、新都区和青羊区6个区超过成都各县域平均数，这6个区域有效发明专利合计占全市的78.84%，较2017年的76.7%，进一步聚集增强，趋于"三八定律"，表明高质量发明专利集中度很高，成都高新区最多，达25 430件，占全市（63 174件）的40.25%。增速最快的是简阳市和天府新区，超过40%；成都高新区大体量下仍保持年均20%以上的增速。增速超过20%的高达6个区县，仅都江堰市、蒲江县低于10%，表明在创新驱动发展战略和经济高质量发展指引下，各县（市）区进一步加快了知识创造能力培育。

（三）中心城区是高价值专利的核心区，郊区新城知识创造能力有所增长

2021年成都市中心城区专利授权量占总量的87.72%，较2017年略有降低；有效发明专利占总量的97.57%，较2017年（96.07%）增加1.5个百分点，高质量创新成果进一步聚集。一方面说明中心城区是知识创造的核心区，创新研发及产权保护优势突出；另一方面表明近几年郊区新城知识创造意识有所增强，能力有所提升，但以实用新型和外观设计为主，并且有效发明专利的拥有量远低于全市平均水平。

（四）万人有效发明专利拥有量更集中于中心城区，增长更加缓慢

图3-8显示，2021年成都市万人有效发明专利拥有量为29.78件，较2017年增长（19.2件）增加10.58件，年均复合增长率11.6%。其中高新区万人有效发明专利拥有量高达202.2件，武侯区为70.1件，双流区与金牛区均是48.8件，青羊区30.3件，万人有效发明专利拥有量超过全市平均数的只有5个县（市）区，其余都低于全市（29.78件）平均水平。

六、各县（市）区高技术产业发展情况比较分析

高技术产业、高技术服务业以及新产品销售收入等是创新产业化的重要表现形式。这里对各县（市）区高技术产业发展相对量变化及中心城区和郊区新城变化进行描述分析，见图3-9。

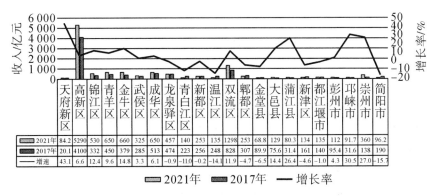

	天府新区	高新区	锦江区	青羊区	金牛区	武侯区	成华区	龙泉驿区	青白江区	新都区	温江区	双流区	郫都区	金堂县	大邑县	蒲江县	新津区	都江堰市	彭州市	邛崃市	崇州市	简阳市
2021年	84.2	5290	530	650	660	325	650	457	140	253	135	1298	253	68.8	129	80.3	134	135	112	91.7	360	96.2
2017年	20.1	4100	332	450	379	285	513	474	223	256	248	828	307	89.9	75.6	31.4	161	140	95.4	31.6	138	190
增速	43.1	6.6	12.4	9.6	14.8	3.3	6.1	-0.9	-11.0	-0.2	-14.1	11.9	-4.7	-6.5	14.4	26.4	-4.6	-1.0	4.3	30.5	27.0	-15.7

■ 2021年　■ 2017年　—— 增长率

图 3-9　成都市各县（市）区高技术产业收入及增长率

（一）高技术产业发展十分不平衡，高新区一枝独秀

2021 年成都各县（市）区高技术产业营业收入 11 939.51 亿元，较 2017 年（9 374.78 亿元）增长 27.35%，年均复合增长率为 6.23%，平均各县高技术营业收入 542.71 亿元，较 2017 年（426.12 亿元）增长 116.59 亿元。超过均值的有高新区、双流区、青羊区、金牛区、成华区 5 个，与 2017 年一样，但锦江区略低于平均值，龙泉驿区退到均线下，金牛区成为黑马跃上均线，超过均值的 20%。高新区实现营业收入 5 290.5 亿元，同比增长 9.49%，占全市高新技术产业营业收入的 44.31%，较 2017 年的（43.73%）区位商进一步增大，遥遥领先其他县（市）区。在高新区的带动下，双流区、成华区、龙泉驿区（经开区）、青羊区、金牛区、锦江区等主城区的县（市）区高新技术产业整体实力也表现较好，产业低碳化、智能化和数字化优化升级不断加快，市场竞争力增强，推动全市高新技术产业快速发展。

（二）各县（市）区高技术营业收入增长速度差异大，正负增长并存

2017 年到 2021 年各区县年均复合增长率差异很大。负增长的有 9 个县（市）区，简阳、温江负增长率超过两位数。这一方面是因为 2017 年以来，成都市进行新一轮产业结构大幅调整优化；另一方面是因为简阳市近两年汽车大众产品消费趋于饱和，新能源和个性化汽车不足，升级滞后，缺乏竞争力。当然，正增长超过两位数的也不少，高达 8 个，其中天府新区、邛崃市、蒲江县等增长势头强劲，高达 25% 以上。不过，也要辩证看待，增长很快的县域其体量基本很小，不到 100 亿元；高新区表现不错，在如此大体量下仍略超过成都市 6.23% 的平均水平，2021 年较上年增

长 9.49%。另外，2021 年仍有 5 个县（市）区呈负增长，特别是郫都区和简阳市下降超过 20%，主要是产业低碳化、智能化和数字化优化升级慢，市场竞争力不强，这值得深思和反省，有待进一步研究。

（三）中心城区成为中流砥柱，虹吸（黑洞）效应明显

2021 年中心城区（"11+2"）高技术营业收入占全市的 90.56%，较 2017 年（89.80%）进一步聚集。这与成都市的产业结构调整密切相关，特别是西控地区以及绿色低碳发展要求，传统产业数字化、智能化升级滞后，现代农业发展不足。

总体来说，成都市各县（市）区创新资源不平衡突出，聚集变动较大，特别是党的十八大以来高能级创新资源进一步向中心城区聚集，一般创新资源全域扩散加快；同时，中心城区内部由高新区一枝独秀转向高新区与金牛区双核共引，并逐渐涌现天府新区新秀，呈三足鼎立多点支撑格局，增强了成都市科技创新的韧性和抗风险能力。

第四节　"互联网+"绿色创新视角下成都市县域创新能力评估研究

随着我国全面创新驱动发展战略的实施，创新创业在县级市经济发展中的作用越发明显，创新创业日益成为县域提升核心竞争力的主要驱动力。国内外众多学者的规范和实证研究表明：区域创新是一个地域性、社会性的互动过程，一个地区的区域创新能力必然受到创新投入、科技和经济发展水平、制度环境、社会文化等诸多因素的复合作用。因此，对县级市创新创业能力的状态和差异性特征进行分析和评价，具有必要性和前瞻性。清晰把握成都市县域创新能力的空间分布特征、变动趋势，准确了解县域各空间单元的优劣势，对于制定有效的创新驱动发展战略促进成都各县域经济（产业）发展，提高创新质量和效率，加快县域经济向高质量发展转变至关重要。

一、成都市县域创新能力指标体系构建

（一）县域创新能力指标体系研究进展综述

从现有文献看，县级层面区域创新能力评价指标体系构建近几年才受

到学者的关注，而省市级层面及更小空间区域的科技园区等创新能力评价指标体系研究相对比较完善、成熟，不过总体逻辑是产业技术创新能力是区域创新能力的主要表现形态。学者 Saxenian（2013）认为，科技创新能力来自市场科技资源的丰富、创新型企业的不断衍生和壮大、政府新的管理方法和政策，以及来自不同区域主体互动产生的协同创新能力。Salter（2014）提出，创新评价体系应包括投入产出、产业结构、传统产业的贡献、优惠的技术政策、政策的灵活性、科技成果转化程度、人力资本、知识创新和政府的研发投入等①。总体来说，我国学者在区域创新能力评价指标体系设计上更加科学、合理，对县域创新能力指标体系构建具有借鉴作用。

1. 省级区域创新能力评价指标体系研究

我国省级区域创新能力评价指标体系比较有权威和影响力的研究有以下两个：①柳卸林等学者构建的区域创新能力评价指标体系得到普遍认同。该指标体系自 2002 年开始构建，并以《中国区域创新力报告》作为支撑，不断完善，2008 年开始从创新的实力、潜力以及效率②三个维度评价，完整地反映了一个区域的知识创造、运用以及扩散能力，但是这套评价体系指标设计太多（132 个），而且是站在省级层面进行评价的，适合纵横向持续评价。②原国家科委构建的中国区域科技创新评价指标体系。1997 年以《全国科技进步统计监测报告》正式向外发布，2015 年更名为《中国区域科技进步评价报告》，2017 年更名为《中国区域科技创新评价报告》，迄今，其指标体系调整、修改、演化为一级指标 5 个（科技创新环境、科技活动投入、科技活动产出、高技术产业化、科技促进经济社会发展）、二级指标 12 个、三级指标 39 个，该指标体系从省级尺度审视，一些指标很有参考价值，如科技意识、万名就业人员专利申请量和万人吸纳技术成交额等指标。

2. 科技园区创新能力评价指标体系研究

科技园区创新能力评价指标体系设计中，以我国科技部发布的《高新

---

① 转引自刘洪久，刘清扬，胡彦蓉，等. 江苏县域科技创新能力评价的实证分析 [J]. 徐州工程学院学报（社学科技版），2018（5）：47.

② 创新实力是指一个地区拥有的创新资源，如绝对的科技投入水平、专利数量等；创新的潜力是指一个地区发展的速度，即与去年相比的增长率水平；创新的效率是指一个地区单位投入所产生的效率。

技术产业园区高技术产业发展评价指标体系》最为权威且最早（1993），并历经5次修改，该指标体系注重公平和效率。目前，我国高新技术产业园区创新能力评价指标体系设计趋于高端化，体现创新驱动发展的全面性，高端人才、高端载体、人性化管理、协同创新、知识产权保护、全球化等成为主要评价因子，对县域经济创新能力评价也具有参考价值。

3. 市级区域创新能力评价指标体系研究

市级层面研究相对较少。刘洪久等（2013）基于创新生态系统理论，从创新群落、创新资源和创新环境三个方面构建并测度了苏州等市级创新与经济发展的适宜程度[①]；张慧颖等（2011）基于创新价值链构建起区域创新价值链概念模型[②]；唐琼等（2015）基于创新全过程（创新价值链）和绿色创新视角，实证分析了四川省21市（州）区域创新能力。赛迪顾问城市经济研究中心从创新生态、创新动力、创新主体、创新成果4个维度，地区生产总值、R&D投入强度、国家高新技术企业数等16个二级指标，搭建起城市区域创新评价指标体系，对城区科技创新、产业技术创新、改革创新等重点领域创新水平进行了全面分析。

4. 县级区域创新能力评价指标体系研究

随着大众创业、万众创新的推动以及"互联网+"商业模式的不断创新，创新日益大众化、草根化，创新需要从更宽泛、最基层的视角去考察衡量，县域创新能力的研究也持续升温，学界、研究机构和政府部门都在同步推进。①学界探索。李旭洋等（2015）[③]从科技创新环境、科技创新投入和科技创新绩效3个维度构建内蒙古县域科技评价指标体系；武保赟等（2017）[④]从创新投入、创新产出以及创新基础条件3个维度，13个二级指标对安徽县域经济科技创新进行测度；贺文慧等（2014）[⑤]从科技促进产业提升能力、科技示范服务能力、科技创新产出能力和科技资源支持

① 刘洪久，胡彦蓉，马卫民. 区域创新生态系统适宜度与经济发展的关系研究 [J]. 中国管理科学，2013，21（S2）：764-770.

② 张慧颖，戴万亮. 基于创新价值链的区域创新价值链概念模型 [J]. 科技进步与对策，2011，28（1）：29-31.

③ 李旭洋，付沙，宋伊环. 内蒙古县域科技创新能力评价指标体系的构建 [J]. 内蒙古财经大学学报，2015（2）：39.

④ 武保赟，张克荣，周罗，等. 基于熵值法的安徽省县域经济科技创新能力评价 [J]. 巢湖学院学报，2017（5）：67-70.

⑤ 贺文慧，梁敏，杨德胜. 县域经济发展需求的科技支撑能力评价：基于安徽省80个县（区）的实证分析 [J]. 安徽行政学院学报，2014，5（5）：50-54.

能力 4 个方面考察了安徽省县域科技支撑能力；颜双波（2016）[①] 基于主成分法对县域经济创新能力进行评价研究；马利华等（2011）[②] 从科技创新环境、科技创新基础、科技创新能力、科技创新效能 4 个维度，45 个三级指标构建起县域农业科技创新能力指标体系；王永坤等（2016）[③] 用知识创造能力、资源配置能力、企业技术创新能力、技术创新基础环境 4 个一级指标、20 个三级指标体系对辽西北县域产业创新能力进行评价；刘洪久等（2018）[④] 仅从科技创新投入和产出 2 个维度、8 个绝对指标体系对江苏县域创新能力进行实证分析；孙凤芹等（2018）[⑤] 从科技创新投入能力、科技创新支撑能力、吸收扩散能力、产出与产业化能力 4 个一级指标，22 个三级指标对丰南区科技创新能力进行实证研究，这个评价指标体系值得借鉴，特别是从吸收扩散的角度重点考察了县域科技资源的流动性。②政府及相关研究机构关于县域创新能力指标体系的实践探索。为贯彻落实国办《关于县域创新驱动发展的若干意见》（国办发〔2017〕43 号）的重要部署，2018 年科技部发布了《全国县（市）创新能力监测指标体系》，该指标体系包括 4 个一级指标、23 个三级指标以及 3 个可选指标。其中，一级指标包括创新投入、企业创新、创新环境和创新绩效，这套指标体系单独把企业创新作为一级指标值得学术界借鉴，但部分指标数据不易获取。2011 年清华大学启迪创新研究院以"政、产、学、研、金、介、贸、媒"八大创新参与主体要素为主，首次构建起城市创新创业环境评价体系，尔后不断完善，2015 年根据县级市自身特征，构建了"政府支持、创新知名度、产业发展、金融支持、中介服务、研发环境、人才环境以及市场环境" 8 个方面共计 23 个三级指标。总之，这 3 套指标体系值得不同县域经济创新能力评价指标体系借鉴。

① 颜双波. 基于主成分分析的县域经济创新能力评价研究：以海上丝绸之路起点泉州为 [J]. 科技和产业，2016（9）：16-22.

② 马利华，颜会哲，颜平建. 县域农业科技创新能力指数测评研究 [J]. 安徽农业科学，2011，39（26）：16305-16307.

③ 王永坤，潘洋洋，乔鑫，等. 辽西北县域特色产业创新能力指标体系的设计与评价 [J]. 企业改革与管理，2016（20）：215.

④ 刘洪久，刘清扬，胡彦蓉，等. 江苏县域科技创新能力评价的实证分析 [J]. 徐州工程学院学报（社会学科学版），2018（5）：47-51.

⑤ 孙凤芹，安雪梅，朱洪瑞. 县域经济科技创新能力实证研究 [J]. 华北理工大学学报，2018（3）：26-31.

（二）县域经济创新能力评价指标体系构建原则

县域经济创新能力评价体系的构建需要遵循以下原则：

1. 重要性和全面性原则

构建指标体系要有所侧重，突出企业创新主体，产学研用深度融合；更要相互补充，体现全面创新、全过程创新和新发展理念的思想，形成一个整体，从全方位、多角度反映一个县域在创新方面的客观情况。

2. 系统性和层次性原则

区域创新系统具有不同的子系统，各个子系统需要不同的指标来衡量且相互联系才能反映其特点；不同子系统之间的关系不能随意搭配，它们之间要有必然的内在层次逻辑关系。

3. 数据可获取性和科学合理性原则

创建指标体系所收集的数据能够通过有关的调研（问卷）、政府统计年鉴（公报）或者大数据库等途径方便获取；同时指标体系采取定性和定量、静动态相结合，并以相对指标为主，绝对指标为辅。

4. 导向性和普适性原则

通过设置评价指标，引导成都市 22 个县（市）区树立科学的创新发展理念，引导县域政府及相关部门采取措施促进各创新主体加快创新的步伐，使每个县域都能意识到现有的优势和存在的差距或劣势，同时也可指导其他县域，具有普适性特点。

（三）成都市县域经济创新能力评价指标体系

根据上述原则，基于创新生态系统理论，我们以科技部颁发的《县域创新监测指标体系》《中国区域科技创新评价指标体系》和《城市创新创业环境评价指标体系》为主要参考，着力体现成都市县域产业、机构和创新成果特点，考量创新的全面性、全过程性以及创新的质量、效率，以定量为主，设计了科技创新投入能力、创新支撑环境和创新产出绩效 3 个一级指标、11 个二级指标、34 个三级指标的县域创新能力评价指标体系，详见表3-4。

表 3-4 互联网+绿色创新视角下县域创新能力评价指标体系

一级指标	二级指标	三级指标	备注
科技创新投入能力	政府投入	1.万人财政科技投入	反映地方政府科技投入能力
		2.财政科技支出占一般公共预算支出比	反映地方政府科技投入意识
	企业投入	3.万人 R&D 研究人员	
		4.企业 R&D 研究人员占企业 R&D 人员比	
		5.企业 R&D 经费支出占主营业务收入比	反映企业研发投入能力、意愿
		6.企业技术获取和改造支出占主营业务收入比	工业和非工业企业之和
	科研机构投入	7.科技机构的 R&D 研发投入	
		8.R&D 研究人员占全时 R&D 人员比	
创新支撑环境	科研平台	9.十万人拥有市级创新创业载体	科研平台物质条件
		10.十万人拥有各类创新企业量	科技型入库企业+高新技术企业+技术服务型企业
		11.十万人拥有创新创业科技及服务机构	
	创新意识	12.万名就业人员专利申请量	反映创新主体的自主创新和保护意识
		13.万人吸纳技术金额	反映区域技术需求意识及能力
		14.有 R&D 活动单位占比	
	科技人力资源潜力	15.R&D 外部支出占全部 R&D 支出比	反映区域产学研协同创新意识
		16.地区财政性教育经费支出占 GDP 比	政府对区域人力资源培育的积极性
		17.万人大专以上学历人数	反映区域人力资源素质
		18.万人全社会 R&D 人员数	企业、科研机构及个体
	财税支撑力度	19.获得政府研发费用支持	
		20.相关税收优惠政策落实情况	研发费用加计扣除减免税和高新技术减免税
	经济实力	21.人均 GDP	反映全社会研发投入实力
		22.企业利润率	反映企业研发投入实力

表3-4(续)

一级指标	二级指标	三级指标	备注
创新产出绩效	知识创造	23.万人拥有科技论文量	
		24.万人有效发明专利拥有量	
		25.万人新增专利授权量	
	高新技术转化及产业化	26.万人技术输出成交额	反映区域科技成果转让及扩散能力
		27.高技术产业增加值占工业增加值比	反映工业产业结构的优化升级和高技术的渗透力
		28.知识密集型服务业增加值占GDP比重	反映全社会知识经济发展水平
		29.新产品销售收入占主营业务收入比	反映企业技术开发运用能力
	经济绩效	30.高新技术产品出口占出口产品交货值比	企业创新的市场空间和产品的竞争力
		31.企业利税率	企业直接创造价值的能力
		32.居民人均可支配收入	创新给全民带来创富共享的能力
		33.第三产业占GDP比	产业结构的变化
		34.综合能耗产出率(万元/吨标准煤)	创新促进能源消费降低

由于近几年成都市各县（市）区地理空间变化频繁，特别是天府新区、高新区以及成都东进战略的推动，科技资源属地变化大。同时，2020年及以前成都市科技统计年鉴均没有收录各县（市）区全社会R&D人员、全社会R&D经费支出以及大学、科研机构县域分布情况，根据数据的可获得性，调整适宜现行统计框架的成都市县域创新能力指标体系，共27个三级指标，详见表3-5。

二、研究方法的选择及权重的确定

（一）研究方法的选择

本研究涉及多系统，宜采用综合评价方法或多层次方法，即通过一定的数学模型或数学方法将多个评价指标值"合成"为一个整体性的综合评价值。可用于"合成"模型很多，常用的主要有线性加权综合法和非线性加权综合法。根据各方法的条件和特性，我们认为选择线性加权综合法是比较合适的，其评价模型为 $ZHZS = \sum W_i \cdot \sum W_{ij} \cdot U_{ij}$，（$i = 1, 2, 3,$ $\cdots, m, j = 1, 2, 3, \cdots, n$）。其中，ZHZS 代表各区域投入、产出及环境等的综合指数，m 为各区域评价构成要素个数，n 表示各地区第 i 项构成要素的指标个数，U_{ij} 为第 i 项构成要素第 j 项指标标准化后的值；W_i 为第 i 项构成要素的权重，W_{ij} 为第 i 个构成要素的第 j 项指标的权重。

（二）权重的确定

确定权重的方法很多，如专家评分法、层次分析法（AHP）、主成分分析法、模型分配法，这些方法都存在优缺点，互补方法优于单一方法（Gray et al.，2007）[1]。笔者根据多年对科技创新投入产出及实现创新的全过程要素及价值大小的理解，借鉴技术经济学方法中常用的权重分配模型法来确定权重。权重分配模型主要有以下三种：一是传统权重分配模型，$W_i = i / \sum I$，式中 i 表示指标的排序编号，指标越重要，编号越大；二是线性权重分配模型，$W_i = 1 - i/(n - \alpha)$，式中 i 为指标排序位次，n 为指标个数，α 为调整参数，它是权重分配的微调系数，$\alpha \in (0, \infty)$，α 值越大，权重分配差额越小，反之则越大，常取 5 或者 10；三是对数权重分配模型，$W_i = \ln(m - i)/\ln(m - 1)$，式中 m 为指标个数，i 为指标位次，其特点是，前 2/3 的指标权重分配相差不大，后 1/3 的指标权重分配下降较快，即重视程度小。因权重受一个人主观因素影响较大，加之指标体系设计维度多，而且各维度指标体系无法用一种方法，我们结合上述几类模型分配公式，根据对指标重要程度的理解进行微调，并结合专家评分法，最终设计两种认为相对合理的权重方案，即指数、对数与线性结合型（表中用权重"Ⅰ"和"Ⅱ"表示），见表 3-5。并辅以完全平均权重分配法作为参照底线，希望从不同的方案中发现权重是否是影响一个区域创新能力排序的重要因素。

---

① 转引自波蒂特. 共同合作：集体行为、公共资源与实践的多元方法 [M]. 路蒙佳，译. 北京：中国人民大学出版社，2001：6.

表 3-5 　成都市县域创新能力评价指标体系及权重不同方案

一级指标	权重类型		二级指标	权重		三级指	权重	
	I	II		I	II		I	II
科技创新投入能力	0.30	0.33	政府投入	0.33	0.39	1. 财政科技投入	0.45	0.48
						2. 本级财政科学技术支出占当年本级财政一般公共预算支出比重	0.55	0.52
			企业投入能力	0.67	0.61	3. R&D 全时人员占从业人员比	0.27	0.31
						4. 企业 R&D 研究人员占 R&D 人员比	0.23	0.19
						5. 企业 R&D 经费支出占主营业务收入比	0.31	0.30
						6. 企业技术获取和改造支出占主营业务收入比	0.19	0.20
创新支撑环境	0.30	0.31	科研平台物质条件	0.22	0.20	6. 十万人拥有市级创新创业载体	0.36	0.34
						7. 十万人拥有各类具有创新特质的企业	0.33	0.36
						8. 企业建研发机构占比	0.31	0.30
			科技创新意识	0.23	0.24	9. 万名就业人员专利申请量	0.39	0.36
						10. 万人吸纳技术金额	0.33	0.32
						11. 有 R&D 活动单位占比	0.28	0.32
			科技人力资源潜力	0.20	0.21	12. 地区财政性教育经费支出占 GDP 比	0.39	0.45
						13. 万人 R&D 人员数	0.61	0.55
			财税支撑力度	0.17	0.18	14. 每个企业获得政府研发费用	0.48	0.45
						15. 每个企业获得税收优惠	0.52	0.55
			经济实力	0.18	0.17	16. 人均 GDP	0.47	0.45
						17. 企业利润率	0.53	0.55

表3-5(续)

一级指标	权重类型 I	II	二级指标	权重 I	II	三级指	权重 I	II
县域创新产出绩效	0.40	0.36	知识创造	0.25	0.30	18. 万人有效发明专利拥有量	0.55	0.52
						19. 万人新增专利授权量	0.45	0.48
			高新技术转化及产业化	0.42	0.36	20. 万人技术输出成交额	0.29	0.31
						21. 高技术产业销售收入占工业主营业务收入比	0.26	0.27
						22. 知识密集型服务业增加值占GDP比	0.21	0.19
						23. 新产品销售收入占主营业务收入比	0.24	0.23
			产业化效益	0.33	0.34	24. 企业利税率	0.29	0.30
						25. 第三次产业占GDP比	0.26	0.25
						26. 新产品出口占出口产品交货值	0.21	0.19
						27. 城镇居民人均可支配收入	0.24	0.26

（三）指标数据的标准化处理

综合评价法涉及指标多，各指标值量纲不同，不能直接累计相加，需要将数据进行标准化或归一化处理。标准化处理方法有许多，常用的有极值法、Z-score标准化法和按小数定标标准化法等。这里采用Z-score标准差处理，即将各具体指标减去该指标的平均值，然后除以该指标的方差，并采取效用极值法修正，使结果落在［60，100］区间，即对标准差结果采取"$40 \times (X_i - X_{\min}) / (X_{\max} - X_{\min}) + 60$"，值越大越好。当然，这种只适合正向指标，对于负向指标，如能耗等，采取"$40 \times (X_i - X_{\max}) / (X_{\min} - X_{\max}) + 60$"的方法进行转换，值越小越好。

三、成都市各县（市）区创新能力综合评价

（一）评价对象及数据来源与处理说明

本书以成都市22县（市）经济区为评价对象，以《成都科技统计年鉴》（2018）、《成都统计年鉴》（2018）、《成都科技创新创业监测动态》（2018）以及《成都市国家创新型城市建设年度报告》（2018）数据为基础支撑，由于高新区、天府新区不是单列的行政区划，在成都市统计年鉴中

没有对应的数据。其中高新区（西区、南区）户籍人口数据分别划分在郫都区、武侯区，天府新区成都直管区数据主要归入双流区和龙泉驿区，高新区东区归入简阳市，并且近两年天府新区和高新区人口剧增，常住人口和户籍人口差异大，统计数据很难确定，本书采用 2017 年公布的成都市 22 县（市）区万人拥有有效发明专利除以各县（市）区有效发明专利获得相关人口数据，以避免不必要的争议。其他相关数据如企业利税率采取全市总数据扣除其他 20 个县（市）区数据获得，并以全市平均水平作为天府新区的发展水平值，余值为高新区的数据；企业相关数据是指工业企业和非工业企业之和；简阳市技术输出和吸纳相关信息没有纳入成都市统计年鉴，我们以接近成都市中下水平取值。因此，天府新区、高新区和简阳市的评价有些许出入，但不影响整体评价结果。

（二）评价结果及分析

经计算整理，得到上述指标体系基础数据，通过标准化归一化处理，根据三种不同权重方案，综合计算得出成都市 22 个县（市）区区域创新能力及排序，见表 3-6。结果显示，不同权重方案对各县（市）区区域创新能力的位次影响波动不大，其中：权重Ⅰ和权重Ⅱ方案比较，有 17 个县（市）区的位次相同；权重Ⅰ与权重Ⅲ方案比较，有 13 个县（市）区位次相同；权重Ⅱ与权重Ⅲ方案比较，有 10 个县（市）区位次相同；三方案同时比较，有 10 个县（市）区位次一直都不变，并且变动的各县（市）区波动的幅度也不大，除大邑县外基本只是在原来的位次上上升或下降一位。说明权重对各县（市）区区域创新能力评价影响很小，不构成影响区域创新能力的主要因素；也说明指标体系设计相对科学、合理，体现了全面创新和全过程创新。此外，排位最前的高新区与排后六位的金堂县、新津县、青白江区、简阳市、邛崃市和蒲江县以及排位中间的双流区、温江区、龙泉驿区在三方案中位次恒定，说明成都市各县（市）区创新能力强弱的层次性分明，区域间创新能力差异明显。

表 3-6 2017 年成都市各县（市）区创新能力不同方案评价结果及排序

	绝对值			排序		
	权重Ⅰ	权重Ⅱ	平均权重	权重Ⅰ序位	权重Ⅱ序位	均值序位
天府新区	66.86	66.97	66.14	15	12	14
高新区	89.37	89.5	89.25	1	1	1

表3-6(续)

	绝对值			排序		
	权重 I	权重 II	平均权重	权重 I 序位	权重 II 序位	均值序位
锦江区	76.25	76.3	73.84	3	2	3
青羊区	76.51	76.08	74.86	2	3	2
金牛区	72.33	71.93	70.66	5	5	6
武侯区	72.76	72.65	71.44	4	4	4
成华区	72.21	71.77	70.32	6	6	7
龙泉驿区	69.78	69.42	68.75	9	9	9
青白江区	65.18	65.03	64.33	19	19	19
新都区	67.61	67.54	66.74	11	11	10
温江区	71.36	71.13	69.98	8	8	8
双流区	71.75	71.65	70.84	7	7	5
郫都区	66.87	66.86	66.22	14	14	12
金堂县	65.52	65.55	64.84	17	17	17
大邑县	67.05	66.88	65.82	12	13	16
蒲江县	64.87	64.92	64.22	20	20	20
新津县	65.19	65.21	64.43	18	18	18
都江堰市	67.72	67.77	66.67	10	10	11
彭州市	66.96	66.82	66.19	13	15	13
邛崃市	63.34	63.51	62.5	22	22	22
崇州市	66.81	66.74	65.96	16	16	15
简阳市	64.22	64.11	63.38	21	21	21

（三）各县（市）区创新能力最终结果及排序

为最终确定成都市各县（市）区创新能力及排序特点，这里以变动位次较少的权重 I 与权重 II 方案的均值作为本次评价结果值，见表3-7。从结果看，成都高新区领先其他各县（市）区，以89.44的分值居第一位；青羊区与锦江区基本相当，分别以76.30、76.28的分值位居第二、第三位，但与排在第一位的高新区形成断崖式落差，相差13个百分点以上（这种结果，与实际是有所出入的，因为成都市中心五城区各区都拥有大量的科研机构，以及重量级大学如四川大学、西南交通大学、电子科技大学、西南财经大学和成都理大学等，其大学和科研机构的 R&D 人员以及创新产出的科技论文明显优于其他区域，因此在正常指标情况下，这两个区域的分值基本可上 80 分）；武侯区与金牛区分值相当，分别以 72.71、72.13 位居第四、第五位；前五位由 13 分向 1 分逐渐趋近，呈梯次分布，要打破这样的位序态势较难；成华区、双流区、温江区分值落在（71，72）区间，分别居第六、七、八位；龙泉驿区以 69.69 分值居第九位；其他 13 个县（市）区分值在［63.43，67.75］之间，平均分值相差不到 0.4；天府新区、郫都区、彭州市、崇州市以及大邑县均落在（66，67）之间，位序竞争激烈，稍有懈怠，就可能"名落孙山"，表明这些县（市）区整体创新能力相当，差异不明显，也说明这些县（市）区创新能力一般。各县（市）区创新能力评价结果及排位，见表 3-7。

表 3-7　成都市各县（市）区创新能力评价最终结果及排位

区域	天府新区	高新区	锦江区	青羊区	金牛区	武侯区	成华区	龙泉驿区	青白江区	新都区	温江区
分值	66.92	89.44	76.28	76.3	72.13	72.71	71.99	69.69	65.11	67.58	71.25
位次	13	1	3	2	5	4	6	9	19	11	8
区域	双流区	郫都区	金堂县	大邑县	蒲江县	新津县	都江堰市	彭州市	邛崃市	崇州市	简阳市
分值	71.7	66.87	65.54	66.97	64.9	65.2	67.75	66.89	63.43	66.78	64.17
位次	7	12	16	12	20	18	10	14	22	15	21

（四）各县（市）区创新能力强弱判断及能量流势差图

通过综合评价，各县域创新能力评价在 60 至 100 分值之间，从普遍的经验看，我们把这个区间划分为四个等级：90 分值及以上，创新能力很强；［80，90）之间创新能力强；［70，80）分值区间的创新能力较强；70 分以下创新能力一般或较弱。从表 3-7 看，创新能力评价值 90 分以上的没有，成都高新区接近 90 分，表明创新能力强；青羊区、锦江区排在第二位、第三位，创新能力整体强，分值在（70，80］区间的仅成都市中心五城区、温江区和双流区，龙泉驿区基本可划分在此区间；其他 13 个县（市）区整体创新能力一般。按创新能力强弱，我们构建了其能量流势差图，见图 3-10。

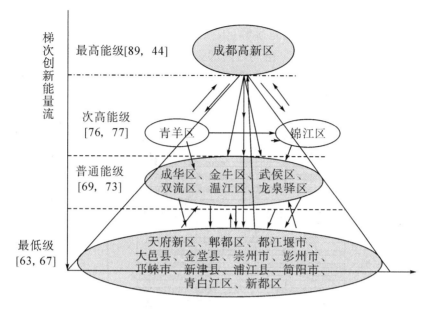

图 3-10　2017 年成都市各县（市）区创新能量流势差示意图

（五）成都市各县（市）区创新能力一级指标（子系统）发育评价结果特点

1. 各县（市）区一级指标评价结果

表 3-8 显示，高新区在创新投入、创新支撑环境以及创新产出绩效方面都是最强、最优的；锦江区创新投入力度强于青羊区，位居第二；青羊区在创新支撑环境以及创新产出绩效上排在第二位、第三位；五城区创新产出绩效较好，基本相当，温江区、双流区、龙泉驿区紧跟其后，但创新投入及创新支撑环境相对要弱一些；天府新区创新投入仅次于温江区，但创新支撑环境及创新产出绩效处于中下水平，因此排位较靠后，各县（市）区一级指标结果见图 3-11。

2. 成都市县域内部三大子系统综合评价高低落差比

图 3-11 显示，创新投入子系统各县（市）区高低差距最小 6.24 分，其次是创新支撑环境高低差 8.91；高低差最大的是创新产出绩效 10.92，可见各县（市）区差异最大的是创新效益或创新投入产出水平。

3. 成都市县域创新能力及三大子系统发育综合评价值与均值差距比较

成都市各县域创新能力平均值为 69.2 分；内部系统中，创新投入、创新支撑环境及创新产出绩效各县（市）区的均值分别为 22、21.3、26.28。

各县（市）区超过均值的共有 9 个，如图 3-12 所示，包括高新区、五城区和温江区、双流区以及龙泉驿区，占 40%；低于均值的共有 13 个县（市）区，形成"四六开"格局。内部三子系统中高新区、五城区、双流区和温江区 8 个区都超过均值；龙泉驿区创新支撑环境超过均值，天府新区创新投入超过均值，其他 12 个县（市）区没有一个子系统发育水平超过均值。

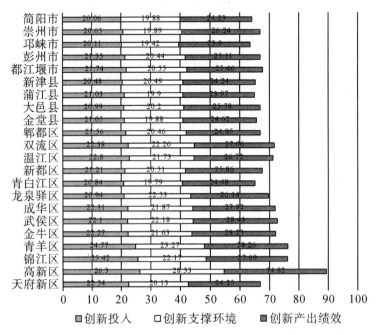

图 3-11 2017 年成都市县（市）区创新子系统发育情况评价结果

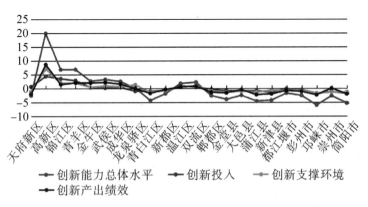

图 3-12 成都市各县（市）区创新能力及子系统与均值的差距

4. 成都市各县（市）区自身整体与三大子系统发展情况相对位次比较

表 3-8 显示，高新区各方面发展均衡，均居第一；青羊区发展也比较均衡；锦江区最弱的是创新产出绩效；金牛区、武侯区创新产出及转化能力强，超过整体水平；龙泉驿区创新投入能力很弱，居中下水平，较整体低 8 个位次；新津县创新支撑环境好，较整体高 6 个位次；崇州市创新产出绩效较高。创新投入能力等于或高于整体水平的有高新区、天府新区、锦江区、温江区、双流区、郫都区、蒲江县、彭州市 11 个县（市）区；创新支撑环境等于或高于整体水平的共有 13 个县（市）区；创新绩效等于或高于自身整体位次的共有 14 个县（市）区。

表 3-8　成都市县域创新能力及内部子系统排位

区域	排位	天府新区	高新区	锦江区	青羊区	金牛区	武侯区	成华区	龙泉驿区	青白江区	新都区	温江区
总体水平	位序	13	1	3	2	5	4	6	9	19	11	8
创新投入	位序	5	1	2	3	8	9	7	17	18	13	4
创新支撑环境	位序	16	1	3	2	6	7	7	10	21	11	8
创新产出绩效	位序	18	1	6	3	4	2	5	10	17	11	8

区域	排位	双流区	郫都区	金堂县	大邑县	蒲江县	新津县	都江堰市	彭州市	邛崃市	崇州市	简阳市
总体水平	位序	7	12	16	12	20	18	10	14	22	15	21
创新投入	位序	6	11	14	16	15	20	10	12	21	19	22
创新支撑环境	位序	5	13	19	15	14	12	10	14	22	18	20
创新产出绩效	位序	7	15	16	6	21	19	13	14	22	9	20

四、成都市县域创新能力空间分布结构特征及功能特点

从现有文献看，学者主要从国家、省级和园区层面研究区域创新能力的空间分布特征，从县（市）区级层面研究区域创新能力的空间分布特征的文献很少。研究空间特点常用聚类分析方法，根据对象不同，聚类分析可分为样本/综合整体（简称"Q 型"）聚类和变量/因子（简称"R 型"）聚类。本书对成都市"20+2"县（市）区的区域综合创新能力评价结果

（综合整体或样本）以及一级指标（变量或因子）分别进行 Q 型、R 型聚类比较分析，了解成都市县域创新能力空间分布特征和各县（市）区区域创新能力整体强弱差距。

（一）成都市县（市）区区域创新能力空间聚类分析

在聚类统计分析过程中，常用快速样本聚类（又称系统聚类）和分层聚类两种方法，本书以表 3-8 的评价结果，应用 SPSS 22.0 统计软件，采取快速样本聚类过程，在默认状态下，分三、四、五类对 22 县（市）区以 Q 型聚类为主、R 型为补充进行聚类比较分析。结果如表 3-9 所示，三、四分组中无论是 Q 型还是 R 型聚类结果都一样，只有分五组类划分 Q 型和 R 型有所变动。在三、四、五类分组中，高新区均独处一类；在四、五类分组中锦江区、青羊区在原有类型中脱颖而出独属一类，并始终在一起；金牛区、成华区、武侯区、双流区和温江区始终在一起；除龙泉驿区外，其他区域在三、四类分组中均聚集在一起，只有在五类划分中再分划为二类，整体讲成都市县（市）区创新能力分类层次明显。各县（市）区创新能力 Q 型和 R 型聚类不同组聚类情况见表 3-9。

表 3-9 成都市各县（市）区区域创新能力不同聚类情况

区域	Q 型聚类			R 型聚类		
	五类	四类	三类	五类	四类	三类
天府新区	1	1	1	1	1	1
高新区	2	2	2	2	2	2
锦江区	3	3	3	3	3	3
青羊区	3	3	3	3	3	3
金牛区	4	4	3	4	4	3
武侯区	4	4	3	4	4	3
成华区	4	4	3	4	4	3
龙泉驿区	4	4	3	5	4	3
青白江区	5	1	1	1	1	1
新都区	1	1	1	1	1	1
温江区	4	4	3	4	4	3
双流区	4	4	3	4	4	3
郫都区	1	1	1	1	1	1
金堂县	5	1	1	1	1	1

表3-9(续)

区域	Q 型聚类			R 型聚类		
	五类	四类	三类	五类	四类	三类
大邑县	1	1	1	1	1	1
蒲江县	5	1	1	1	1	1
新津县	5	1	1	1	1	1
都江堰市	1	1	1	1	1	1
彭州市	1	1	1	1	1	1
邛崃市	5	1	1	1	1	1
崇州市	1	1	1	1	1	1
简阳市	5	1	1	5	1	1

（二）聚类分析结果的微调原则

1. 分类最终选择

从上述分类结果看无论是 Q 型聚类还是 R 型聚类，三类划分与我们传统的认识差距不大。但是近几年，随着创新驱动发展战略和"互联网+"战略的全面启动，双创活动如火如荼地开展，成都市城市空间功能的重塑，以军民融合发展为重点的全面创新改革试验区的建设，经济高质量发展的要求和乡村振兴战略的实施，各县（市）区区域创新的特质有所变化，这在综合分类的五类划分中已表现出来。根据创新的不同功能性特征和未来发展的变化，我们最终选择分为四类。

2. 微调原则

根据成都市各县（市）区未来一段时间的创新驱动发展战略和各县（市）区创新发展的态势，以 Q 型聚类各类变动的情况为主，参考 R 型聚类，结合创新产出及绩效特点并以评价结果"临近上下移动"原则，我们对聚类的结果进一步微调，使其更符合"十四五"乃至更远时期成都市县域创新能力的空间结构演变趋势。

（三）最终分类结果及特点

根据聚类结果、上述原则，最终把成都市各县（市）区划分为四类，见表3-10。

1. 第一类——复合全面创新的极核创新区

无论 Q 型聚类还是 R 型集类，成都高新区都独处一类。同时，成都高新区作为西部首家国家级自主创新示范区和中国（四川）自贸区核心区，创新驱动发展30余年，聚集了大量的科技资源、人力资源，加之成都高新区未来科技城发展空间广阔，是成都甚至西部国际化、现代化的前沿阵地，创新政策制度先行先试，制度创新、技术创新以及管理创新都较强，而且集聚了大体量的高端需求群体，对新产品的需求能力和欲望强，需求拉动创新作用大，并与其他区域创新能力差异巨大，因此我们把成都高新区单独划分为一类，是成都市创新极核和最高创新能级，从创新功能上属于融技术创新、知识创造、制度创新、管理创新等于一体的全面全过程创新核心区。

2. 第二类——以知识创造+技术创新为主的集成创新区

在Q型聚类中，金牛区、武侯区、成华区、温江区、双流区始终聚集在一起，这一类区域知识创造和技术创新能力相对较强，创新绩效也相对较好，从创新功能上看，系知识创造和技术创新复合创新区，我们把这类归为第二类。而锦江区、青羊区在高技术转让、产业化和创新绩效方面优于上述区域而独处一类，但与这些区域在创新资源、创新环境以及创新投入能力上差距不大，我们根据临近可移动原则，将其也归入第二类；龙泉驿区仅在单变量分五类聚集时独处一类，其他情况都与上述区域聚为一类，作为成都东进战略的重要区域，也是天府新区的重要据点，后发优势强，我们把其上移一级，也归入第二类。

3. 第三类——以技术开发应用为主的一般创新区

在Q型聚类中，无论是三类、四类还是五类划分，天府新区、新都区、郫都区、大邑县、都江堰市、彭州市、崇州市都属同一类，这类区域创新投入、环境以及创新产出能力基本相当，以引进技术开发应用为主，我们将这类归为第三类。不过天府新区的后发优势强，未来5到10年可能跃升一级进入第二类；同时，大邑县由于西控和产业功能定位的调整，未来可能要下调一类。

4. 第四类——以引进模仿为主的初级创新区

在Q型五类划分中，简阳市、金堂县、新津县、青白江区、邛崃市、蒲江县聚集在一起，这类区域在知识创造、科技成果转化和产业化方面相对于第三类区域更弱或是以农牧旅游生态区为主，从创新能级上看属于最低能级，以技术引进模仿为主。不过，青白江区作为成都市开放前沿阵地，制度创新优势明显，可上调一类。

5. 分类结果

综上，未来5年，成都市县域创新能力趋势分类为：成都高新区属于第一类，锦江区、青羊区、金牛区、武侯区、成华区、温江区、双流区、龙泉驿区、天府新区属于第二类，新都区、郫都区、都江堰市、彭州市、崇州市、青白江区属于第三类，简阳市、金堂县、蒲江县、新津县、大邑县属于第四类。

表3-10   2017年成都市各县（市）区区域创新能力分类结果及特点

类别	县（市）区	创新功能类别	特点
第一类	成都高新区	技术+知识+制度+组织+管理+市场等复合全面创新	这类区域创新能力强，以技术创新为主，制度创新、创新环境培育等走在前沿，培育起良好的开放式国际创新生态系统
第二类	锦江区、青羊区、金牛区、武侯区、成华区、温江区、双流区、龙泉驿区、天府新区	知识+技术+制度+市场为主的多元化集成创新	这类区域创新能力较强，知识创造、技术创新、制度创新、市场创新以及创新环境方面都各有独自的优势，但某些方面仍存在不足，具有一定的原始创新能力，集成创新能力较强，创新生态系统处于成长发育期
第三类	新都区、郫都区、都江堰市、彭州市、崇州市、青白江区	技术开发+市场+制度为主的一般创新	这类区域创新能力一般，创新主体主要是企业，知识创造能力较弱，创新绩效和创新环境一般，具有一定的集成创新能力，模仿创新能力较强，创新系统正向创新生态系统转型
第四类	简阳市、金堂县、蒲江县、新津县、大邑县	技术模仿+市场+资源加工利用为主的初级创新	这类县（市）区最大的特征是自然资源优势比较突出，技术开发运用能力明显很弱，以技术改造为主，具有一定的模仿创新行为，创新能力很弱，还处于创新系统培育阶段

第五节　成都市县域创新发展变动趋势分析

一、区域创新能力变动趋势研究综述

近年来，区域间创新能力的变动趋势研究受到了较大关注。大部分学者以专利的相、绝对指标空间分布的变动趋势为研究对象，以省市行政空间为主，并形成两大派系：一派是李志刚（2006）、沈能（2009）、魏守华等（2011），他们认为我国区域创新能力空间变动具有趋异性，即创新能

力进一步向少数省份集聚，非平衡特征更加突出；另一派是姜磊等（2011）① 研究长三角区域创新能力时发现先进地区与落后地区创新能力具有 σ 趋同性。总的来说，学者普遍认同，区域创新能力具有在特定地区聚集的空间分布特征，并客观存在差异性，邻近的区域创新能力具有趋同性、非邻近区域的差异将进一步拉大。造成该状况的主要原因是，人力资本、经济发展水平、研发投入、知识溢出以及地理空间邻近效应等（李文博，2008；魏守华 等，2011；罗发友，2004）。县域作为我国经济发展的基本行政单元，是打通以科技创新为核心的全面创新的"神经末梢"，也是集聚创新活动的适宜空间尺度。已有研究表明，能够产生创新集聚效应的空间尺度远远小于省级甚至市级行政区尺度，因此，研究县域空间尺度的创新问题具有重要意义。在收集的文献中，没有文献对成都市县域创新能力的差异变动进行研究。成都市由于特殊的国家战略布局、地理空间差异，各县域创新能力差异是客观存在的。那么这种差异随着时间推移是呈现扩大的态势还是倾向于趋同，非常具有研究价值，也有现实意义。

二、成都市县域经济创新趋同性研究方法选择及结果分析

趋同理论可以测算创新能力弱的地区是否能追赶上创新能力强的地区，有利于指导区域创新协同发展。在趋同理论中，主要有三种趋同概念，分别是 σ 趋同、绝对 β 趋同和条件 β 趋同。σ 趋同一般用区域间创新能力的变异系数、基尼系数或泰尔系数、赫芬达尔-赫希曼指数（简称"赫芬达尔指数"）等衡量。若区域间存在 σ 趋同，表明不同创新水平下创新能力越来越接近，差距逐渐缩小。绝对 β 趋同考察的是区域创新增长率的趋同，绝对 β 趋同认为所有的地区最终将趋同于同一个稳态。而条件 β 趋同由于考虑了地区间的异质性，认为每个地区都将趋同于自身的稳态，而离自身稳态越远则趋同速度越快②。在创新具有空间聚集特征的前置条件下，笔者认为 σ 趋同和条件 β 趋同更具有现实意义。本书选择 σ 趋同研究成都市内部县域创新活动是否存在趋同现象，若不成立那么将以条件 β 趋同方式存在，即不同小生境（小世界）创新区域存在自身稳态。

---

① 姜磊，季民河. 城市化、区域创新集群与空间知识溢：基于空间计量经济学模型的实证 [J]. 软科学，2011，25（12）：86-90.

② 姜磊，季民河. 长三角区域创新趋同研究：基于专利指标 [J]. 科学管理研究，2011，29（3）：1-4.

三、成都市县域创新能力变动 σ 趋同分析

（一）变量选取、数据来源及方法选择

1. 变量选取

从历年的研究文献中可以看出，以往学者研究区域创新能力的变动趋势，主要以专利（包括申请或授权）这一单独指标来考察区域创新能力变动趋势。这种研究不全面，仅表达了区域的知识创造能力，远没有反映出区域创新能力的全过程性。不可否认区域创新能力的内涵是动态的，在当今创新生活化、常态化和生态化背景下，特别是习近平总书记在 2015 年两会上把生态文明建设放在与经济同等重要的战略地位，随着创新价值链分工不断细化，区域创新是一个包括知识创造、开发设计运用以及产业化扩散的全过程价值链，研发设计也形成产业价值链。因此，根据区域创新能力的全面性、全过程性、生态性以及成都市县域特点，本书基于创新的全面性和全过程性，选择专利授权、技术输出、高技术产业产值、高技术服务业、新产品销售收入以及单位 GDP 能耗六项指标考察成都市各县（市）区不同创新链节点的创新能力变动趋势，以全面反映成都市各县（市）区创新能力变动的特点。由于无法从公开的资料查到各县的单位 GDP 能耗，这里只选择前五项。

2. 数据来源

从 2013 年我国实施创新驱动发展战略以来，成都市各县（区）创新能力提升发生了较大变化，创新的变动趋势特征日益明显，因此选择 2013—2021 年为样本期，数据来源于《成都市统计年鉴》《成都科技创新创业监测动态》（2015—2021 年）、《成都科技创新驱动产业发展动态》（2014）（这里仅包括 21 个县市，不含简阳市、东部新区）。

3. 方法选择

我们应用变异系数（简写"CV"）和赫芬达尔-赫希曼指数（简写"HHI"）两种方法来检验成都市各县（市）区不同创新价值链节点的创新能力差异是否存在 σ 趋同。

（二）结论及分析

1. 计算结果

运用 Excel，计算出成都市各县域 2013—2021 年不同创新价值链节点创新能力变动趋势结果，见表 3-11。

表 3-11 2013—2021 年成都市各县域不同创新价值链节点创新能力 α 趋同分析

指标	方法	2013年	2014年	2015年	2016年	2017年	2018年	2020年	2021年
专利授权数	CV	1.136	1.141	1.304	1.183	1.177	1.248	1.135	1.069
	HHI	0.116	0.110	0.129	0.114	0.106	0.122	0.111	0.095
技术输出额	CV	2.061	1.787	2.101	2.546	2.191	—	2.070	1.874
	HHI	0.279	0.202	0.260	0.342	0.256	—	0.254	0.217
高技术产业产值	CV	2.187	2.235	2.257	2.018	1.972	1.943	1.996	2.029
	HHI	0.275	0.274	0.279	0.232	0.224	0.219	0.218	0.224
高技术服务业营业收入	CV	1.694	1.784	1.901	1.984	2.006	2.315	—	—
	HHI	0.178	0.192	0.212	0.226	0.230	0.291	—	—
新产品销售收入	CV	—	—	1.271	1.269	1.155	—	—	—
	HHI	—	—	0.121	0.121	0.108	—	—	—

注:"—"表示缺数据,但不影响整体结论。

2. 结论分析

表 3-11 显示,在选择的样本期(2013—2021 年)内,成都市各县(市)区高技术产业产值和新产品销售收入无论是 CV 还是 HHI 均随着时间推移而持续下降,说明各县(市)区都十分重视创新驱动产业转型升级发展并不断优化产业结构,区域间产业创新能力趋同性明显。而高技术服务业营业收入 CV 和 HHI 则是随时间逐渐上升,并有持续上升的趋势,可见高技术服务业发展更加集中,区域间的高技术服务业发展水平不平衡特征(趋异性)进一步加剧。同时,专利授权数量(2013—2021 年)有逐渐下降趋势,但降幅很小,而且 2013 年与 2020 年基本相近,有一种趋于稳态的趋势,说明落后地区知识创造能力增强甚微;不过新型冠状病毒感染疫情后,这种平衡被打破,2021 年大幅下降,说明后发区域知识创造能力明显增强。

3. 小结

综上,成都市各县(市)区区域创新能力不具有整体明显的趋同性,至少存在 2 个创新极自稳态系统,与我们研究的空间分布特征和各区域所处不同阶段是一致的。在实施创新驱动产业发展时应采取差异化策略,同时应进一步加快区域协同创新发展速度,促进创新成果加速扩散,推动各区域协调创新高质量发展。

第六节　成都市县域经济发展所处阶段研判

创新驱动经济高质量发展战略路径选择取决于对区域经济发展阶段的正确评估。整体上，成都市各县（市）区正处于创新驱动发展和创新驱动转型阶段，少数迈入财富驱动发展初期阶段。

一、区域发展演化轨迹（阶段）研究

（一）区域经济发展阶段研判研究演进

研究区域经济发展演化轨迹（阶段）的文献很多，可追溯到20世纪20年代，以罗斯托、钱纳里、霍夫曼、库兹涅茨等为代表的西方经济学者从经济结构、经济总量和经济综合三个不同角度对经济发展阶段划分进行了一系列的探索。最终，钱纳里以人均GDP为标准把一个国家或区域经济发展划分为初级产品阶段、工业化阶段以及发达经济阶段三个阶段，得到国际社会普遍认可并被广泛应用。不过，钱纳里主要是基于经济发展结果划分的，经济发展驱动力不明显。迈克尔·波特基于驱动力视角，把经济发展周期历经的阶段划分为要素驱动、投资驱动、创新驱动、财富驱动四个阶段，并成为以驱动力为标准划分经济发展阶段的标杆。魏进平（2008）[1] 基于区域创新系统驱动力视角将经济发展阶段划分为要素驱动、质量驱动、创新驱动、网络驱动四阶段值得借鉴，但指标特征不突出。总之，基于驱动力视角研究经济发展所处阶段的成果很少。蓝乐琴等（2019）[2] 基于要素的演化视角把创新驱动经济发展分为创新驱动经济初级发展（自然资源要素为主）、创新驱动经济资本发展（以资本为主）以及创新驱动经济高级发展（技术、知识、信息等要素为主）三阶段，并从"机会窗口"理论的视角探讨了中国区域创新驱动经济发展战略选择，最后提出了创新驱动经济高级发展的实现路径，其根本是由迈克尔·波特的经济四阶段理论思想演化而来的。

---

① 魏进平. 基于区域创新系统的经济发展阶段划分与定量：以河北省为例 [J]. 科学学与科学技术管，2008（8）：198-200.

② 蓝乐琴，黄让. 创新驱动经济高质量发展的机理与实现路径 [J]. 科学管理研究，2019（12）：11-17.

（二）波特国家（区域）经济发展四阶段理论及特点

基于研究特点及需要，本书以迈克尔·波特的国家经济发展四阶段理论作为成都市县域经济发展阶段研判和培育的主要依据之一。需要指出的是，一个国家或区域并不必然每一阶段依次向前发展，并且每个阶段具有不同的优势集聚动力机制；同时，每进入一个新阶段，经济发展常有一个跃升期，随后则是较长时期的混沌变革期。这是因为产业集群内部与产业集群之间的钻石（网络）体系，需要时间进行互动产生新功能。各阶段具体特点如下[①]：

1. 要素驱动阶段特点

区域开始成长，其发展目标是实现发展成本最小化。产业成功基本依赖生产要素，包括天然资源、自然条件以及廉价的一般劳动力。这个阶段，本地企业基本没有能力创造技术，必须依靠引进和模仿外国（区外）的经验和技术，以内需为主，驱动它发展的动力是地方政府的保护措施。

2. 投资驱动阶段特点

区域以投资促进产业发展为主，目标是提高市场占有率和扩大市场边界。无论是政府还是企业都有积极投资的意愿和能力，这个阶段企业主要投资兴建现代化、高效率与大规模的机器设备与厂房，并努力在全球市场上取得最佳的技术，企业具有吸收并改良外国技术的能力，是突破生产要素导向阶段，迈向投资阶段的关键期，市场创新明显。这个阶段的政策讲求效率，决策流程强调纪律、果断和长期规划。政府对企业的保护措施是暂时性的，目的在于刺激产业创新。

3. 创新驱动阶段特点

以技术创新为主的全面创新驱动阶段，区域成为创新型区域，生产效率最大化成为发展目标。进入创新驱动全面发展阶段的区域具有如下显著特点：①本土企业在产品、流程技术、市场营销方面接近精致化、专业化，企业全球化战略成为常态，企业社会责任感明显增强；②产业集群纵深发展，形成网状结构或完整的钻石体系，集群自我强化的功能形成，抗风险能力较强，开始出现世界级的支持性产业；③产业内生性发展机制形成，产学研结合紧密，更高级的基础建设、研究机构与更具水平的大学体系形成，这些新机制不但保持自我强化状态并创造了高能级且专业化的生产要素，创新创业活跃，技术和产品差异化成为竞争焦点；④历史文化传

---

① 波特. 国家竞争优势［M］. 李明轩，邱如美，译. 2版. 北京：中信出版社，2012：64-91.

统特色也在特定的产业和产业环节中出现；⑤服务业走向国际化；⑥政府以间接干预为主，这是判断一个区域是否进入创新驱动发展阶段的关键要件。

4. 财富驱动阶段特点

从发达国家或区域的兴衰及产业更替规律看，在这一阶段，国家或区域的目标与过去不同，重心是实现社会价值最大化，强调社会公平，凸显个人价值，注重公共服务、教育、生态、文化、金融、奢侈品等行业或领域创新，除美国、日本、德国、韩国、以色列等外，以制造工业为主的持续投资和技术创新行动普遍减弱，技术锁定效应明显，企业和个人普遍缺乏创新冲劲和冒险精神。一般地，一个国家一旦进入财富驱动阶段，按照传统的三次产业发展规律，弱化支撑就业和现代服务业的制造工业创新投入引致经济下滑成为必然趋势，循环进入更高级的要素驱动阶段、投资驱动阶段、创新驱动阶段等，推动经济发展螺旋上升。要想维持更长久的经济增长时间，需要改变政策，打破惯性，甚至大幅改变社会，居安思危、不断革新，才可能持续发展。如以色列在进入财富驱动阶段后，仍不断创新，研发投入强度持续保持在4%以上。

二、经济发展不同阶段的门槛值研判

（一）以人均 GDP 为核心的经济发展阶段划分标准

经济是一个复杂的巨系统，而对其发展阶段的划分则需要尽可能简化度量指标，同时覆盖尽可能多的信息。自20世纪中叶以来，许多经济学家从消费、储蓄、投资、税收、工业化以及人口增长等诸多角度划分经济发展阶段，但其结果可比性却十分有限。到20世纪70年代，钱纳里以人均 GDP 作为判断经济发展阶段的标准被世界银行等国际和区域性组织广泛使用。主要是因为人均 GDP 指标很大程度上反映了一个国家或地区的总体财富水平，具有极为丰富的内涵，能够有效、准确地反映经济发展阶段的基本特征。当然，任何一种研究方法都存在其合理性与片面性，人均 GDP 为研究者提供了认识和把握经济发展总体规律的最优途径。由于划分标准值是20世纪70年代的，为更精准反映不同时期经济发展阶段的门槛值，笔者十分认同齐元静等学者（2013）[①] 的观点，用购买力平衡转换因子推演。本书依据钱纳里的标准，以齐元静等学者（2013）推演到2010年的数据

---

① 齐元静，杨宇，金凤君. 中国经济发展阶段及其时空格局演变特征 [J]. 地理学报，2013（4）：517-531.

为基础，推演到 2020 年，以 2010 年至 2020 年中国居民消费价格指数为依据，计算出 2010 年至 2020 年的物价增长指数为 128%，再利用 2020 年美元兑人民币汇率 6.897 5%，换算为人民币，具体结果见表 3-12。

表 3-12 钱纳里经济发展阶段门槛标准值及推演

经济发展阶段划分		不同年代对应门槛标准值			
		1970 年★ /美元	2010 年▲ /美元	2020 年● /美元	2020 年● /元
第 I 阶段	初级产品 生产阶段 I	100~140	560~790	716~1 011	4 944~6 975
	初级产品 生产阶段 II	140~280	790~1 570	1 011~2 009	6 975~13 861
第 II 阶段	工业化初期	280~560	1 570~3 150	2 009~4 032	13 861~27 811
	工业化中期	560~1 120	3 150~6 300	4 032~8 064	27 811~55 622
	工业化后期	1 120~2 100	6 300~11 810	8 064~15 116	55 622~10 427
第 III 阶段	发达初期	2 100~3 360	11 810~18 900	15 116~24 192	104 273~166 869

注：★是指钱纳里推算出的标准值；▲是齐元静等学者推演到 2010 年的标准值；●是笔者推演到 2020 年的标准值。

（二）以 R&D 为核心的经济发展阶段划分标准

创新是任何时代都存在的，但要使创新成为主要的驱动力，则要受一些条件约束或达到一定的标准，即"创新驱动"的门槛值。关于"创新驱动"的门槛值学界几乎很少关注。联合国对一些发达国家经济社会发展的历程研究表明：当一个国家或地区的人均 GDP 处于 5 000~10 000 美元（3 万~6 万元）之间，全社会的研发投入强度达到 2% 时，国民经济开始具备相当实力，创新进入活跃期，发展进入转型升级期，这也是一个国家或地区现代化进程中的关键时期[①]。从世界创新型发达国家 2016—2020 年全社会研发投入强度看，基本在 2%~5% 区间，而维持财富驱动发展的研发投入强度基本在 2.5% 及以上，美国、日本、德国及瑞典等国则持续保持在 3.0% 左右，以色列、韩国甚至高达 4%。显然，人均 GDP 是经济发展水平结果表征值，研发投入强度是一个国家或地区实施科技创新驱动经

---

① 佚名. 无锡引进和培育创新型经济领军人才的思路与对策研究 [EB/OL]. (2011-03-04) [2022-10-08]. http://www.wxskw.com/Article/ShowA rticle.asp? ArticleID=253.

济发展努力程度的有力证明，研发强度达到 2% 是维持一个国家或地区的创新驱动发展的基本门槛值。而且从进入创新驱动发展阶段的国家来看，当一个区域迈入创新驱动门槛后，经济发展动力发生质的飞跃，将以资源节约和环境友好为前提，以知识和人才为核心要素，以创新为主要推动力，以发展拥有自主知识产权的新技术和新产品为重点，以创新产业为标志，持续、均衡、全面发展经济。

（三）以 R&D 投入强度和人均 GDP 双螺旋为经济发展阶段划分标准

创新简明地说就是创造出使用价值。根据国内外研究及经验，以创新全过程为理论支撑，我们认为研发投入强度是基础和前提，但要正确认识两个结论相反的情况。一方面研发投入强的区域，创新能力不一定强，创新驱动经济发展质量也不一定高，即研发投入的绩效仅停留在研发层面，而没有深入转化和产业化，创新的价值就不能充分体现出来，"瑞士悖论"说明了这一点。另一方面，有些区域研发活动不强但非研发创新活动一样十分活跃。德国工业 4.0 以及其他发达国家和地区的经验表明，非研发创新活动或低密集技术产业一样具有很强的创新能力，如组织创新、营销创新、管理创新、模仿创新等。因此，我们选择 R&D 投入强度和人均 GDP 分别表征经济发展中的动力和发展结果两个指标，以判断经济发展所处阶段，借鉴钱纳里划分标准和波特划分标准，根据我国现阶段创新驱动发展战略、经济高质量发展以及共同富裕的实践逻辑，本书把区域经济发展划分为 6 个阶段：要素驱动阶段、投资驱动阶段（产业驱动）、创新驱动转型阶段、创新驱动阶段、财富驱动转型阶段、财富驱动阶段，各阶段的门槛值标准见表 3-13。

表 3-13　创新视角下经济发展阶段划分及门槛值

指标	要素驱动阶段	投资驱动阶段	创新驱动转型阶段	创新驱动阶段	财富驱动转型阶段	财富驱动阶段
人均 GDP/万元	≤2.8	>2.8~5.5	>5.5~10.5	>10.5~16.5	>16.5~25.0	>25.0
R&D 投入强度/%	≤0.50	>0.5~1	>1~2	>2	≥2.5	≥3

三、创新视角下成都市县域经济发展所处阶段研判

（一）初步研判

根据《成都科技创新创业监测动态》（2021）以及《成都统计年鉴》

（2021），整理出成都市各县域 2020 年人均 GDP 及研发投入强度指标值，得出成都市各县（市）区经济发展所处阶段的基本判断，见表 3-14。

表 3-14 2020 年成都市县域经济所处阶段实际值及判定结果

区域	人均 GDP		研发投入强度	
	值/万元	所处阶段	值/%	所处阶段
成都市	9.58	创新驱动转型阶段	3.11	财富驱动阶段
天府新区	6.96	创新驱动转型阶段	0.89	投资驱动阶段
高新区	22.27	财富驱动转型阶段	5.87	财富驱动阶段
锦江区	13.96	创新驱动阶段	0.98	投资驱动阶段
青羊区	15.22	创新驱动阶段	5.13	财富驱动阶段
金牛区	11.64	创新驱动阶段	4.12	财富驱动阶段
武侯区	11.26	创新驱动阶段	4.24	财富驱动阶段
成华区	9.21	创新驱动转型阶段	3.27	财富驱动阶段
龙泉驿区	11.18	创新驱动阶段	2.34	创新驱动阶段
青白江区	12.65	创新驱动阶段	1.13	创新驱动转型阶段
新都区	6.42	创新驱动转型阶段	2.24	创新驱动阶段
温江区	7.11	创新驱动转型阶段	2.96	财富驱动转型阶段
双流区	7.71	创新驱动转型阶段	5.06	财富驱动阶段
郫都区	5.21	投资驱动阶段	3.66	财富驱动阶段
新津区	12.22	创新驱动阶段	1.50	创新驱动转型阶段
简阳市	5.55	创新驱动转型阶段	0.64	投资驱动阶段
都江堰市	6.82	创新驱动转型阶段	0.41	要素驱动阶段
彭州市	7.71	创新驱动转型阶段	1.09	创新驱动转型阶段
邛崃市	6.41	创新驱动转型阶段	0.99	投资驱动阶段
崇州市	6.02	创新驱动转型阶段	1.03	创新驱动转型阶段
金堂县	6.55	创新驱动转型阶段	0.57	投资驱动阶段
大邑县	6.15	创新驱动转型阶段	1.14	创新驱动转型阶段
蒲江县	7.98	创新驱动转型阶段	0.69	投资驱动阶段

（二）成都市各县域经济发展所处阶段及特点

成都市各县（市）区经济发展所处阶段不同指标判断结果见表3-15，具有以下特点：

1. 以人均GDP为标准的经济发展阶段，形成"0+1+7+13+1"的分布格局

表3-15结果显示，除郫都区外，成都市其他县（市）区都进入创新驱动转型及以上阶段，其中：财富驱动转型阶段仅成都高新区1个，创新驱动阶段有7个县（市）区，创新驱动转型阶段有13个县（市）区，投资驱动阶段仅郫都区1个，形成"0+1+7+13+1"的以创新驱动转型和创新驱动两个发展阶段为主的县域分布特点。

2. 以全社会R&D投入强度为标准的经济发展阶段，形成"7+1+2+5+6+1"分布格局

表3-15结果显示，以研发投入强度划分，成都市县域处于财富驱动阶段的高达7个县（市）区，包括高新区、青羊区、金牛区、武侯区、双流区、成华区、郫都区；温江区进入财富驱动转型阶段；处于创新驱动阶段的有2个县（市）区；创新驱动转型阶段5个县（市）区；投资驱动阶段也有6个县（市）区；要素驱动阶段仅都江堰市1个，形成"7+1+2+5+6+1"的以财富驱动、创新驱动转型以及投资驱动三个发展阶段为主的县域分布特点。整体讲，成都市各县（市）区R&D投入强度差异大，并呈梯次相对均衡分布。

3. 两项指标处于同一阶段的县（市）区少

两项指标均处于同一阶段的只有4个县（市）区，龙泉驿区（创新驱动阶段），彭州市、崇州市、大邑县（创新驱动转型阶段），说明这些地区创新创造活动与本地经济紧密相关，创新驱动经济发展协调、绩效显著。另外，高新区两项指标仅差了一个进阶，从绝对值看，差异不大，创新驱动经济发展比较协调，基本可以划定两项指标处于同一阶段。

4. 两项指标区域经济发展处于不同阶段成为主流

一是以R&D指标判断的县（市）区经济发展阶段高于以人均GDP判断的阶段。这些区域的特点是知识创造创新活动与本地产业发展不匹配或科技成果赋能本土企业、产业、经济不够，甚至是本土企业创新能力弱，无法吸纳或转化大学科研机构创造的成果。如新都区，西南石油大学科研成果与本地经济的关联度不大或不能被充分利用。这类区域包括青羊区、

金牛区、武侯区、成华区、双流区、郫都区、新都区、温江区8个县（市）区。这些区域要加快成果转移转化和产业化进度并提高研发投入产出效率。二是以人均 GDP 指标判断的县（市）区经济发展阶段高于以R&D 指标判断的阶段。这些县（市）区的特点是属于非研发创新活动活跃区或低技术密集产业区，这些区域经济发展所处阶段不能以 R&D 指标判断，如果不是自然资源区，可以用人均 GDP 指标判断所处阶段。这些县（市）区包括锦江区、青白江区、金堂县、简阳市、天府新区、新津区、蒲江县、邛崃市、都江堰市9个县（市）区。

综上，成都市县域从全社会 R&D 投入强度判断，迈入创新驱动及以上阶段的共11个县（市）区，恰好占一半；从人均 GDP 看，支撑迈入创新驱动及以上阶段的共有8个县（市）区，说明成都市县域较重视研发投入，但创新成果产业化和商业化仍不足，有待加强。

表 3-15　成都市县域经济发展不同指标所处阶段及特点

人均 GDP		研发投入强度	
阶段	区域	阶段	区域
财富驱动阶段		财富驱动阶段	高新区、青羊区、金牛区、武侯区、双流区、郫都区、成华区
财富驱动转型阶段	高新区	财富驱动转型阶段	温江区
创新驱动阶段	锦江区、青羊区、金牛区、武侯区、龙泉驿区、新津区、青白江区	创新驱动阶段	龙泉驿区、新都区
创新驱动转型阶段	天府新区、新都区、温江区、都江堰市、成华区、双流区、彭州市、邛崃市、崇州市、金堂县、大邑县、蒲江县、简阳市	创新驱动转型阶段	青白江区、新津区、彭州市、崇州市、大邑县
投资驱动阶段	郫都区	投资驱动阶段	金堂县、蒲江县、邛崃市、简阳市、天府新区、锦江区
要素驱动阶段		要素驱动阶段	都江堰市

（三）成都市各县（市）区经济发展所处阶段修正结果

本书以人均 GDP 作为经济发展阶段的核心判断指标，以 R&D 作为经济发展阶段活动要素的必要修正指标，同时考虑邻近原则，如指标处于跃升临界点，我们根据 R&D 指标的强弱看是否跃迁升级，各县域经济发展所处阶段见表 3-16。

表 3-16　成都市各县（市）区经济发展所处阶段研判结果

经济发展所处阶段	财富驱动转型阶段	创新驱动阶段	创新驱动转型阶段	投资驱动阶段
区域	高新区	锦江区、青羊区、金牛区、武侯区、龙泉驿区、成华区、双流区、温江区、青白江区	天府新区、新都区、彭州市、崇州市、郫都区、新津区、金堂县、大邑县	蒲江县、邛崃市、简阳市、都江堰市

结果显示，仅成都高新区跨入财富驱动转型阶段，9 个县（市）区处于创新驱动阶段，8 个县（市）区处于创新驱动转型阶段，4 个县（市）区还处于投资驱动阶段。整体讲，成都市县域经济发展实力不强、质量不高。正如 2021 年 11 月中国中小城市高质量发展指数研究课题组、国信中小城市指数研究院联合发布的《2021 年中国中小城市高质量发展指数研究成果》显示，全国科技创新百强县市成都市没有一个县入围；全国综合实力百强县市成都市也没有入围。未来 10 年成都市必须进一步大力实施县域全面创新驱动发展战略，强化科技与经济、产业链与创新链深度融合发展，着力提高经济高质量发展与共同富裕能力和水平。

第四章 共同富裕视角下成都市创新驱动县域经济高质量发展实践

第一节 研究概述

成都近十年发展之快是有目共睹的，人口大量涌入，经济持续增长，国际城市评级快速提升，是一个来了就不想走的城市，是一个有浪漫情怀、诗意栖居的山水公园城市，是一个房价与工资匹配、安逸巴适时尚且充满人间烟火气的国际消费城市，多年斩获中国最幸福城市称号。同时，成都更是一个开放、勇于创新的城市，作为西南地区唯一副省级城市和特大城市，不仅是国家重要的高新技术产业基地、商贸物流中心和综合交通枢纽，更是国家城乡统筹发展策源地和全国八个全面创新改革发展试验区之一的核心区，正努力打造成国家中心城市、践行新发展理念的公园城市以及全国高质量发展的重要增长极。

2021年成都市专利授权8.84万件，是2012年的2.72倍，年均复合增长率为11.75%；人均GDP为93 983元，是2012年（57 049元）的1.65倍，年均复合增长率为5.70%；单位GDP能耗为0.357 3吨标准煤/万元，较2012年减少0.190 7吨标准煤/万元，下降了35%；全体居民人均可支配收入45 755元，比2012年增长1.10倍，年均复合增长8.6%；城乡居民人均收入比1.81，较2012年下降了0.55；居民人均消费支出28 327元，是2012年的1.80倍。

成都市的巨大变化，与成都市长期强化创新、绿色、共享，注重经济整体、协调和系统高质量发展理念紧密相关。特别是党的十八大以来，政府通过实施创新驱动战略推动经济高质量发展，促进居民共同富裕、幸福生活富有成效，在新型冠状病毒感染疫情席卷全球期间，成都市仍保持持续快速增长。本章主要描述、比较分析和总结成都市共同富裕目标下创新驱动县域经济高质量发展的基本情况、政府作为、取得的成效、存在的主要问题和障碍，为后文的战略路径选择及政策建议提供针对性问题导向支持和决策依据。

第二节　成都市县域经济社会基本概况及特点

一、成都市县域行政区划、地理空间、人口分布特点

（一）行政区域范围

新中国成立后，成都市行政辖区几经调整并逐步扩大，特别是在扩权强县、拆县设区以及托管等经济区与行政区适度分离的制度改革变迁中，截至 2020 年年底，成都市辖锦江、青羊、金牛、武侯、成华、龙泉驿、青白江、新都、温江、双流、郫都、新津 12 个区，简阳、都江堰、彭州、邛崃、崇州 5 个县级市，金堂、大邑、蒲江 3 个县，共计 20 个行政区划单元。另外，还设有在管理和统计上单列的 3 个经济区，分别是成都高新区国家自主创新示范区、国家级新区——四川天府新区成都直管区（2014 年 10 月 2 日被国务院认定为国家级新区）以及成都东部新区（2020 年 4 月 28 日，四川省人民政府同意设立）。

（二）空间结构演化

成都市国土空间结构从 20 世纪 50 年代，经城区和郊区划分、一二三圈层结构划分，如今回归到中心城区和郊区新城划分的空间结构，全市面积为 14 335 平方千米。2021 年 5 月 27 日成都市第七次全国人口普查公报（第二号）指出，成都市中心城区扩大为锦江区、青羊区、金牛区、武侯区、成华区、新都区、郫都区、温江区、双流区、龙泉驿区、青白江区、新津区 12 个行政区和成都高新、四川天府新区成都直管区 2 个经济功能区；郊区新城包括 3 个县、5 个县级市以及 1 个东部新区，形成中心城区（"12+2"）+郊区新城（"8+1"）格局。其中，中心城区是成都市、四川省乃至整个西部经济最发达、商贸最繁华、科技最领先的城区集合体。

（三）成都市及县域人口地理空间分布特点①

1. 成都市人口总体特点

人力资源是生产力发展第一资源，成都市七普常住人口首次突破 2 000 万达 2 093.78 万人（含简阳市），较六普时期增加 581.89 万人，年平均复合增长率为 3.31%，居历次普查之首，成为全国第 4 个人口超级大都市，充分彰显了成都市强大的人口吸引力。其中，年龄结构 0～14 岁占比 13.28%、15～59 岁占比 68.74%、60 岁及以上占比 17.98%（其中 65 岁及以上占比 13.62%），是一个人口老龄化相对比较严重的城市，但从成都市"十四五"人均预期寿命 81.52 岁和国际劳动力 65 岁退休的实际看，成都人口结构处于相对合理区间。另外，成都市人口素质不断提升，七普显示常住人口中大专及以上文化程度的比重达到 25.58%，远高于全省（13.27%）、全国（15.47%）平均水平，较六普（15.71%）增加了近 10 个百分点，为成都市推动高质量发展提供强有力的人才资源支撑②。

2. 各县（市）区常住人口总量及聚集度

成都市各县（市）区及 3 个经济区中常住人口及密度（七普数），如图 4-1 所示，常住人口超过 100 万人口的共有 8 个，较六普时期增加了 6 个县区，其中，新都区人口最多超过 150 万人；50 万～100 万人之间的县（市）区共有 11 个，30 万～50 万人之间的县（市）区有 3 个，只有 1 个县（市）区少于 30 万人。常住人口居前五位的县（市）区依次是新都区、双流区、郫都区、成华区、龙泉驿区，分别占全市总人口的 7.44%、7%、6.64%、6.6%、6.43%；但人口密度最大、居前五位的是五城区。

3. 中心城区与郊区新城人口演变特点

十年间，成都中心城区不断扩大，常住人口达 1 541.94 万人，占全市总人口的 73.64%，较六普提高 8.19 个百分点，逐步形成"中心城区+郊区新城"的空间布局，促进了人才资源要素的高速流动，提高了中心城区的外溢效率和辐射带动能力，提升了成都人口生活就业的承载能力。

---

① 参见成都市第七次全国人口普查领导小组办公室. 成都市第七次全国人口普查公报（第二号）（Z/OL）. 成都市统计局（2021-05-27）［2022-02-03］. http://gk.chengdu.gov.cn/uploadfiles/070332020803/2021052715232404.pdf.

② 佚名. 成都人口发展新特征新趋势［R/OL］. 成都市统计信息公众网，（2021-05-27）［2022-01-12］. http://222.210.127.224/htm/detail_385112.html.

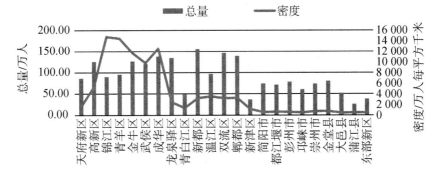

图 4-1　七普成都市县域人口总量分布及密度

二、成都市县域经济发展特点

（一）成都市经济活动单位空间分布

经济活动单元是创新与经济高质量发展活动的基本组织形式。《成都市第四次全国经济普查公报（第七号）——分区域单位和从业人员情况（2018 年底）》①显示，成都市共有产业活动单元 36.67 万个，按成都市东西南北中区域分布，东进区域拥有产业活动单位 2.48 万个，占 6.8%；西控区域 5.63 万个，占 15.3%；南拓区域 1.23 万个，占 3.4%；北改区域 1.26 万个，占 3.4%；中优区域 26.07 万个，占 71.1%，显然，中优区域占成都市产业活动主体三分之二强，是经济活动高密度区域。

（二）各县（市）区三次产业结构特点

2020 年成都市三次产业结构为 3.75∶30.38∶65.87，整体处于第三产业占主导地位，第二产业支撑的后工业时代。各县（市）区中，龙泉驿区、彭州市、崇州市以及邛崃市 4 个县（市）区第二产业占主导地位，其中龙泉驿区第二产业高达 62.27%，其他县域都是第三产业占主导地位。5 大主城区（除成华区外）第三产业占比均超过 80%，锦江区高达 88.84%，天府新区占比也接近 80%。第一产业超过 10% 的县（市）区主要集中在郊区新城特别是西控区域，邛崃市最高达 18.81%，新津区居第二位达 16.38%。成都高新区产业结构特点与成都市整体基本相近，详见表 4-1。

---

①　成都市人民政府第四次全国经济普查领导小组办公室. 成都市第四次全国经济普查公报（第七号）：分区域单位和从业人员情况［R/OL］. 成都市统计局，（2020-03-31）［2022-05-07］. http://gk.chengdu.gov.cn/govInfo/detail.action？id＝2597484&tn＝2.

表 4-1 2020 年成都市及各县（市）区产业结构

单位:%

区域	第一产业	第二产业	第三产业	区域	第一产业	第二产业	第三产业
成都市	3.75	30.38	65.87	双流区	2.95	33.04	64
天府新区	4.49	16.4	79.1	郫都区	3.55	34.65	61.79
高新区	0.86	32.89	66.25	新津区	16.38	38.54	45.08
锦江区	0.01	11.15	88.84	简阳市	6.67	20.39	72.94
青羊区	0.01	13.86	86.13	都江堰市	15.1	33.12	51.78
金牛区	0.01	18.91	81.08	彭州市	10.58	51.32	38.09
武侯区	0	14.87	85.13	邛崃市	18.81	41.13	40.06
成华区	3.2	28.57	68.23	崇州市	11.73	47.04	41.23
龙泉驿区	1.42	62.27	36.3	金堂县	5.35	38.75	55.9
青白江区	6.6	30.37	63.03	大邑县	15.83	38.61	45.55
新都区	2.64	31.33	66.02	蒲江县	14.09	34.35	51.57
温江区	2.98	37.4	59.62				

注：数据由成都市各县（市）区 2020 年统计公报及统计年鉴整理而得。

（三）经济体量规模悬殊，高新区一股独大

2021 年成都市 GDP 首次突破 20 000 亿元达 20 038 亿元。其中，超过千亿元的共有 9 个县（市）区，高新区体量最大超过 2 000 亿元达 2 800 亿元；其次是龙泉驿区 1 500 亿元；五城区相差不大，金牛区略胜一筹，锦江区相对最低；新都区刚站上千亿元台阶。各县（市）区 GDP 贡献率如图 4-2 所示，高新区贡献率最大为 13.46%，其次是龙泉驿区为 7.60%，五城区发展相对均衡，在（6%，8%）区间；中心城区占 82%，郊区新城贡献率为 18%。

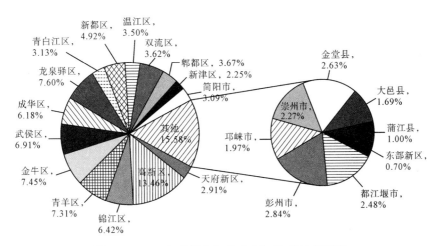

图 4-2　2021 年成都市各县（市）区 GDP 贡献率

（四）人均 GDP 量梯次分布，差距较大

人均 GDP 是一个地区物质财富创造能力的主要衡量指标。2021 年成都市人均 GDP 为 95 846 元（七普常住人口）。各县（市）区人均 GDP 呈梯次分布格局，超过 20 万元的有 1 个、［10，20）万元区间的 7 个、［5，10）万元的有 13 个、小于 5 万元的有 1 个，整体呈金字塔形分布（不含东部新区）。高新区人均 GDP 最高达 22.27 万元；其次是青羊区、锦江区；青白江区和新津区表现不俗，均超过 12 万元，分别居全市第 4 第 5 位，按国际标准基本达到发达县（市）区水平；成华区没有达到全市平均水平。除东部新区外，其他县（市）区人均 GDP 都高于 5 万元，郫都区倒数第 2。各县（市）区人均 GDP 差距较大，超过全市平均水平的仅 7 个县（市）区，有三分之二强的县（市）区低于平均水平，高新区与东部新区差距最大，超过 5 倍，见图 4-3。

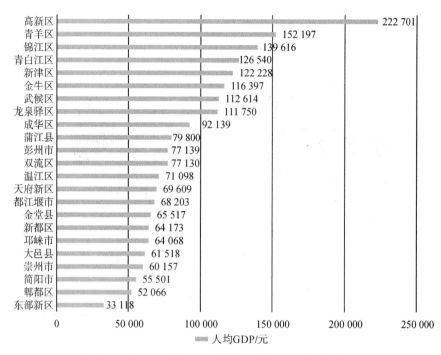

图 4-3　2021 年成都市各县（市）区及 3 个经济区人均 GDP

三、成都市县域经济发展共享水平

（一）居民人均可支配收入比较均衡，城乡差距不大

居民人均可支配收入是以人民为中心的共同富裕程度的最直接经济表达。2020 年成都市居民人均可支配收入 4.39 万元（七普常住人口）。各县（市）区居民人均可支配收入如图 4-4 所示。超过 5 万元有成都高新区和五城区共 6 个区，其中，高新区最高 5.34 万元，4 万~5 万元之间共 7 个区（市），青白江也迈上 4 万元台阶；郊区新城 9 个县（市）区都低于 4 万元，简阳市最低，刚过 3 万元，但县（市）区间差距最高倍率不到 1.8。同时，从城乡收入差距倍率比看，2020 年全市为 1.84，仅高新区和简阳市城乡倍率高于全市平均水平，超过 2 倍，其余县（市）区均低于全市平均水平，说明成都市城乡统筹融合发展富有成效，基本实现城乡共同富裕的理想。这里需要说明的是成都高新区之所以城乡居民收入差距最大，是因为高新区的经济管辖范围调整所致，即高新区未来科技城原系简阳市，简阳市本身城乡收入差距最大，加之高新区城市居民收入最高，因此，出现成都高新区城乡差距最大的现象。

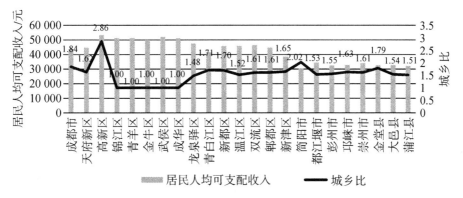

图 4-4　成都市各县域 2020 年居民人均可支配收入及城乡比

（二）中心城区城镇化率较高，郊区新城普遍偏低

世界发达国家和地区经验表明，城镇化率越高，区域经济越繁荣富裕。单从城镇化率一项指标看，成都市整体已达到发达国家或地区水平。成都市第七次全国人口普查城镇化率达 78.77%，较六普（65.75%）增长了 13.02 个百分点，而六普较五普（53.72%）增加 12.03 个百分点，说明成都市城镇化率上升加快[①]。成都市内部各县（市）区城镇化率差异较大，如图 4-5 所示，五城区全部实现城镇化，其他中心城区及 2 个经济区城镇化率超过 70%；郊区新城城镇化率相对较低，都江堰市最高达到 61.49%，蒲江县最低不到 50%。整体看，成都市各县（市）区城镇化率越高，区域经济发展水平越高、居民越富裕，说明城镇化率能够在一定程度上反映一个区域的经济发展水平和实力。但随着城乡融合发展、乡村振兴以及居民户籍制度改革，城镇化率量化将不再是区域经济发展水平和质量的重要衡量指标。

（三）人均财政收入县域差距大，高新区财政造血功能最强

人均财政收入反映了一个区域的财税造血功能，更反映了一个区域公共服务基本物力保障的水平。人均财政收入与本地人均 GDP 密切相关，成都市各县（市）区（除天府新区外）财政收入占 GDP 普遍在 6%～8% 之间，见图 4-6。成都市 2020 年人均一般财政收入为 7 260 元/人，共有 7 个县（市）区超过全市平均水平，高新区最高达 16 490 元/人，其次是天府新区、锦江区、青羊区、新津区、武侯区、青白江区，最低是简阳市，仅2 690 元/人，人均最高是最低的 6 倍多。

---

① 佚名. 成都市人口数据［EB/OL］. 红黑人口库，（2022-10-27）［2022-12-12］. https://www.hongheiku.com/shijirenkou/1844.html.

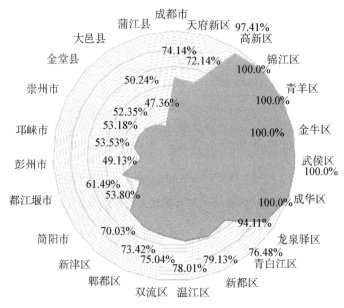

图 4-5　2020 年成都市各县（市）区城镇化率

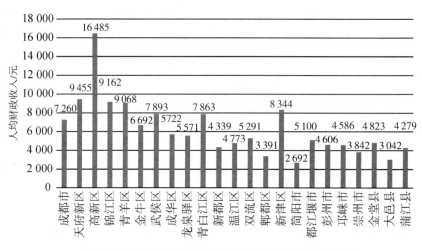

图 4-6　2020 年成都市各县（市）区人均财政收入

第三节　成都市各县域地理、人文及产业特质

一、郊区新城

（一）蒲江县

蒲江县地处成都、眉山、雅安三市交会处，是"进藏入滇"的咽喉要道，是全国首批、全省唯一的国家生态文明建设示范县，有石象湖、大溪谷、西来古镇等美景，享有"美丽蒲江、绿色典范"美誉①。近年来，蒲江县围绕建设"川藏铁路第一港、国际生态公园城"总体定位，实施"引人""聚财""筑景"三大工程，以有机农业、生态工业和休闲旅游为主，培育出国家级现代农业产业园、成都中德国际精工产业功能区等产业创新载体，水晶产业园获评长三角 G60 科创走廊工业互联网标杆园区，农村电商发展受到国务院办公厅通报表扬。

（二）大邑县

大邑县地处成都平原向川西北高原的过渡地带，与邛崃山脉接壤，具有"七山一水二分田"的地貌结构，系古蜀文明的发祥地，素有"蜀之望县"美誉。大邑县是成都市唯一一条从平原到山地的走廊，是成都唯一获"中国天然氧吧"之称并获评全国最具诗意城市，是成都市十大最美川西林盘之一和成都唯一全域川西林盘保护修复示范县，形成了以"三山一泉两古镇"为代表集观光、度假、休闲、运动等为特色的体验旅游产业，连续四年上榜"全国县域旅游综合实力百强县"。近年来，大邑县在全国率先提出"文博文创文旅+"产业发展理念，规划建设以西岭雪山文体装备功能区为重点的9个产业功能区和青霞—安仁新经济发展带，逐步构建起以文化创意、绿色科技、全域（大）旅游、高新农业为支撑的现代产业体系。2020年7月，大邑县获成都市唯一全国数字乡村试点建设县，2021年11月以排名前列的成绩通过国家阶段性评估验收，正积极推进数字乡村建设融入"智慧蓉城"体系，做强公园城市乡村表达核心功能，已成功进入

---

① 蒲江县获得了"国家生态县""国家循环经济示范县""全国休闲农业与乡村旅游示范县""国家级现代农业示范区""中国最佳生态旅游名县""国家地理标志产品保护示范县""国家有机产品认证示范区""全国出口食品农产品质量安全示范县""国家级电子商务进农村综合示范县""全国农产品加工示范基地"等称号。

成都市"数智粮油"服务体系,"无人数字农场"在全省率先示范。大邑县探索走出了一条"生产一张网""经营一条链""监管一张图"的智慧农业创新发展之路①。

（三）邛崃市

邛崃市是成都市代管市,是巴蜀四大古城之一、才女卓文君的故乡、世界上最早发现和使用天然气的地方、川藏茶马古道的源头起点,邛茶、邛酒、邛瓷名动天下,自古便有"天府南来第一州"的美誉。邛崃市地处成都平原西南部,距成都市主城区65千米,全市行政区面积1377千米,是川西地区重要的交通枢纽和西藏连接四川的重要物资集散地。境内有天台山、平乐古镇、竹溪湖等景区,有绿色食品产业功能区、天府现代种业园、天府新区半导材料产业功能区三大产业园区,荣获中国优秀旅游城市、中国白酒原酒之乡、中国食品工业百强县（市）、全国食品工业十大发展特色县,上榜"2020中国县域旅游综合竞争力百强县""2020年度中国文旅融合创新发展典范""2021中国最美乡村百佳县市"。

（四）崇州市

崇州市古称蜀州,属于四川省成都市代管县级市,地处成都平原西部,有"蜀中之蜀""蜀门重镇"之称。崇州市是成都市"西控"的核心区域,是都江堰精华灌区,也处于龙门山旅游带,呈"四山一水五分田"格局,有九龙沟、鸡冠山、街子古镇等风景名胜,是距成都天府广场最近的郊区新城。近年来崇州以"产业新城、品质崇州"为城市发展定位,按照"三控三优"②思路,围绕智能应用、都市农业、康养旅游三大主导产业,确定天府优质粮油融合发展、成都智能应用、天府康养旅游三大产业功能区③,是国家新型工业化产业示范基地（大数据特色）城市、国家智慧城市试点城市、国家农业综合标准化示范市。崇州市践行"生态优先、绿色发展"理念,努力蹚出一条"绿水青山就是金山银山"的创新实践之路。2021年11月崇州市被列为四川省GEP核算试点区域,据测算2020年

---

① 蒋和祥. 大邑县数字赋能,助力粮油产业提质增效 [EB/OL]. 大邑县农业农村局,(2023-02-01) [2023-02-26]. http://cdagri.chengdu.gov.cn/nyxx/c109517/2023-02/01/content_bde7cf24653542a497bac72f02b3cc30.shtml.

② "三控三优"指的是"控红线优生态控门类优产业控强度优品质"。

③ 崇州市融媒体中心. 崇州概况 [EB/OL]. 崇州市人民政府网站,(2022-06-22) [2022-08-09]. http://www.chongzhou.gov.cn/chongzhou/c139518/2020-11/04/content_be34a620c0f74d9a94cf27872e339636.shtml.

崇州 GEP 接近 GDP 的 2 倍[1]。

（五）都江堰市

都江堰市位于成都平原西北边缘岷江出山口处，是四川盆地走向青藏高原的过渡地带，生物丰富多样，被誉为"生物基因库"；具有"山、水、林、堰、桥"浑然一体，灌城水色半城山特点，有"拜水都江堰、问道青城山"之美誉，被誉为"天府之源"，更是世界文化、自然、灌溉工程遗产所在城市[2]。都江堰市正全力推进李冰文化创意旅游、都江堰精华灌区康养、四川青城山旅游装备三大产业功能区建设，打造成"西控"区域农商文体旅融合发展的增长极和成都重要的国际旅游消费中心，2022 年入选四川省会展创新发展引领区（成都 2 个）。

（六）彭州市

彭州市系四川省成都市代管县级市，地处成都平原与龙门山过渡地带，呈"五山一水四分坝"分布格局，旅游资源十分富足。彭州市自古享有"天府金盆"的美誉，不仅孕育了古蜀文化、湔江文化和牡丹文化，更是三星堆文明、金沙文明的源头；也是成都北郊的资源宝库，"蔬菜之乡""川芎之乡"等享誉全国，还有南方最大的牡丹花观赏基地。彭州市现属成都市"西控""北改"区域，处于成德绵经济区中心、成渝经济区发展轴的西北区域合作中心，是成都市规划发展的四个新型中等工业城市之一和龙门山大熊猫国家森林公园生态旅游带的重要组成区域，重点发展新材料、中医药大健康、航空动力装备、文化生态旅游及康养、现代都市农业及商贸物流等产业，拥有成都新材料产业功能区、天府中药城、龙门山湔江河谷生态旅游区 3 个成都市级功能区，成都首个森林音乐厅（白鹿钻石音乐厅），1 个国家农村产业融合发展创建示范园——天府蔬香现代农业产业园；建成花村全国"最美街道"、升平"美丽院落"等高品质和谐宜居生活社区，龙门山镇入选第一批成都唯一全国乡村旅游重点镇，宝山村、蟠龙村入选全国乡村级旅游重点村。彭州市在成都市率先实现农村土地承包经营权登记颁发不动产权证书，是成都市乡村社区治理和集体经济发展

---

① 张彧希. 川破解保护和发展矛盾，探索生态价值向经济价值转换路径：试点 GEP 核算给好山好水"估价"［N/OL］. 四川日报第二版，（2022-06-29）［2022-10-12］. https://epaper.scdaily.cn/shtml/scrb/20220609/276260.shtml.

② 迄今为止都江堰水利工程是全世界年代最久、唯一留存、仍在一直使用以无坝引水为特征的人类宏大水利创新工程.

典型代表县，荣获全国农村创新创业典型县称号。

（七）金堂县

金堂县地处成都平原东北部，中河、毗河、北河穿城而过，有天府花园水城之美誉。金堂县是成都向东增强辐射带动与重庆联动发展的重要节点，具有承东启西、连接南北、贯通欧亚的独特区位优势，是成都未来产业和人口发展的重要承载地之一。金堂县有天府水城产业功能区，重点发展节能环保、安全应急、通用航空、职业教育等产业，打造全球光伏产业第一极、国家安全应急产业示范基地、国家新型工业化产业示范基地（节能环保）、国家通用航空产业综合示范区、国家产教融合示范区。金堂县获评国家新型工业化产业五星示范基地，中国体育旅游精品目的地，全国农村一、二、三产业融合发展先导区等荣誉，入选国家农产品质量安全县。

（八）简阳市

简阳市位于四川盆地西部、龙泉山东麓，北倚金堂县、龙泉驿区、双流区，距成都中心城区 48 千米，素有"天府雄州"美誉，自古被誉为"蜀都东大门"，是四川省首批工业强县示范县（市）、四川省中小企业发展示范市。2016 年 5 月，经国务院及省政府批准由成都市代管，是成都天府国际机场所在地。简阳是全国粮油、肉类、水果主产区，"两湖一山"①风景秀美，简阳羊肉汤、晚白桃全国闻名，形成航天制造、临空物流、总部经济和绿色食品四大主导产业，拥有成都市唯一以航天产业为主导的成都空天产业功能区，区内引进星河动力"新一代商业火箭创新研发生产基地"中电天奥"低轨通信卫星通信载荷"等重大项目。星河动力"谷神星（遥一）简阳号"运载火箭，创造了国内第一家民企具备 500 千米太阳同步轨道入轨能力的历史记录。临空经济产业园是成渝城市群、成资合作的区域供应链运营中心；西部电商物流产业园具备航空、高铁、地铁、高速公路、快速通道密集的立体交通运输网络。简阳市获四川省首批工业强县示范县（市）、四川省中小企业发展示范市、全国社会治理创新示范市。简阳市被省委省政府表彰为"县域经济发展强市"，综合经济实力跻身全国县域经济百强。

---

① 三岔湖、龙泉湖、龙泉山。

二、中心城区

（一）青白江区

青白江区位于成都市东北部，历史源远流长，有三国八阵图遗址、凤凰湖湿地公园等景区，是国家"一五"时期规划建设的西南首个工业区。青白江区地处"丝绸之路经济带"和"长江经济带"交汇点，境内的成都国际铁路港是贯彻落实"一带一路"倡议和成都构建"国际陆海联运"走廊的重要载体。近年来，青白江区锚定"陆海联运枢纽、国际化青白江"总体定位，依托"一港三城六小镇"①，高起点规划建设国际铁路港功能区、欧洲产业城功能区、先进材料产业功能区三大产业功能区，充分利用区内全国目前唯一依托铁路港设立的自由贸易试验区优势，打造了四川首个保税车城，实现从内陆腹地老工业基地向泛欧泛亚港口开放性城市的历史性转变。2021 年 6 月，青白江区成功获批国家级经济技术开发区，跻身全国综合实力百强区、全国投资潜力百强区、全国绿色发展百强区、全国科技创新百强区，正打造现代化国际化成都北部中心。

（二）温江区

温江区地处天府之国腹地，系成都"中优"和"西控"复合区，自古以"四河穿流、江水温润"而得名，是古蜀鱼凫王国发祥地，川西农耕文明核心区和水文化集中展示区，素有"金温江"的美誉。温江着眼优良生态基底，致力精致发展，构建"南城北林两河一心"的大美之区的空间格局。温江区有成都医学城和国家农业科技园两大功能区，西南作物基因资源发掘与利用国家重点实验室，全省唯一国家级生物医药成都医学城精准医学孵化器，以花木特色产业闻名世界的现代都市农业具有独特优势，大健康产业正形成新的未来产业竞争优势。2015 年温江在全国率先提出了医学+医药+医疗"三医"融合发展理念，系统打造"三医+大数据/AI"现代大健康产业体系，并启动建设了电子科大"三医+人工智能"产业技术

---

① 一港即成都国际铁路港；三城即欧洲产业城、智慧产业城、凤凰新城。六个特色小镇包括：传承历史文化，留住根与魂，打造城厢天府文化古镇；配套国际铁路港，提升蓉贸物流和供应链管理能级，打造蓉欧国际物流小镇；坚持国际化标准，以五星级酒店、专业会展和高端居住为重点，打造七星岛国际会议度假小镇；利用对外口岸、便利交通和本地特色农产品优势，打造福洪亚欧特色农产品小镇；抓住龙泉山城市森林公园建设契机，发挥举办国际山地运动赛事和康养旅游资源丰富的优势，打造仁和国际康养运动小镇；挖掘三国历史文化，保护和开发好现存遗址，打造弥牟文化旅游小镇。

研究院，已成为全市创新药、高端医疗器械产业链的主要承载地，建成西部规模最大的"三医"创新载体集群，在中国生物医药产业园区竞争力评价中位列非国家级园区第一名，2021年5月获国务院办公厅通报表扬。同时，温江区是四川省科技成果转移转化示范区，中国营商环境建设示范区，连续3年获全省金融生态环境测评第一名，成功创建全省首个区县级自贸协同改革先行区，荣获2020中国最具幸福感城市·活力创新之都，2021年城乡居民收入之比为1.5∶1，拟于"十四五"时期率先在全省基本实现农业现代化。

（三）双流区

双流区古称广都，系古蜀王蚕丛、杜宇等治所，地处蓉城西南郊，是成都建设泛欧泛亚国际门户枢纽"主阵地"，是国家级天府新区、自由贸易试验区和临空经济示范区的重要承载地，2015年12月撤县设区。近年来，对航空经济、电子信息、生物医药三大产业快速发展成链成势，拥有1个国家级开发园区（成都综合保税区及双流园区）、1个省级开发园区（西航港经济开发区）、3个产业功能区［成都航空经济功能区、成都军民融合产业功能区、成都天府国际生物城（与成都高新区共建）］和全国唯一的重大新药创制、重大专项成果转移转化试点示范基地。双流因空港而兴、因空港而名，经济综合实力连续19年位居四川省十强县榜首。双流区连续2年被评为"中国最具幸福感城区"，2021研制全球首个以赛事命名的卫星，自由贸易试验区5年累计形成制度创新案例143个，位列中国科技创新百强区第31位。未来双流区将高质量建设国家级临空经济示范区、打造中国航空经济之都①。

（四）郫都区

郫都区位于成都市西北，是古蜀文明发祥地，地处都江堰渠首灌核心区，管辖面积395平方千米，具有豆瓣之乡、蜀绣之乡、盆景之乡的美誉，郫县豆瓣享誉世界，也是现代农家乐旅游发源地。2016年12月撤县设区，全面纳入成都市"11+2"中心城区管理。郫都是一座创新创业精神浓郁之城，是全国首批双创示范基地、军民融合创新示范基地、全国农村创业创新典型区。郫都区不仅开创了中国一、三产业融合发展的先河，更是巧变城市闲置资源为创客空间，打造全国首批双创示范基地——菁蓉镇。郫都

---

① 政府办. 双流概况［EB/OL］.（2022-12-14）［2023-01-12］. http://www.shuangliu.gov.cn/slqzfmhwz/c122474/2022-12/14/content_89f0e343ce80420a912a6ec694af880e.shtml.

区拥有全省首个万亿级电子信息产业功能区和全国唯一以地方菜系命名的中国川菜产业功能区，乡村振兴走在时代前列，创造全国三个第一[①]。2018年2月12日，习近平总书记视察郫都区战旗村，殷切嘱托乡村振兴要"走在前列、起好示范"，到2020年城乡居民收入比缩小至1.58：1，优于全国全省全市，连年跻身全国综合实力、投资潜力、科技创新、绿色发展百强区。

（五）新都区

新都区，"古蜀三都"之一，辖区面积496平方千米，素有"天府明珠，香城宝地"之美誉，有桂湖公园和宝光寺美景。新都区是成都北向发展核心，是"蓉欧快铁"和"南丝绸之路"的起点城，已建构起"7高7快13轨"成都大都市圈北部中心现代交通体系。新时代的新都，确立"154"[②]总体部署，着力建设金青新大港一体先行区、成德同城枢纽区、智造服务引领区、公园城市典范区，聚焦聚力打造现代交通产业功能区、智慧物流产业园、智能家居产业城三大产业功能区，培育轨道交通、航空、现代物流、智能家居四大主导产业集链成群，成就"西部家具在成都，成都家具半新都；成都地铁列车70%以上'新都造'；四川省公路物流总量新都占50%"的新都特色优势。新都区连续获评全国综合实力、绿色发展、投资潜力、科技创新、新型城镇化质量、政府信用6个"百强区"[③]。

（六）成华区

成华区位于成都市中心城区东北部，因地处古成都县和华阳县之域，取两县名之首字而命名。成华区曾是成都乃至全国闻名的老工业基地，现仍有工业遗存14处，东郊记忆是依托工业遗产升级改造的文创产业园典范和标杆。成华区科教资源丰富，有电子科技大学、成都理工大学等大学科研机构40余所；有西南地区最大交通枢纽成都东客站。成华区人文资源独特，拥有川西第一禅林昭觉寺；成都大熊猫繁育研究基地；西部第一高塔——天府熊猫塔；具有丰富的生态本地，绿地规划占全区1/3，沙河流经境内，环城生态带中心城区面积最大，获联合国人居范例奖等多个奖

---

① 第一个区县乡村振兴技术导则、第一家乡村振兴培训学院、第一家区级乡村振兴公司。

② "154"即"成北新中心城区"的总体定位，"现代轨道航空装备研制造中心、国际商贸创新中心、天府文化音乐文创中心、公铁联运国际物流枢纽、成北生态屏障"五大城市功能，"国际开放新城区、装备智造新城区、品质魅力新城区、生态宜居新城区"四大城市发展目标。

③ 佚名.新都概况［EB/OL］.新都区人民政府网，（2022-12-12）［2022-12-30］.http://www.xindu.gov.cn/xdqzfmhwz/c140580/2022-12/12/content_acb25b979b06456c844eef05087ef8ee.shtml.

项，是"中国商业地产最具投资潜力城区"之一。

（七）锦江区

锦江区得名锦江，取"濯锦之江源远流长"之意，地处成都市城区东南部，辖区面积62平方千米，是成都市中心城区中土地资源最少的城区。锦江区从古至今商贸繁华，是世界首张纸币"交子"诞生之地，建区时国务院批准定名为"商贸繁华区"，春熙路、IFS、太古里中外驰名，区内现聚集4 000余个品牌，有50余个国际一线大牌，是成都市中央商务区。锦江区也是"四川省全域旅游示范区"，有塔子山公园、三圣乡等美景，更有成都市首个国家级城市湿地公园——白鹭湾城市湿地公园（2017年1月获批）①。新时代，锦江区立足空间受限的实际，以成都建国际消费中心城市为契机，围绕"新经济、国际化、高品质"主题，以新经济、总部经济和现代商贸业、金融服务业②（东大街）、文化创意（红星路）构成的"1+1+3"现代产业体系为主，着力打造文商体旅融合发展的国际消费中心城市引领区③。2018年仲量联行发布《2017年国际化城区产业生态圈竞争力指数白皮书》，锦江区综合排名全国第三，财富核心指标排名第四位。锦江区有全国唯一一家物流独角兽企业——驹马物流，建成全国首个5G示范街区，获得"中国全面小康百佳示范县市"荣誉，是城市精明增长的典范。

（八）武侯区

武侯区因武侯祠而得名，位于蓉城中心城区西南部，是南丝绸之路的起点。武侯区是国务院命名的"高科技文化区"，是成都对外经贸合作、文化交流的重要窗口。武侯区历史文化深厚，文教科技资源丰富，不仅有三国文化、诗竹雅韵、丝路沧桑、蜀锦繁华等历史文化和武侯祠、望江楼、锦里等美景，更有文艺青年心中的诗和远方——成都音乐坊；拥有四川大学等10所高校，中国科学院成都分院、成都飞机设计研究所等科技研发实力雄厚的科研机构，高端商务商业楼宇122栋④；四川大学华西医院等各级各类医疗机构1 046家，各类金融机构443家；培育起文化创意、

---

① 以春熙路、太古里、水井坊片区为核心，重点发展都市休闲产业；以"三圣花乡"和白鹭湾湿地片区为主导的乡村旅游产业，打造"都市休闲游"和"乡村体验游"文旅品牌。

② 新型金融、消费金融和科技金融。

③ 王波，李梦思. 成都锦江区全力推进产业转型升级区域经济发展焕发新活力［EB/OL］.（2018-02-05）［2021-05-06］. http://sc.people.com.cn/n2/2018/0205/c345167-31222273.html.

④ 获评"中国楼宇经济最具投资价值城区"。

大健康、特色金融（成都首家）和电子商务4大产业功能区，形成文化创意、大健康、金融电子商务三大现代服务主导产业体系。三国创意设计产业功能区被评为国家文化出口基地，她妆美谷被评为国家电子商务示范基地。当前，武侯区正紧紧围绕"文创武侯·智慧城区"，着力建强"两区三地"①，创新引领建圈强链走在全市前列，荣获2022年赛迪创新百强区第16位（四川首位），获评全国"知识产权强县工程示范区"。

（九）青羊区

青羊区地处成都市城区中西部，辖区面积66平方千米，因区内著名道观青羊宫而得名，自古岷江横贯，锦江、南河两江环抱，是成都空气质量最好、绿化率最高（90%以上）、人居环境最优的区域。区内文化旅游资源丰富，聚集了成都市区总量三分之二的旅游资源，有金沙遗址、杜甫草堂等文旅资源和国家级"非遗"蜀锦、蜀绣、漆器、银丝花，构成"古蜀—秦汉—唐宋—明清—民国—现代"天府文化轴线，串起青羊千年文化根脉，享有"千年蜀都·文博青羊"之称，是国际非物质文化遗产节的永久举办地。金箔太阳神鸟成为中国文化遗产的标志。青羊区创新发展动力强劲，坚持实施成都原城和青羊新城"双擎驱动"发展战略，实施产业提升工程，金融、文博、商务三大主导产业齐聚发力，航空产业成为都市型工业主要形态，着力培育青羊文化金融商务区、少城国际文创谷、青羊总部经济三大产业集聚区。

（十）金牛区②

金牛区地处成都上风上水，"两山作屏""八水润城"，自古就有"秦开蜀道置金牛，汉水元通星汉流"美誉，是天府文化发端的根基。区内有金牛古道以及世界最早纸币交子制造地净众寺等历史厚重的遗迹。金牛区地处成德绵经济带的起点和天府大道"百里中轴线"北中轴的核心位置，拥有西南最大的铁路枢纽——成都火车站，拥有中国唯一一座以露天音乐为主题的地标性城市公园、全省最大天府艺术公园，是全省唯一国家可持续发展先进示范区。金牛区是成都市商贸市场、科研院所最为集中的区域，是全国领先职务科技成果混合所有制改革策源区、西部唯一国家级市

---

① "三地两区"指文商旅体融合发展基地、服务型总部经济集聚发展基地、科技成果转移转化发展基地，全面体现新发展理念的先行区和美丽宜居公园城市示范区。

② 佚名. 交子故里大道金牛：成都市金牛区区情介绍［EB/OL］. 金牛区人民政府网，［2022-10-18］. http://www.jinniu.gov.cn/jinniu/c107581/list_1.shtml.

场采购贸易方式试点区，拥有全国闻名的荷花池市场，西部规模最大的商品综合交易平台——成都国际商贸城，全省唯一在区级设立的知识产权公共服务综合平台①；全球首个、全国唯一覆盖全产业链的轨道交通产业园，西部第一个以"北斗"为主题的地理信息产业园；拥有全国唯一、全省首个获"中国工业大奖"的制药企业和中医药、五金机电两个"国家级指数"，市场主体40万户，总量位列全省县（市）区第一。在精明收缩和精明增长并行发展理念下，在全市率先构建全域TOD体系；实施仓储物流、传统市场、非核心功能"三大疏解行动"，积极构建都市型现代产业体系。金牛区坚持场景营造和优势转化并行，聚力发展"文博、文创、文商"产业，植入多元消费场景，实现生态价值转化，以产业迭代升级推动环境持续改善，正加快建设"践行新发展理念的天府成都北城新中心"。

（十一）龙泉驿区

龙泉驿区位于成都平原东缘，自古有"川东首驿""巴蜀门户"之称，是成渝经济走廊的桥头堡。截至2021年，龙泉驿区辖区面积557平方千米，常住人口130万人，是国家级经开区——成都经开区、天府新区·龙泉高端制造产业功能区、成都中法生态园所在地，是工信部授予的中德智能网联汽车示范基地，也是国务院正式命名的"中国水蜜桃之乡"，国际桃花节中外驰名。龙泉驿区有千年古刹石经寺、最美地宫明蜀王陵、"天下客家"洛带古镇、龙泉湖等风景区，生态本底丰厚，是四川省花果山风景名胜区和天府新区"两湖一山"国际旅游文化功能区主体区域，正加快建设龙泉山城市森林公园。同时，龙泉驿区是成都汽车产业功能区所在地和全省全市汽车产业发展核心区，基本形成轿车、SUV、商用车、专用车等全系列整车产品体系，聚集了德国大陆、博世底盘等300余家零部件企业以及孔辉科技、威马（全球研发中心）等一批汽车产业高端和后市场项目，汽车产业全产业链发展，产业生态圈初步构建。龙泉驿区荣获全国工业百强区21强、国家新型工业化汽车产业示范基地、国家生态工业示范园区、全省县域经济发展模范区（县）等称号。

---

① 该平台由国家、省两级知识产权服务平台直接指导建立，平台下设四川省原创认证保护中心金牛分中心、四川省专利信息服务中心金牛分中心、四川省时尚产业知识产权品牌孵化基地和中国金牛（服饰科创）知识产权快速维权中心，通过链接四川知识产权公共服务平台，着力打造"全领域、全链条、一站式"便民高效的知识产权综合服务平台。通过与成都市知识产权交易中心深度合作，搭建知识产权成果评估、审核通道，实现全国范围内的交易所挂牌交易。

（十二）新津区

新津区地处成都之南，区内地势平坦，状似"超级绿叶"，古有"南方丝绸古道第一站"，今有"成都南大门"之称。新津区拥有成都市唯一国家级湿地公园——白鹤滩湿地，有被誉为"长江上游文明之源、中华文明之光"的成都平原史前文明——宝墩遗址，有梨花溪、花舞人间等景区。2020年6月，新津撤县设区，围绕"建圈强链"和"智慧蓉城"建设，以天府牧山数字新城、天府智能制造产业园、天府农业博览园、梨花溪文化旅游区为支撑，带动花源、普兴、兴义、永商等7个片区单元联动发展，推动数字经济全方位赋能新基建、新制造、新农业、新消费；依托"五河一江两山"，构建"大尺度+微循环"的城市生态，连续6年位居全省十强县行列，连续三年上榜"中国营商环境百佳示范县市"，获评2021年度四川省县域经济发展先进县、四川省乡村振兴战略先进区，2022年入选四川省会展创新发展引领区，正加快建设"成南新中心、创新公园"。

三、经济区

（一）成都高新区国家自主创新示范区

成都国家级高新技术产业开发区（以下简称"成都高新区"），1988年成立，1991获批成为首批国家级高新区，实行省市共建、以市为主的管理体制，由成都市直管，不属于国家法定行政区划，所辖街道均为托管性质。截至目前成都高新区托管总面积237.3平方千米，包括成都高新南部园区、成都高新西部园区、成都天府国际生物城（与双流区共建）、成都高新东区未来科学城（与东部新区共建）。30余年来，成都高新区始终坚持"发展高科技，实现产业化"的初心和使命，已培育拥有12个国家级金字招牌。2015年经国务院批准成为西部首个国家自主创新示范区，是四川省全面创新改革试验区和自由贸易试验区核心区。成都高新区拥有成都电子信息产业功能区、成都天府国际生物城、成都新经济活力区、交子公园金融商务区和成都未来科技城五大产业功能区，新川创新科技园、瞪羚谷产业社区、骑龙湾产业社区、AI创新中心、中国—欧洲中心和天府软件园六大产业社区，形成"管委会+产业功能区+产业社区"的产业组织发展模式，培育出以电子信息、生物制药和新经济为主的"3+2"现代新型产业体系，强化科技创新、数字赋能经济和实施"岷山"行动计划等。2021年成都高新区实现地区生产总值2 800.86亿元，2022年超过3 000亿元，经济总量增速继续保持全市领先，位列国家级高新区前茅，人均 GDP 超过 20 万元，进入财富驱动转型阶段，成为成都市县（市）区创新驱动经济高质量发展促进共同富裕的典范。

（二）天府新区成都直管区①

天府新区成都直管区系国家级四川天府新区成都片区的中心片区，属于行政管理区和类似县级行政区，由成都市直管，并委托授权四川天府新区管理委员会管理，行使市级经济管理权限，全面托管天府新区直管区境内的经济、社会管理、公共服务等事务，是成渝地区双城经济圈探索行政区与经济区适度分离的典型区，是成都市谋划未来百年发展的创新极、未来产业发展的主战场和重要增长极以及成都市公园城市样板区，与中心主城区形成双核共兴格局。天府新区 2013 年 12 月成立，2014 年 10 月 2 日获批成为国家级新区，辖区面积 564 平方千米，地处成都之南，"一带一路"建设和长江经济带发展的重要节点。2018 年 2 月 11 日，习近平总书记视察天府新区时指出，一定要规划好建设好天府新区，特别是要突出公园城市特点，把生态价值考虑进去，努力打造新的增长极，建设内陆开放经济高地。在中央、省市大力支持下，天府新区经过 8 年的谋划、布局调整和培育发展，已形成天府总部商务区、成都科学城以及天府文创城三大主体功能区。成都科学城是天府新区甚至是四川省和成都市原始创新的核心引擎区，以建设成渝综合性科学中心为引领，瞄准国家重大战略科研力量，布局"一中心两基地，一岛三园"功能组团，初步构建"基础研究—技术攻关—成果转化产业化"的完整创新体系。截至 2021 年年底，天府新区已布局 48 个院校地项目，总投资近 2 500 亿元，其中，"国之重器"——重大科技基础设施和交叉研究平台总量居成都市首位，布局了两个天府实验室和成都唯一国家精准医学产业创新中心。经济总量从 2014 年的 1 681 亿元跃升至 2021 年的 4 158.8 亿元，经济总量居 19 个国家级新区第 5 位，综合实力迈入国家级新区第一方阵②。

（三）东部新区

2020 年 4 月 28 日，经四川省人民政府批准（川府函〔2020〕84 号），

①　天府新区成都直管区，即成都天府新区的中心片区，本书简称为天府新区。

②　郭平. 为探索中国式现代化城市发展道路贡献更多力量　四川天府新区：奋力建设新时代公园城市 [N/OL]. 四川日报，（2022-10-16）[2022-12-18]. https://epaper.scdaily.cn/shtml/scrb/20221016/283193.shtml.

设立成都东部新区，管理面积 920 平方千米（包括规划范围 729 平方千米及代管天府新区简阳片区范围 191 平方千米）①，定位为国家向西向南开放新门户、成渝地区双城经济圈建设新平台、成德眉资同城化新支撑、新经济发展新引擎、彰显公园城市理念新家园，构建"双城一园、一轴一带"②空间布局。2020 年 5 月 6 日，成都东部新区正式挂牌，依托成都市东部新城发展委员会办公室③设置中共成都东部新区工作委员会、成都东部新区管理委员会，为省委、省政府派出机构，委托成都市管理，与市东部新城办实行"两块牌子、一套班子"。2020 年 5 月，成都高新区与东部新区合作共建未来科技城 60.4 平方千米，定位为国际创新型大学和创新型企业汇集区，重点围绕智能制造、航空航天、6G、网络信息等领域，建设国际合作教育园区，打造国际一流应用性科学中心、中国西部智造示范区和成渝国际科教城。成都东部新区强化现代城市创新发展，突出营城思想，借鉴新加坡新镇开发模式经验，构建"城市—片区—新镇—社区—组团"五级城市体系，着力打造成都市城乡融合发展新高地。

第四节　成都市创新驱动县域经济高质量发展的主要举措及成效

一、注重知识产权营运转化，强化知识产权助力县域经济高质量发展，促进共同富裕

（一）着力实施知识产权强县工程

知识产权强县工程是 2008 年国家知识产权局为促进经济高质量发展，推动县域知识产权工作的一项重要举措。自启动以来，成都市知识产权局通过知识产权强县工程的落实落地，推动成都市各县（市）区加强知识产权保护、运用和管理开发试点示范。2011 年，成都市双流县（今双流区）和郫县（今郫都区）入选国家知识产权强县工程首批示范县（区）。近年

---

① 成都东部新区党工委、管委会对托管区域行使党务、经济、行政和社会事务等管理职能，人大、政协、军事等职能仍归简阳市管辖.

② 空港新城、简州新城、天府奥体公园、沱江发展轴、金简仁产业带。

③ 2019 年 3 月，成都市东部新城发展委员会办公室（简称"市东部新城办"）成立，为成都市人民政府工作部门，正局级。

来，成都市充分发挥政策激励、部门帮扶、专业服务相结合的综合效应，稳步推进国家知识产权强县工程，培育壮大知识产权密集型产业集聚区，到 2019 年成都共有国家知识产权强县工程示范县（市）区 8 个，国家知识产权强县工程试点县（市）区 12 个，实现开展国家知识产权强县工程的县（市）区全覆盖。2022 年 8 月，成都入选首批"国家知识产权强市建设示范城市"。

（二）积极推动中小企业知识产权战略推进工程试点城市建设

自 2009 年国家知识产权局等与工业和信息化部共同联合实施中小企业知识产权战略推进工程以来，成都市知识产权局积极落实（国知发管字〔2016〕101 号）和（国知办发管字〔2017〕30 号）部门精神和部署，着力培育和组织申报中小企业知识产权战略推进工程试点城市。2017 年成都市入选国家知识产权局与工业和信息化部共同确定的 20 个中小企业知识产权战略推进工程试点城市，同时，四川新津工业园区、天府生命科技园、青白江工业集中发展区入选中小企业集聚的园区。不过，成都市政府部门没有出台专门工程推进实施方案，而江苏省从省级层面制定了中小企业知识产权战略推进工程实施方案（2018—2020 年）。

（三）加快构建知识产权营运服务平台体系

1. 构建知识产权交易中心，促进创新资源充分流动

2018 年 7 月，四川省政府批准（川府函〔2018〕126 号）同意在成都高新区筹建以知识产权交易、营运以及投融资为主的创新型综合交易平台。这是四川省唯一的知识产权类交易场所，由成都交子金融控股集团、成都交易所投资集团、成都技术转移集团等 7 家企业共同出资（注册资本 3 亿元）成立，系国有控股混合所有制企业，2019 年 2 月正式开业，旨在促进知识产权产业化、资本化、国际化和科技成果转移转化。

2. 建立全国首个知识产权交易所联盟

2020 年 11 月，由成都知识产权交易中心牵头发起，广州、上海等地的 12 家知识产权交易相关机构参与，在成都正式成立全国首个知识产权交易场所联盟。

3. 建立知识产权学院

成都市积极鼓励推动四川大学、西南财经大学等设立知识产权学院，打造支撑成都创新发展、服务西部、辐射全国的综合高端知识产权服务体系。2022 年 6 月 16 日，四川省知识产权服务促进中心、四川大学、四川天府新区管委会在天府中央法务区综合服务中心正式签署天府知识产权研

究院合作共建协议，构建起政产学用通道，开启成都（四川）知识产权理论研究、人才培养、学术交流和业务培训的新起点、新方向、新路径①。

4. 建立国家知识产权公共服务平台成都营运中心

2018 年《成都市知识产权运营服务体系建设实施方案（2017—2019年）》（成办函〔2017〕240 号）明确指出，由天府新区负责建设成都知识产权运营公共服务平台（以下简称"成都中心"）。成都中心系国家级知识产权运营平台四川知识产权运营中心重要支撑分中心之一，汇聚全球政、产、学、研、用、资各方创新资源，打造智能化信息化数据化知识产权综合服务平台，为创新主体提供一站式服务，最终赋能产业发展。2022年 12 月 16 日，成都中心揭牌正式投入运行，中心为知识产权供需双方提供无缝对接，设立了综合咨询、商标受理、资助受理、维权援助、知产金融、知产托管等功能服务窗口，提供知识产权"咨询+托管+维权+交易+金融+大数据+人才培养+孵化"全链条闭环式服务，与成都知识产权运营服务体系共同发展壮大，使知识产权成为共同富裕的新密码②。

5. 积极鼓励建立专利导航产业发展决策机制

专利导航产业发展决策机制是科技成果供给与产业需求不断匹配和优化调整的过程，如 GPS 导航。自 2013 年国家知识产权局开始实施专利导航试点工程以来，成都市知识产权局联合专业研究机构和专家团队，针对本市的重点产业与龙头企业，推动专利导航工作稳步发展。2017 年，成都市出台《关于创新要素供给培育产业生态提升国家中心城市产业能级知识产权政策措施的实施细则》提出，要支持产业园区或县（市）区知识产权行政管理部门会同知识产权服务机构，建立有效支撑的专利导航产业发展决策机制。2018 年，《成都市知识产权资助管理暂行办法》进一步规范了产业专利导航的立项、资助、验收等标准。截至 2020 年年底，成都市围绕"5+5+1"产业已在装备制造、食品饮料、石墨烯、光伏等 12 个产业开展了专利导航研究。其中，精准医疗产业专利导航就是在探索中诞生的一个典型，2021 年成都高新区发布"金熊猫"专利导航产业发展计划③。

---

① 佚名. 四川正式立天府知识产权研究院 [EB/OL]. 四川发布,（2022-06-17）[2022-12-18]. https://www.cqcb.com/shuangchengfabu/2022-06-17/4923901_pc.html.

② 佚名. 四川知识产权运营中心成都中心简介 [EB/OL]. [2023-01-05]. https://www.ipcdoc.com/#/aboutIndex? type=introduction.

③ 该计划聚焦知识产权赋能，面向成都市高新区五大产业功能区和创新型企业，征集细分领域产业导航需求和企业专利微导航需求，并面向知识产权服务机构公开发布需求榜单。

二、大力实施"创业天府"行动计划，推动县域大众创业万众创新，开启共同富裕发展新模式

作为国家自主创新示范区、四川全面创新改革试验核心区，成都市通过搭建"菁蓉汇""创交会""科创通"三大主平台，构建"3+M+N"双创载体，统筹推进全面创新改革试验区、自贸试验区等先行先试改革举措，使得创新创业活力竞相迸发，创新创业之都蜚声海内外，建成国家双创示范基地5个，形成"北有中关村、南有深圳湾、东有长阳谷、西有菁蓉汇"的双创新格局，并牵头成立城市创新创业服务联盟。

（一）以"菁蓉汇"为主线开启成都全域"创业天府"行动计划，着力推动县域创新创业发展

2015年2月8日，成都"创业天府·菁蓉汇"正式启动，活动通过"1+3"即"主体活动、菁蓉训练营、菁蓉创享会、菁蓉杯海外华人创业大赛"四大载体，实现创业声音在蓉落地。同年，成都市出台了《成都"创业天府"行动计划（2015—2025年）》（成府发〔2015〕11号），着力加快打造全国领先、国际知名的"创业之城、创新之都"的城市品牌。时隔一年，成都市又发布了《成都"创业天府"行动计划2.0版》，"2.0版"在原有基础上，以问题为导向，强化以政府引导、市场主体、服务双创为目标，并主动联合县（市）区举办"菁蓉汇"专场活动。自2015年开始到2019年年底累计举办系列主题活动864场，带动社会开展双创活动7 396场，并开展了硅谷、首尔、特拉维夫、莫斯科、柏林等国际专场，吸引1 029家（次）创投机构、3.3万家创业企业及团队，超100万人以多种方式参与。总之，经过几年发展，成都双创活动已远传海外、深入农村，真正通过创业使大部分人有机会实现共同富裕。

（二）以中国成都创交会为平台，着力推动双创成果互动对接落地

2015年11月8日，全国首个全球性创新创业交易会——2015成都全球创新创业交易会暨第十届中国·欧盟投资贸易科技合作洽谈会在成都举行（以下简称"创交会"）。此次创交会开展了5场高端论坛、4场对接交易和1场全球大赛，具有"全球性、高端性、全要素"三大显著特征，并达成全球创新创业"成都共识"，且获科技部、国家发改委、教育部等中央部委联合主办，共同打造"国际化、国家级、成都牌、永久性"全球创新创业年度盛会。此后，一年一次，创交会每次都紧扣成都创新驱动经

济发展的核心内容主题，参加活动主体不断扩展，已形成全球友城展会、国内兄弟友城展会以及成都市各区（市）县甚至产业功能区配套活动体系；参展方式日益完善，已形成线下主体活动+线上平台+配套活动（"1+1+N"模式）；交易会内容由项目、赛事、知识（论坛）、经验共享、技术、资本以及人才到场景体验的交易、交流和体验。从 2015 年到 2021 年年底，成都市共开展了 7 场创交会，与全国创新创业交易大会同频次，参加主体、人员、机构逐年成倍增加，交易金额由 2015 年的 53.2 亿元攀升至 2019 年的 333.37 亿元，增加了 5 倍多，纵经全球新型冠状病毒感染疫情，2021 年交易额也突破了 330 亿元。

（三）布局"3+M+N"众创空间格局，促进县域创新创业孵化载体升级

众创空间作为促进大众创业、万众创新的新兴载体，根据《国务院办公厅关于发展众创空间推进大众创新创业的指导意见》（国办发〔2015〕9号）精神，成都市出台了成办发〔2016〕15 号等文件，提出"3+M+N"众创空间格局建设。"3"是重点打造众创空间引领区，"M"是通过街区、社区、校区、园区四区联动打造众创空间集聚区，"N"是通过改造闲置厂房、仓库打造众创空间专业特色区。通过不同层级、不同维度众创空间的打造，充分开发利用众创载体。截至 2021 年年底已经认定的市级以上创新创业载体 268 家，其中，国家级 74 家、省级 92；培育出"菁蓉镇""菁蓉国际广场"和"菁蓉天府中心"三大知名创新创业载体；武侯区、电子科大、西南石油大学、四川农业大学等入选四川首批大众创业万众创新基地。

（四）构建"科创通"，打造县域以科技金融服务为核心的"双创"一站式线上线下服务平台

"科创通"是由成都市科技局打造，成都市生产力促进中心负责建设和运营，以科技金融为突出特色的创新创业一站式服务平台。2014 年 5 月正式上线，通过 O2O 线上线下模式，汇集国内国际创新要素资源，为成都市县域创新创业团队、企业、服务机构、载体四类主体提供全方位、全流程的专业化服务，构建创新创业云孵化动态更新平台，提供实时数据，通过数据分析实现与服务机构供给精准对接和双创要素高效利用，被业界誉为创业板的"天猫商城"。2021 年 11 月 15 日，作为典型经验做法获国务院第八次大督查通报表扬。线上平台经过 8 年的吸聚，据科创通实时数据，截至 2022 年 8 月 10 日，汇聚 4 万余家科技型企业（团队）、951 家双创服

务机构、268 家双创载体、2 784 款双创服务产品，展示科技成果 4 750 项，举办上千场"菁蓉汇""校企双进"活动，服务在孵企业和团队共计 1.17 万家，服务创新创业人员 13.41 万人。

（五）以活动为主打造"菁蓉汇"品牌，着力推动"双创"提档升级

2018 年 10 月 17 日，成都市紧密结合党中央、国务院关于打造"双创"升级版的决策部署，出台《成都市深入实施创新驱动发展战略打造"双创"升级版的若干政策措施》，从人才、载体、企业、金融、平台、服务、就业等 10 个方面做出政策安排，不断优化成都双创环境，厚植成都双创氛围，打造全国"双创第四城"。同年 11 月，"双创"升级版经验获国务院办公厅通报表扬。2019 年 9 月 3 日，举办"创业天府菁蓉汇·首届天府双创生态升级发展峰会"，重点为区域创新生态链和产业生态圈建设提供新观点新思路，探寻引领双创生态升级的动力之源，并成立了首科蓉智研究院。同时，为共同探究高校院所的科技成果从实验室到产业应用阶段转化的服务链条难题，彻底打通产学研通道关卡，电子科技大学科技园、川大科技园、西南交大科技园等 7 家单位和企业联合发起成立了成都科技企业孵化器协会——成果转化服务联盟。

三、培育多样化创新区，加快推动县域经济高质量发展示范试点基地建设

（一）强化顶层设计，注重相关政策制定和落地实施

自 2013 年创新驱动发展战略实施以来，成都市加大了创新驱动发展实施力度，积极主动贯彻落实中央及省政府关于"县域创新驱动发展"的相关精神和文件，制定出台了一系列政策措施和方案。如《关于实施创新驱动发展战略加快创新型城市建设的意见》（成委发〔2013〕13 号）、《成都市加快科技创新驱动发展实施方案（2014—2017 年）》、《成都科技创新驱动产业转型升级重点工作推进方案（2013—2015 年）》、《关于深入实施创新驱动发展战略加快建设国家重要科技中心的意见》、《成都市深入实施创新驱动发展战略打造"双创"升级版的若干政策措施》（成府发〔2018〕11 号）、《成都市实施乡村振兴战略农业科技行动方案（2018—2020 年）》等科技政策、方案，推动科技创新资源向县（市）区汇聚，加快健全覆盖各县（市）区的创新体系，推动县（市）区经济高质量发展。

（二）启动创新驱动发展示范试点区建设，推动县域经济高质量发展

为落实创新驱动发展战略，2013 年成都市启动创新驱动发展示范——

试点区建设，并以《成都科技创新驱动产业转型升级重点工作推进方案（2013—2015 年）》为指引落地、落实。2014 年 7 月，成都市制定了《成都市创新驱动发展试点示范区建设管理办法》（成科字〔2014〕18 号），明确指出示范试点对象、类别以及限期（3 年），采取县申请原则，每个试点区不低于 1 000 万元的专项经费支持，并按 1∶1 配套。2017 年，成都市结合实施成都市产业空间优化"十字方针"战略，加强对各县（市）区的科技创新工作指导和统筹规划，截至 2018 年共推进实施 23 个创新驱动发展试点示范区建设项目，特别是以中医药大健康为主题，积极争创国家可持续发展议程创新示范区。

（三）打造环高校知识经济圈，推动院校地企协同创新驱动县域经济高质量发展

为发挥高校周边科技资源要素集中的优势，打通"政产学研用"通道，促进资源有效在蓉转化服务县（市）区经济高质量发展。2012 年年底，成都市科技局联合成华区政府和电子科技大学在充分调研协商基础上，决定利用电子科技大学的知识创造、科技成果、人才资源优势等，打造环电子科技大学高品质、高附加值的知识经济圈，着力构建科技创新引领示范区[①]，开启成都市新一类特色创新区培育打造模式。2015 年"创业天府"行动计划明确提出"支持在蓉高校院所与所在县（市）区利用高校院所周边存量土地和楼宇联合建设创新创业载体，加快建设环电子科技大学、环西南交通大学、环西南财经大学知识经济圈和西南石油大学能源装备产业基地等协同创新试点区"。2015 年 9 月 25 日，成都高新区与电子科大签署"一校一带"（成都高新区高校成果转化带）计划，围绕高校打造知识经济圈，着力构建贯通"政产学研用"的科技创新体系。迄今，以电子科大"一校一带"为代表，成都规划建设了"环川大知识城""环交大智慧城""环川农大知识经济圈""环西南财经大学知识经济圈""环西南石油大学能源科技成果转化区""环中医大知识经济圈"等共 10 个环高校知识经济圈，采取"政府出资+高校出土地和人才"模式，有效促进人才、资本、技术、知识诸多要素聚集跨界对接融合。在成都市环高校科技产业战略的推动实施下，成都全域县（市）区都积极推动校地（企业）合作，每一个县域均有大学、科研机构与本地或跨县域政府、企业构建产业创新战略联盟。

---

① 杨荣军. 打造环高校知识经济圈的调查与思考［J］. 当代县域经济，2016（7）：30.

（四）鼓励各县（市）区积极争取上榜全国各类百强县（市）镇，培育打造创新型县/乡

2018 年，科技部正式启动全国首批 52 个创新型县（市）建设，周期 3 年，成都市金堂县是全市唯一入选首批创新型县（市）建设，目前正进入科技部的建设验收期。为推动县域经济高质量发展，努力建成带动全省县域经济高质量发展的动力源、增长极，2021 年 6 月，四川省政府办公厅印发《四川省争创全国百强县百强区百强镇支持奖励办法》《全国百强县百强区百强镇培育工作方案》（以下简称《奖励办法》《培育工作方案》），在全省范围内遴选 5 个区、8 个县（市）作为全国百强区县重点培育对象，按"一县（区）一策略、一镇一策略"原则，着力培育全国百强县百强区百强镇梯队，形成带动县域经济高质量发展龙头效应。成都市 5 个县（市）区入围《培育工作方案》，分别是双流区、郫都区、新都区、彭州市和简阳市。成都市统一印发实施各重点培育区域全国百强县百强区创建实施方案，建立省、市、县（区）三级联动的培育机制，全力支持有关区域培育争创工作。2021 年 8 月 17 日，赛迪顾问城市经济研究中心正式发布 2021 赛迪百强县区榜单，成都市共有 8 个区 1 个县上榜，占全省（12 个）的 75%，分别是武侯区（18）、双流区（32）、龙泉驿区（39）、金牛区（45）、青羊区（65）、锦江区（69）、郫都区（88）、成华区（91），双流区和郫都区首次入榜；成都市仅简阳市上榜百强县（含东部新区）。2022 年 4 月，赛迪顾问城市经济研究中心重磅发布了《赛迪创新百强区（2022）》，成都市武侯区（16）、龙泉驿区（39）、双流区（53）、青羊区（66）、锦江区（69）、金牛区（72）、成华区（82）和新都区（90）8 个区入选。榜单以行政区划排榜，与本书的研究单元有重叠也有不同。

四、着力培育壮大和提升创新驱动县域经济主体规模和质量

（一）多样化孵化和培育创新创业种子企业

为着力培育创新创业企业主体，2003 年国务院行政审批改革后，成都市便紧跟其后，着力推动商事制度改革，降低企业入市门槛，简化手续，缩短时间；积极鼓励科研人员、大学生以及返乡人员创新创业；大力推动"创业天府"行政计划在县域乡村落地落实，构筑"3+ M+N"众创空间和各类孵化平台载体，着力孵化和培育众创小微种子企业，2021 年成都市实有市场主体总数达到 331.9 万户，新增市场主体超过 60 万户，存量和增量

均居副省级及以上城市第二位①。

（二）以制造业为主多举措发力，积极培育专精特新企业

1. 以制造业为依托，培育专精特新企业

成都市经过多年全方位中小企业培育，专精特新队伍不断壮大，截至2022年年底，成都市培育国家级专精特新"小巨人"企业202家，省级专精特新企业1 644家。从行业分布来看，专精特新"小巨人"主要集中在计算机、专用设备制造业、软件和信息技术服务业等高技术产业制造行业②，这与成都市产业发展逻辑一致。2016年成都市发布《成都制造2025规划》，2022年5月成都市第十四次党代会报告明确提出"制造强市"战略。

2. 创新金融产品，大力支持和培育专精特新企业

2019年5月成都市实施《成都市"交子之星"经济证券化倍增行动计划》，主要目标是在2018—2022年实现上市公司数量倍增。2022年4月成都市政府出台《成都市关于支持企业北京证券交易所上市的若干扶持政策》，加大了"蓉易贷""科创贷""壮大贷"等政策性金融产品对专精特新"小巨人"企业支持力度，对获得国家专精特新"小巨人"企业称号的企业，一次性给予20万元奖励，对北交所上市企业的奖励高达450万元；并鼓励构建市政府部门、区（市）县联动的动态服务机制，强化精准扶持、精细化管理完善新三板挂牌和北交所拟上市企业后备资源库，定期梳理相关问题并制定责任清单。

3. 启动企业技术改造提升工程，培育工业设计企业/组织

制造业是国民经济的主体，是立国之本、兴国之器、强国之基。制造业高质量发展的核心竞争力是制造业工业设计的不断创新和精进。2015年成都市经信委、财政局共同制定《〈成都市人民政府办公厅关于加快发展先进制造业实现工业转型升级发展若干政策的意见〉实施细则》指出，为实现由"制造"变"智造"，鼓励发展工业设计，对新获得工业和信息化部认定的国家级工业设计中心企业给予100万元支持。截至2021年11月，

---

① 彭祥萍. 副省级以上城市"双创"发展报告：2021年新增市场主体数量 成都位列第二[EB/OL]. 成都商报，（2022-09-25）[2022-12-16]. http://scnews. newssc. org/system/20220925/001301862. html.

② 俞瑶，卢月佳. ［对话十城专精特新］成都：强链补链，专精特新企业已是生力军［EB/OL］. 红星新闻，证券之星.（2023-03-09）[2023-03-10]. https://www. 360kuai. com/pc/94b61048c02d3f49a？cota=3&kuai_so=1&sign=360_57c3bbd1&refer_scene=so_1.

成都有各级工业设计中心 123 家，其中，国家级 6 家、省级 29 家、市级 88 家，已初步形成以独立设计公司和工业企业内部设计机构为主体，工业设计工作室、自由设计师为补充的多层次发展架构体系①。

目前成都正研究制定成都市优质中小企业梯度培育实施方案，建立由创新型中小企业、专精特新中小企业、专精特新"小巨人"企业梯度组成的培育库，坚持分类指导、分级培育、分批扶持。

（三）实施科技型企业培育行动计划，培育高质量科技创新型企业生态群

2017 年，成都市制定实施《成都市科技型企业培育行动计划（2017—2020 年）》，启动实施科技型中小企业、高新技术企业、"成都创造"领军企业梯度培育三大工程，具有核心竞争力的创新型企业不断涌现。截至 2022 年 6 月，成都市入库科技型中小企业 7 012 家，有效高技术企业 6 069 家，技术服务型企业 41 家，全球 500 强企业 305 家入驻成都，科技型企业达 2 万多家。

（四）启动新经济企业梯度培育方案，打造全球首个独角兽岛

为着力促进成都市新经济发展，转变经济发展动能，推动成都市创新驱动经济向高质量发展，2018 年 5 月，成都市启动实施"新经济企业梯度培育计划"和"双百工程"，加快培育新经济企业，并呈现出集中化（成都高新区）、高成长、高创新、风险资本利用率高、谱系化等发展特点。到 2020 年年底，全市新经济企业注册 45.8 万家，累计培育"双百"企业 224 家、新经济梯度企业 1 318 家，培育新潮传媒、成都医联科技、1919 等 6 家独角兽企业（2020 年成都市统计公报）。同时，在成都天府新区科学城专门规划布局全球首个以独角兽企业孵化和培育为主的产业载体区域——独角兽岛，2020 年 6 月，独角兽岛启动区基本建成。

（五）积极鼓励各县（市）区试点企业新型学徒制，推动产学研用创新主体协同发展

为提升成都市县域人才技能，加强校企合作，2016 年成都市制定了《企业新型学徒制工作实施方案》（成人社发〔2016〕38 号），培训补贴从各县（市）区就业创业补助资金中列支；2019 年为加快"技能成都建设"，落实国办《职业技能提升行动方案（2019—2021 年）》（国办发

---

① 程怡欣. 成都再添 3 家国家级工业设计中心［EB/OL］. 人民网-四川频道，（2021-11-25）［2022-08-19］. http://sc.people.com.cn/n2/2021/1125/c345167-35021195.html.

〔2019〕24号）和成都市委办公厅、市政府办公厅《关于印发〈全民技能提升计划实施方案〉的通知》（成委厅〔2019〕111号）精神，结合本市实际，制定《成都市企业新型学徒制工作实施方案》。按照"一区（市、县）一品牌、一院校一特色专业"工作思路，以企业新型学徒制为抓手，打造一批符合成都产业需求、特色鲜明、辐射西部的企业品牌、院校品牌和地方品牌，深化产学研用发展。

（六）深化职业技术教育体系改革，加快产业工人技能型人才培育

2018年成都市出台的《关于实施"成都工匠"培育五年计划的意见》（成委办〔2018〕32号）、2021年出台的《成都市推进产业工人队伍建设改革试点若干措施》明确指出建一所"成都工匠学院"，打造提升一批高技能人才培训基地、劳模和工匠人才创新工作室、首席技师工作室，鼓励高技能领军人才带徒传技、培养工匠人才，加快形成企业工匠、县（市）区工匠和"成都工匠"的工匠人才梯次结构，培育更多"四川工匠"和"大国工匠"；树立以赛促训、以赛促学的理念，推动成都工匠选拔与职业技能竞赛深度融合，健全以企业岗位练兵和技术比武为基础，区市县（行业）职业技能竞赛为主体，市级职业技能大赛为主导的工匠人才冒尖机制；并以就业创业重点群体作为服务对象，并给培训机构每人500～6 000元不等的补助。

五、深入推动产业链与创新链融合发展，全方位多路径培育和打造县域产业创新生态圈

产业是城市的命脉，是创新实现的载体和通道，更是人民就业创业创富的依托。为推动成都市经济高质量发展，加快产业链与创新链深度融合，统筹全市县域产业集群、集约和协同发展，提高成都市产业的全球竞争力和抗风险能力，从2017年召开的国家中心城市产业发展誓师大会以来，成都市以产业生态圈建设为主线，以新经济为抓手，"产业新政50条"为动力，以产业功能区为载体，以高品质科创空间（创新极核）为突破口，经过4年多探索实践，基本形成"5+5+1"产业体系+12个产业生态圈+58个产业功能区+54个高品质科创空间的四级协同互动共生的现代开放型产业体系。

（一）创新产业经济组织发展方式，构建产业功能区

产业功能区建设无论对成都市还是对其他区域来说，都是一个新的命

题，没有预定设计好的模式和范本。自 2017 年成都市提出以产业生态圈为引领，推进产业功能区建设以来，到 2021 年 8 月，成都市产业功能区及园区建设工作领导小组共召开了 8 次会议，通过理论提升、实践探索经验总结和问题梳理，先后提出"核心在产业、关键在功能、支撑在园区、机制是保障"的总体思路，以"人城产"逻辑推动城市发展方式转型和经济发展方式转变，加快推进质量变革、效率变革、动力变革；坚持"一个产业功能区就是若干新型城市社区"理念，以及以"高品质科创空间"建设为产业功能核心区 1 平方千米起步区的理念，形成了高品质科创空间/产业社区之于核心区、核心区之于产业功能区的逻辑结构和"人城境业、三生融合，面向未来"的鲜明产业功能区发展导向。2017 年确定的 66 个产业功能区，到 2021 年年底，优化调整为 58 个产业功能区，保留 8 个预留产业功能区；从行政区划维度看，各县（市）区分别布局 2~3 个产业功能区，跨县（市）区的产业功能区共 5 个，为县域经济协同创新搭建起载体平台和产业基础，具体见《附件 成都市产业生态圈及产业功能区名录》。

（二）以高品质科创空间建设为奇点，构建和培育城镇创新极核区

高品质科创空间是具有典型成都特色的创新生态系统极核，是产业功能区的硬核和奇点，是指在产业功能核心起步区打造的以生态为基底，集研发设计、创新转化（中试）、检验检测、场景营造、社区服务等为一体的生态生产生活服务的三生融合的城市精英栖息地，是具有"互联网+"绿色创新生态系统特质的微创新区，见表 4-2。2020 年《成都市建设高品质科创空间行动方案》提出，高品质科创空间重点布局于成都市"11+2"中心城区，聚焦产业功能区核心起步区，采取差异空间规模布局，每一个科创空间不超过 1 平方千米，形成"100 万、50 万、20 万平方米"的不同规模的科创地理空间格局，共布局 54 个。2020 年 4 月 13 日，成都市发展和改革委员会等 18 部门联合签发《成都市建设高品质科创空间政策细则》（成发改产业〔2020〕147 号），围绕高品质科创空间规划建设、用地功能复合、企业招引和退出、科创企业发展、营商环境优化等 16 个方面提出54 项具体政策措施。截至 2021 年 6 月，全市 54 个高品质科创空间已建成825 万平方米，在建 852 万平方米，投运 817.28 万平方米；2021 年度已完成投资 51 亿元，累计完成 508 亿元；引入企业 394 家、高校 99 所、研发机构和专业服务平台 321 家、创新团队 2 812 个、产业化项目 820 个①。

---

① 李迪，陈科. 高新产业表现亮眼，成都的"科创密码"是什么？[N]. 科技日报，2021-08-27（7）.

表 4-2　成都市高品质科创空间的特点及核心功能

	特点	核心功能
土地类型	新型产业用地(M0)①	工业、研发和商业化用地混合一体
产业链	复合多功能融合	新经济+功能总部+生活服务链+生态本底链的"产城人境"融合的城市精灵
创新链	微笑曲线高端	探索和培育硬核科技+场景应用"新种子",采取"专业孵化+科创投融资+种子交易市场"模式
营运管理模式	专业化综合服务管理模式	构建"线上+线下"的智慧服务;探索政府引导市场化主体多元化参股的可持续发展模式;打造企业综合服务+产业资源黏合+价值再造的综合服务平台

（三）实施建圈强链行动，培育打造产业创新生态圈

为深入贯彻落实党中央关于提升产业链供应链稳定性和竞争力的重要部署，进一步增强城市核心功能，提升经济发展质效，2021 年 12 月 10 日，成都市召开产业建圈强链工作领导小组第一次会议，会议明确提出成都将大力实施产业建圈强链行动，并发布《成都市实施产业建圈强链行动推进产业高质量发展工作方案》（以下简称《方案》），《方案》重点如下：

1. 突出细分赛道和前沿领域，有针对有重点培育特色产业生态圈

方案在既往产业生态圈发展的基础上突出细分赛道和前沿领域，聚焦集成电路、新型显示、创新药、高端医疗器械、航空发动机、新能源汽车等 20 个重点产业。

2. 全面实施"链长制"，着力推动产业建圈强链落地

由成都市领导担任链长，统筹资源要素，协同产业链补链强链延链，按照"一条重点产业链一套政策工具包"的要求，构建"链主企业+领军人才+产业基金+中介机构+公共平台"的产业协同生态体系，对产业链上下游、左右边进行整体协同培育，特别突出链主企业专项培育。

3. 协同招商，实现产业链纵向合理布局

由成都市投资促进部门牵头，会同市级部门、市属国有企业、各县（市）区，抓紧招引落地一批突破"卡脖子"关键核心技术、研发制造标志性整机产品和关键零部件、提升产业核心竞争力的产业级产品级重大项目。

---

① M0 是在工业用地（M 类）中增设的新型产业用地。

4. 创新极核牵引，构建跨县域协同创新网络

积极探索以国家重点实验室（天府实验室群）为创新极，通过与各区（市）县产业园区载体共同构建"研发+制造""总部+基地"的创新模式，实现从实验室样品到产品再到商品的产业全链贯通，着力推动从 0 到 1、从 1 到 N 的创新扩散驱动经济高质量发展路径。

5. 制定产业技术图谱，推动产业链与创新链深度融合

为深入推动产业链与创新链融合发展，成都市科技局积极组织制定产业链技术创新图谱，于 2022 年 6 月 28 日正式发布成都市新能源汽车产业链技术创新图谱及创新资源清单，并将根据情况适时更新①。

（四）突出发展新经济，强化场景应用

2017 年成都市率先在全国提出要把成都市建成最适宜新经济发育成长的新型城市。经过 4 年多实践，成都构建了"1+6+7+N"（新经济+6 大新经济形态+7 大应用场景+N 个延伸场景）新经济政策框架，政策体系逐步完善；建立了"城市机会清单"发布机制，场景营城成效明显，新经济要素供给日益完备，企业梯队不断壮大，品牌影响力持续提升。2020 年成都市在全国新经济指数多月跃居第二，仅次于北京。截至 2021 年年底，全市累计注册新经济企业突破 58.3 万家；9 家企业达到独角兽标准；22 家新经济企业成功上市及过会；2021 年新经济增加值 5 266.5 亿元，占 GDP 比重 26.4%②。

1. 强化新经济发展顶层设计，注重政策措施配套跟进

为支持成都市新经济发展，2017 年成都市专门制定了《关于营造新生态发展新经济培育新动能的意见》（成委发〔2017〕32 号），明确提出发展"6 大新经济形态"③，着力培育 7 大新经济应用场景，并设立 2 亿元规模的新经济天使投资基金。政策最大的亮点是把成都建成最适宜新经济发育成长的城市，实施包容审慎的监管制度，强化企业和人才培育的"新经济企业梯度培育计划"以及"双百工程"两项制度安排。2018 年，成都市印发了《成都市新经济企业梯度培育若干政策措施》（成府函〔2018〕

---

① 钟茜妮. 成都全面实施产业建圈强链"链长制"，20 条产业链将享专属服务 [N/OL]. 红星新闻网，(2022-01-06)[2022-08-09]. https://www.360kuai.com/pc/9b7f4fc3fb0e37003? cota = 3&kuai_so = 1&tj_url = so_vip&sign = 360_57c3bbd1&refer_scene = so_1.

② 李艳玲. 智慧蓉城建设两份城市机会清单来了 [N/OL]. 成都日报，转引自人民网，(2022-06-16)[2022-10-19]. http://sc.people.com.cn/n2/2022/0616/c379471-35317128.html.

③ 6 大新经济形态：数字经济、智能经济、绿色经济、创意经济、流量经济、共享经济。

74 号）和配套实施的《成都市新经济梯度培育企业认定办法（2020 年修订）》。2021 年年末，成都市发布的《成都市"十四五"新经济发展规划》（成府规〔2022〕1 号）指出，到 2035 年成都将成为充满活力的全球新经济标杆城市。2022 年，成都市重新制定了《成都市新经济企业梯度培育若干政策措施》，将原有的"种子企业、准独角兽企业、独角兽企业（或行业领军企业）"调整为"新经济种子企业、新经济双百企业、新经济示范企业"三个梯度进行认定和培育，每年分别培育 1 000 个、100 个、30 个，形成由企业找政策，到政策主动找企业的"113"格局①，并提出设立一批新经济银行。

2. 探索构建"机会清单+场景实验+场景示范区/社区"的多维度多层次城市场景应用体系

在新经济发展理论探索与实践中，成都市深刻认识到应用场景的重要性，在全国率先提出城市应用场景理论，构建与新经济发展高度契合的"7 大应用场景②+N 个延伸场景"，通过场景供给培育应用市场，给新技术、新模式、新形态提供能够落地的应用入口和市场机会，加快成都市新经济治理方式由"给优惠"向"给机会""给空间""给场景"等转变。同时，成都市各县（市）区结合自身产业禀赋、区位条件，依托 66 个产业园区，围绕新经济六大形态领域和细分产业，确定其新经济产业功能区，在空间地理上整体谋划成都市新经济发展"7+N"空间版图。2021 年1 月，成都市委市政府出台《关于以场景营城助推美丽宜居公园城市建设的实施意见》进一步明确场景的成都内涵③，标志着成都市场景创新从"单个点探索"进入"整体全面铺开"新阶段，聚焦美好生活、智能生产、宜居生态、智慧治理四大城市场景体系，加快构建"城市场景机会清单+创新应用实验室+城市未来场景实验+场景示范"的多维度多层次城市场景体系，深化完善"资源释放、创新研发、孵化试点、示范推广"的场景联

---

① 成都市政府办公厅.《成都市新经济企业梯度培育若干政策措施》政策解读 [EB/OL]. 成都市人民政府网，（2022-07-04）[2022-12-14]. http://gk.chengdu.gov.cn/govInfoPub/detail.action? id=3381907&tn=2.

② 七大应用场景包括服务实体经济、智慧城市建设、科技创新创业、人力资源协同、消费提档升级、绿色低碳发展、现代供应链创新，着力促进新技术推广应用、新业态衍生发展和新模式融合创新。

③ 场景作为城市空间功能的重要载体，是城市资源要素有效汇聚、协同作用、价值创造的系统集成，是人们文化认同、美学价值、美好生活的关系网络，具有可识别、可策划、可体验、可消费、可投资、可运营的特征。

动机制，推进市民高品质生活、经济高质量发展、生态高价值转化、城市高效能治理。① 截至 2021 年年底，成都市累计支持创新应用实验室 13 个、城市未来场景实验室 16 个，应用场景示范区 9 个、示范应用场景项目 89 个。

3. 构建"一委一院一俱乐部"新经济产业发展服务组织体系

成都市以新一轮机构改革为契机，在全国率先成立新经济发展委员会，既体现政府的重视，又为新经济发展提供组织保障。2017 年 9 月 29 日，新经济委与电子科技大学合作成立了新经济发展研究院，着力打造新经济发展的专业智库和"最强大脑"，并由研究院牵头组织成立成都新经济企业俱乐部，为新经济企业搭建整合资源交流合作的复合平台，建立起"政府+智库+企业家组织"的新经济发展服务组织体系。

4. 探索设立以新经济专业化银行为重点的特色融资服务体系

为引导和促进新经济发展，成都市不仅设立了 2 亿元的新经济天使投资基金（采取直投和参与两种非控股的方式），还在全国首创设立新经济专业化银行。根据《成都市新经济企业梯度培育若干政策措施》（成府规〔2022〕1 号）"授牌一批新经济专业化银行"，2022 年 9 月 27 日，成都市新经济委会同成都市财政局、成都市地方金融监督管理局研究制定发布了《关于支持设立新经济专业化银行的实施细则》（成府规〔2022〕20 号），并给首批 4 家不同性质的新经济专业化合作银行（工商银行成都分行、民生银行成都分行、成都银行、成都农商银行）授牌试点。成都市新经济专业化银行的运行特点和亮点是：依托现有银行机构，按照"破除服务盲区、突出赛道思维、创新金融产品"的总体思路，基于"数据技术赋能、产银精准匹配"，成都市新经济委依托成都市新经济公共管理服务平台大数据库，建立各细分赛道评估模型，评估"企业白名单"向新经济银行等推送，着力构建新型政银企合作融资融信模式②，着力破解新经济企业轻资产、盈利弱的问题，银行"不敢贷""不愿贷"的困局。截至 2021 年 11 月，已有 3 家新经济专业化银行正式试点，创新推出"新易贷"系列金融服务产品，到 2022 年年底预计"新易贷"系列产品的信贷投放规模

---

① 张晨. 成都着力构建四大城市场景体系 [EB/OL]. 四川经济网，(2022-04-18)[2022-09-06]. https://www.scjjrb.com/2022/04/18/99316372.html.

② 彭春志. 创新新经济金融服务，成都首批新经济专业化银行出炉 [EB/OL]. 天虎科技，(2022-09-27)[2022-11-26]. http://news.sohu.com/a/588721314_421107.

将突破 10 亿元①。

5. 以双创交易活动推动新经济国际化、可视化和生活化

2019 年 6 月，成都市举办了以"新经济 新生态 新场景"为主题的成都全球创新创业交易会，"创交会"突出场景、打造"O2O"平台，为新经济的商业化、市场化提供平台和机遇。同时，成都市通过面向全球举办"场景营城·产品赋能"双千会，搭建"场景汇"平台，实现"无发布、不招标"和发布活动线上线下相统一，着力推动新经济接地化、国际化、有序化。2019 年《新经济在中国》纪录片第一站选择了成都，该片央视负责人表示"从给优惠向给机会转变，成都的新经济发展具有代表性"；同时，成都的新经济"不光是起步早，而且越跑越快"。福布斯环球媒体控股有限公司副主席迈克·佩里斯（Mike Peris）说："成都正创造充满活力与可持续发展的创新环境。"北京大学国家发展研究院院长姚洋说："成都发展新经济的做法具有推广价值。"②

六、持续推动城市创新，着力打造可持续发展世界级公园城市

从公园城市"首提地"到建设践行新发展理念的公园城市示范区，成都从底层逻辑到系统实践上深入贯彻以人民为中心的发展思想，得到国际、中央、省级政府及各部门的肯定和大力支持，充分展示了全面创新驱动经济高质量发展促进人民共同富裕的成都独特实践。

（一）优化重构城市空间，着力打造可持续发展城市生态边界

成都从秦开始，两千多年来，城址未变、城名未改、中心未移。随着"一带一路"倡议、成渝相向发展国家战略等的实施，成都的开放性日益增强。2017 年 4 月 15 日，成都市第十三次党代会首次提出跨越龙泉山"东进"，推动城市空间格局从"两山夹一城"（龙泉山和龙门山）向"一山连两翼"转变，整体形成"一心两翼一区三轴多中心"空间结构，成都市域面积增加至 14 335 平方千米，这为打造公园城市创造了天然的基因和生态本底。

① 省政府办公厅. 成都市设立新经济专业化银行，着力破解中小企业融资难题［EB/OL］. 四川省人民政府网，（2022-11-17）［2022-12-13］. https://www.sc.gov.cn/10462/10778/10876/2022/11/17/9382be51f20848a0a35afff6040c9c82.shtml.

② 王玲，郭莹. 2019 创交会开幕《新经济在中国》纪录片首站拍摄地选成都［EB/OL］. 爱看头条，（2019-06-11）［2022-505-16］. https://www.sohu.com/a/319756745_120237.

（二）实施精明收缩与精明增长并行发展策略，重塑城市空间功能

2016年3月23日成都市新闻办公室发布的《成都市城建攻坚2025规划》提出，努力构建"双核共兴（中心城区和天府新区）、一城多市"的网络化城市群特征理念。《成都市城市总体规划（2016—2030年）》提出"东进、南拓、西控、北改、中优"十字方针，高起点规划东部区域，开辟城市永续发展新空间；高水平发展南部区域，打造区域创新发展新引擎；高标准建设西部区域，探索城市绿色发展新模式；高质量改造北部区域，增强区域一体功能新支撑；高品质优化中部区域，开创和谐宜居生活城市新路径，着力构建东南西北中差异化发展的五大主体功能区，突出双核共兴，体现城市精明增长与收缩并行发展理念，并提出"十大工程"，奠定成都市建设可持续发展世界城市的总体架构和核心内容。

（三）创新提出"人城境业"现代城市发展新形态，打造以人的全面发展为中心的公园城市

习近平总书记指出，"城市是人民的，城市建设要坚持以人民为中心的发展理念，让群众过得更幸福"。2018年2月习近平总书记在天府新区视察时强调"突出公园城市的特点"。牢记总书记重托，2018年7月成都市制定《成都市美丽宜居公园城市规划》指出，把成都建成全球最大城市森林公园，建设"人城境业"高度和谐统一的现代化城市形态，充分彰显"生态文明"和"以人全面发展为中心"的融合创新发展理念。2022年2月，国务院同意成都建设践行新发展理念的公园城市示范区；2022年3月16日，国家发改委网站正式发布《成都建设践行新发展理念的公园城市示范区总体方案》，支持成都探索山水人城和谐相融新实践和超大特大城市转型发展新路径，这为成都市城市创新发展指明了方向，提供根本遵循和行动指南。

（四）创新提出城市有机更新六大原则，充分体现公园城市特色

随着城镇化加快，全国各地都在加快建设新城/新区，截至2021年成都规划在建的新城/新区一共有23个，基本上每一个行政区都有一个新城/新区。新、老城区在形象和功能上的优势是不言而喻的，这就产生了老城区与新城区如何协调共发展的问题。老城（区）镇的更新是一个世界性的探索性问题。为使老城、镇及街区与时俱进，从实践看，不同城市的有机更新会有不同的特色和路径。围绕建设践行新发展理念的公园城市示范区、高品质生活宜居地和世界文化名城目标，成都最大的特色是在公园城

市理念下开展有机更新。2020年4月成都市印发的《成都市城市有机更新实施办法》指出，城市有机更新坚持"保护优先、产业优先、生态优先"原则，"在挖掘和传承城市文脉基础上，着力培育特色文态。依托区域业态本底，科学确定产业定位和发展方向，推动发展新经济、新业态、新场景、新功能。以生态为引领，将公园城市理念融入城市有机更新，推动城市高质量发展"。2021年7月23日，成都市住房和城乡建设局牵头编制的《成都市公园城市有机更新导则》①正式印发，创新提出6大原则②，为成都市县（市）区甚至乡镇更新提供了指引和方向。而且，成都城市更新全过程一体化推进模式、设立城市更新专项资金两项经验已纳入住建部《实施城市更新行动可复制经验做法清单（第一批）》，向全国推广③。

（五）以生活修行为根本，持续坚持城市营销创新

成都从偏安一隅到成为中国最具魅力的城市之首，与成都市营城创新密不可分。成都的城市营销始于2000年，成都通过文学、影视、旅游、特有元素展示、吃住玩以及特色产业发展等全方位全面营销创新，让世界记住成都、消费成都并爱上成都。

1. 转换政府部门职能，大力推进城市营销

为有效地推进城市营销工作，成都市委宣传部变身为"城市营销部"。2008年成都市委宣传部牵头组建成都城市形象提升协调小组，专门负责成都的城市形象宣传工作，其工作人员主要为来自媒体、传媒公司、旅游集团、投资部门等的专业人员而不是公务员，充分体现了成都市营销城市的专业性和对其的重视程度。

---

① 佚名. 成都市公园城市更新导则［EB/OL］. 融建网，（2021-07-29）［2022-08-19］. http://www.cnrjw.cn/zixun/178765.html.

② 6大原则：一是留改建相结合，保护城市年轮。城市更新过程中强化历史文化资源全方位保护，少拆多改。二是因地制宜，推动片区整体更新。三是推动城市新旧动能转换，提升城市能级。采取"策划规划设计运营"一体化思路，重点推动功能重构、品质提升、产业转型、盘活低效闲置土地，大力发展新经济，培育新动，营造新消费场景，持续优化升级城市功能。四是主动调适，多维统筹，促进职住平衡。五是绿色城市更新，促进可持续发展。强化可持续发展，采取"生态技术，生态策略等"城市绿色更新模式，着力打造低碳未来社区。六是政府引导、属地管理、市场化运作，公众参与。明确城市更新参与主体的权益和责任。政府要充分发挥规划引领、政策支持、资源配置作用，加大财政支持力度。

③ 转引自四川日报. 多维度看成都城市更新：让城市更美好［N/OL］.（2022-12-18）［2022-12-26］. https://finance.sina.cn/2022-12-18/detail-imxxaeew0020036.d.html.

2. 不断挖掘和丰富城市的精华和灵魂

城市营销是一项系统工程，最重要的是挖掘城市灵魂和特质基因，精准问答"我是谁"的根本问题。从 2000 年提出"第四城"到"休闲之都""世界山水田园城市""世界历史文化名城""国家中心城市""国家公园城市"，再到"四中心一枢纽一名城"的打造，成都不断丰富和完善城市的特质和内涵。

3. 以丰富多样的城市营销模式、活动呈现城市战略

"休闲之都"大成都战略定位后，2003 年成都市请张艺谋拍摄成都城市形象宣传片，以"一座来了就不想离开的城市"使"休闲之都"名扬四海，之后大量扶植烙有成都印记的出版物面世，再到打造音乐剧《金沙》，申报"太阳神鸟"作为中国文化遗产标志。"最具创新性、历史最久远且常在使用的无坝引水都江堰水利工程"世界非遗申报，以及积极推进各种国际国内会议论坛、美食文化观赏等节庆活动、会展赛事的举办等，成都市城市营销做得有声有色。

4. 以全球化、国际化的营城思想为指引，成都加速从内陆走向世界

成都市营城很早就注重全球化思想的指引，2005 年成都市政府明确提出将国际营销作为成都城市营销的重中之重，并成立了专门的国际宣传组，积极寻找成都与世界对话的"国际语"。如"大熊猫全球恳亲之旅"、举办 FIAP（影视艺术），邀全球共解"金沙"传说，向世界推介"成都风情周"，举办中国全球创新创业交易活动，积极争取举办各类世界综合性运动会，如 2021 年成都大运会（第 31 届世界大学生夏季运动会)① 等，让世界认识成都、品味成都、体验成都。

（六）建设"品质成都"，提升成都质量

2013 年成都市入选全国首批、中西部首个"全国质量强市示范城市"，之后，成都坚持把标准化放在总揽经济社会发展全局的战略高度，着力实施积极主动的"标准化+"行动，打造"品质成都"②。

1. 突出顶层设计

成都市委、市政府将构建大质量大标准体系编入"十三五"规划，

---

① 佚名. 如何评价成都市的城市营销？ [EB/OL]. 知乎，(2022-09-15) [2022-12-16]. 链接：https://www.zhihu.com/question/304602149/answer/763450685.

② 张东. 用国际一流标准打造"品质成都"四川成都以全新发展理念推动国家中心城市建设 [N/OL]. 中国质量报，(2017-05-16) [2022-11-17]. http://epaper.cqn.com.cn/html/2017-05/16/content_86982.htm? div=-1.

2017 年出台《关于积极采用国际一流标准开展品质提升行动建设品质成都的意见》，明确提出以提高发展质量和效益为中心，对标国际一流，推动标准在经济社会各领域广泛应用与深度融合；同年成都出台《关于深入推进城乡社区发展治理建设高品质和谐宜居生活社区的意见》，明确提出建设品质、活力、美丽、人文、和谐五大社区。2018 年成都市委十三届三次全会通过了《高质量现代化产业体系建设》《高效能社会治理体系建设》《高品质公共服务设施体系建设》三个改革攻坚计划；2020 年出台《成都市建设高品质科创空间行动方案》等，不断丰富和完善全面建设品质成都的内容。

2. 强化组织保障

成都市将品质提升行动作为"一把手"工程，专门成立了由市委副书记、市长任组长的品质提升行动领导小组，建立联席会议制度，健全统一管理、分工负责、相互协调的工作机制，并纳入政府部门目标考核。

3. 探索建立并试行"品质成都"指标综合评价

2018 年成都市统计局、发展和改革委员会以及市委组织部联合印发《关于探索建立〈成都市高质量发展评价指标体系（试行）〉的工作方案》的通知（成统计发〔2018〕33 号），评价指标体系以体现质量第一，效益优先的"三新两优一控"① 为目标，并把高质量发展评价纳入各县（市）区政府的考核目标，通过激励和约束，着力推动成都市县域经济向更高质量转型发展。

4. 实施品质提升行动，打造成都标准和品牌

全面实施品质提升行动，推动各行业各领域积极采用国际一流标准，着力实施产业标准升级行动、技术标准创新行动以及金融、文化发展、生态文明、城市建设等方面标准提升行动工程，加快培育以技术、标准、品牌、质量、服务为核心的经济竞争新优势，着力打造具有国际竞争力的成都标准、成都质量、成都品牌，大力提升"成都制造""成都创造""成都服务"品质。

七、大力实施科技创新行动，加快促进乡村振兴农民富裕

（一）加强顶层设计，强化政策、行动、方案指引

2003 年成都市率先提出在全国探索城乡统筹发展，开创了城乡同发

---

① 发展方式新、经济结构新、发展动能新、绿色低碳优、民生福祉优、风险可防控。

展、共繁荣新局面。2007 年 6 月 7 日成都市获批设立全国统筹城乡综合配套改革试验区，同年 11 月，成都市制定并发布了《关于加强农村科技服务体系建设的实施意见》，旨在建立城乡科技成果转化、技术扩散、信息服务和就业培训等渠道和平台，促进城乡科技与经济融合均衡发展。2009 年根据《四川省统筹城乡发展科技行动纲要（2008—2020 年）》，成都市制定出台了《成都市统筹城乡科技推进行动方案》（3 年），提出推进科技创新要素向农村流动、依靠科技创新推进农业产业化等战略任务。2016 年为支持农业科技人员及大学生创新创业，加强农业科技成果转化与推广应用，市科技局、市农委共同制定了《成都市激励农业科技人员及大学生创新创业的政策措施》，对于带着技术、项目来蓉新领办农业企业的高层次人才，给予 100 万元的资助；成都市与各县（市）区共建大学生农业创业示范园区等。2018 年成都市科技局与成都农村发展局首次联合制定了《成都市实施乡村振兴战略农业科技行动方案（2018—2020 年）》，该方案围绕成都市重大农业科技需求，增强农业创新源头供给，着力推进农业产业功能区（园区）的校院企地合作发展，并从服务体系、要素引入和培育、创新和创业以及产学研联合等入手打造高能级平台。

（二）加快打造农业高端研发平台，构建成都市农业高质量发展创新高地

《成都市实施乡村振兴战略农业科技行动方案（2018—2020 年）》提出，成都市将加快建成国家成都农业科技中心和成都市现代农业产业技术研究院两大高端研发平台，平台肩负着科技创新、产业孵化、人才培养与国际交流等任务，并以成都服务全川的农业科技联盟为纽带助推两大高端平台共同发力，服务全川、辐射西南乃至"一带一路"，建世界一流现代农业科技创新高地。

1. 政产学共建成都唯一市级农业新型产研院

2017 年 12 月，成都市人民政府、温江区人民政府、四川农业大学、成都市农林科学院、四川特驱投资集团有限公司本着"优势互补、互利共赢、共同发展"的原则，共同组建了成都市级唯一一家农业领域的新型产研院——成都市现代农业产业技术研究院，采取政府+大学+企业三方共同出资、企业控股的多元化主体参与模式，2022 年入选四川省首批 20 家省级新型研发机构之一。

2. 强强联合打造国家成都农业科技中心

2017 年 8 月 29 日，中国农业科学院与成都市人民政府签署了《共建国家成都农业科技中心战略合作框架协议》，共同将国家成都农业科技中心建成支撑大西南地区和"一带一路"国家现代农业创新发展、具有世界一流水平的国家农业科技中心。中心分为创新核心区和现代农业技术集成示范区。2018 年 7 月 16 日，国家成都农业科技中心正式成立，开办资金500 万元（财政补助资金，5 年），系事业单位性质。2022 年 3 月 30 日中心一期（创新核心区）正式建成移交使用，主要包括都市农业重点实验室、垂直农业展示中心、智慧农业研究中心、食品营养与健康中心、院士工作站等一院士工作站、四大平台、十大研发单元等重点内容，建成集农业科研、国际交流、产业孵化、综合服务 4 大功能区于一体的世界一流的现代农业科技创新中心，着力打造西南地区农业科技高地。

3. 建全国首个市级服务全川农业科技创新联盟

2019 年 8 月 6 日在中国农业科学院和四川省农业农村厅的指导下，由成都市农业农村局发起，国家成都农业科技中心牵头，邀请与"川字号"农业特色产业相关的国内外知名农业科研机构、涉农大学，联合成都及各市（州）农业主管部门、涉农科研机构、龙头企业等科技创新主体共同发起成立成都服务全川农业科技联盟。联盟是国家农业科技创新联盟体系下第一个市州服务全省新型政产学研深度融合的创新联盟①。联盟以国家成都农业科技中心为理事单位，以咨询委员会为顶级智库，以农业科技协同创新专家团队为主要力量，着力推进建设集科技支撑、成果熟化、企业应用、产业示范等功能为一体的区域农业科技创新服务示范区。目前成都市7 个市级现代农业重点产业园已建成农业科技服务示范园区，并依托川农大"川农牛农科 e 站"，完善农业科技协同创新数字化服务平台建设方案，在新津农博园启动建设农业科技协同创新数字化服务平台等，着力推动成都市县域协同创新助力农村经济高质量发展。

（三）构建现代农业产业功能区，打造都市现代农业产业生态圈

为促进农村农业经济转型高质量发展，2017 年 11 月 13 日成都市围绕全面贯彻党的十九大精神以及深入准确领会"两山理论"，召开实施乡村振兴战略推进城乡融合发展大会，全面启动农业产业功能区建设。成都市

---

① 张艳玲. 成都服务全川农业科技创新联盟成立 [EB/OL]. 中国农业网，（2019-08-06）[2022-12-16]. https://www.farmer.com.cn/2019/08/06/wap_99841551.html.

以"十大重点工程"和"五项重点改革"为支撑，以7个市级现代农业产业功能区和48个国家和省市县级农业园区为载体，以农商文旅体融合发展为内容，以创新为动力，强链补链、聚链成圈，加快构建成都市都市现代农业产业生态圈。目前产业生态圈初步构建，在产业前端，以国家成都农业科技中心为支撑嵌入高端科研资源；在产业中端，以"粮安天下安"强化农业主导产业地位；在产业后端，以"天府源"市级农产品区域公共品牌为核心发展深加工塑造公共品牌，并拓展前后左右的协同创新圈①，形成"研发+种植+品牌营销"的网络化创新生态体系。2020年成都市都市现代农业发展综合水平位列全国33个大中城市第3位。

（四）着力体制机制模式创新，探索农商文旅体融合发展新路径

1. 探索"特色镇、川西林盘、农业园区（景区）"多元融合场景模式

成都市基于各县（市）区资源和产业特点打造川西林盘、特色小镇、城市绿道、农商文旅体学研等城乡多功能融合场景，初步形成以绿道为纽带，农业主题公园、特色镇、川西林盘、精品民宿互为支撑的旅游目的地，到2020年打造农商文旅体融合发展消费新场景1 106个，形成特大城市"联城带乡"，以川西林盘为载体、农商文旅体融合发展的具有成都特质的城乡融合发展新模式。其中，稻乡渔歌田园综合体采用"农村土地+企业+科研院所+乡村美化"模式，成为标杆。

2. 坚持"景观化、景区化，可进入、可参与"理念，着力构建大美成都、宜居乡村新形态

"景观化、景区化"是成都市建天府绿道提出的理念，着力通过田园绿道和各种田园景观的打造，串联整合城乡旅游分散资源，促进农村道路景观化、景区化，不仅可以更好地保护永久基本农田，还有助于为农村种养业发展和乡村旅游创造良好的交通条件。按照"可进入、可参与"理念，成都市在乡村建设上，强化特色小镇、特色园区以及林盘院落等的打造，给农村植入更丰富的产品和业态，是成都市城乡融合发展的有益探索实践。

3. 积极探索先行先试城乡融合发展体制机制

2019年12月成都市西控区域整体纳入国家城乡融合发展试验区，总

---

① 佚名. 成都市都市现代业画了"三个圈" [EB/OL]. 成都科技（2020-04-08）[2022-10-18]. https://www.sohu.com/a/386483524_120214231.

共 7 672 平方千米，涉及 2 区、4 市、2 县共 8 个区（市）县①。根据国家发改办规划〔2021〕135 号文件，成都市重点聚焦探索先行先试以下 5 个方面：建立城乡有序流动的人口迁徙制度，建立农村集体经营性建设用地入市制度，完善农村产权抵押担保权能，搭建城乡产业协同发展平台，建立生态产品价值实现机制②，着力打通城乡生产要素双向自由流动的制度性通道。目前，成都市县域农村土地制度、集体产权制度改革纵深推进，彭州市、郫都区等宅基地腾退入市取得初步成效，多项改革成果被国家部委推广，城乡要素自由流动制度性通道基本打通。

（五）不断完善农村科技创新服务体系

为推动城乡融合发展，促进城乡科技资源信息互动流通，服务农村农业发展和提高城市创新资源使用效率，成都市建起农业科技创新服务平台、科技信息服务站（点）以及农村产权交易所等"大动脉"通道和一系列连接平台、项目，并主动对接市省相关平台、机构，特别是建立了四川省农业科技成果转化区域服务平台成都平台③，构建起城乡与省市县村四位一体多元化的农村科技创新体系，促进创新创业资源共享与流通互补，使其价值有效实现。

1. 构建多类型全覆盖的城乡科技信息服务站（点）

2011 年，成都市开始全面构建"一平台、多方式、全覆盖"的新型农村科技服务体系，在全市 19 个区（市）县和高新区全域构建基层科技信息服务站（点）。科技服务站点包括产业科技信息站点和村级（社区）科技信息服务站点，科技信息服务站（点）上联成都市统筹城乡综合信息服务平台，中联技术创新团队，下联信息员等，科技服务站点功能按"圈层融合"理念，实行一圈层与二、三圈不同功能特点布局。

2. 全国率先建立农村产权交易所

2008 年成都市在全国率先挂牌成立农村产权交易所，全力为各类农村产权流转交易提供服务，现有 12 个分公司，9 个子公司，成都市各县（市）区均设有站点，其交易总量位居全国同类交易机构之首，已发展成

---

① 温江区、郫都区、彭州市、都江堰市、崇州市、邛崃市、大邑县和蒲江县.

② 国家发改委规划司. 国家发展改革委办公厅关于国家城乡融合发展试验区实施方案的复函（发改办规划〔2021〕135 号）[Z/OL]. 国家发展改革委办公厅，（2021-02-08）[2022-10-16]. https://www.ndrc.gov.cn/xxgk/zcfb/tz/202102/t20210208_1267095.html.

③ 包括科技信息服务平台、科技特派员创业服务平台、科技咨询培训中心 3 大子平台。

为专业性的农村产权交易平台、综合性的乡村振兴发展平台、特色性的农村金融服务平台，正逐步发展成区域性农村产权交易中心①。

3. 持续构建农业科技创新服务平台

2007年11月成都市科技局制定和发布了《关于加强农村科技服务体系建设的实施意见》，以引导建立各具特色的农村区域科技服务体系为目标，以有效解决科技与农民对接为出发点，建设和认证一批特色农村科技服务机构，力争通过市县联动10年发展，建立起各自30到50家的农业科技专家大院、农业工程技术中心、农村农业合作经济组织科技服务示范点、农村信息服务示范点、星火科技示范基地以及其他科技服务示范点。

4. 其他部门建立相关服务平台

成都市科协创新设立城乡社区科技公共服务站，开展国际化社区生活服务、生态环境保护领域助力服务、高层次人才服务等多领域多形式专业化服务。通过建立城乡科技信息服务站、科普基地等平台，组织开展科普日、科普月、科普进农村（社区）活动，运用微博、微信等新媒体，加大科技普及、先进文化等宣传力度；开展科技精准扶贫、农技讲堂、下乡咨询服务、农业科技成果推介以及农业科技资源价值交易等服务。

八、不断深化体制机制改革创新，优化创新驱动高质量发展共同富裕环境

（一）持续不断深化商事制度改革，营造国际一流的营商环境

2003年国务院行政审批改革以来，成都市便紧跟于后，着力推动商事制度改革，特别是党的十八大以来，进一步扩大商事制度改革，创新实践"一址多照""一照多址""五证合一"等登记制度改革；深化并联审批、证照联办、政银合作，全面推行企业名称自主申报，积极开展企业登记实名认证试点，不断完善市场主体简易注销登记制度；全面推进全程电子化网上登记；对新经济企业实行"包容性管理""容缺登记"以及"容错期"制度等；强化企业信息披露、自我声明和信用承诺，实现"阳光监管"等；全力推行以"双随机、一公开"为基础、以智慧监管为手段、以信用监管为取向的新型监管机制。2021年12月15日，《成都市强化创新突破建设稳定公平可及营商环境标杆城市实施方案》出台，成都营商环境

---

① 佚名. 中国·成都农村产权交易所简介 [EB/OL]. 交子彩虹，[2022-10-13]. https://www.cdaee.com/www/article/gybs/bsjj/.

营造历经"建体系夯基础"的 1.0 版、"学先进补短板"的 2.0 版、"树标杆创品牌"的 3.0 版,突出"集创新求突破"的 4.0 版①。2023 年 1 月 1 日实施的《成都市优化营商环境条例》,将开启成都营商环境法治的新境界,将把成都打造为投资贸易便利、行政许可便捷、要素获取容易、政策精准易享、法治保障完善、公平公正透明充分彰显的便民利企新高地。

(二)深化科技体制改革,打通产学研用通道,营造科研人员富起来的法治环境

2016 年 6 月 2 日,成都市人民政府正式发布《促进国内外高校院所科技成果在蓉转移转化若干政策措施》(简称"成都新十条")。"成都新十条"首次触及科技成果所有权问题,实行"先确权、后转化",同年年底出台了"成都新十条"的配套文件《关于支持在蓉高校院所开展职务科技成果混合所有制改革的实施意见》(成科字〔2016〕152 号),成为全国首个出台专项文件实施科技成果混合所有制改革的城市。2017 年 9 月,成都市成立了科技成果"三权"改革联盟,搭建职务科技成果混合所有制改革交流平台,完善了高校院所科技成果对接机制,推动校院地协同创新。2021 年 1 月,成都市科学技术局等 11 部门正式印发《成都市深化职务科技成果权属改革促进科技成果在蓉转化实施方案》,此方案包括 10 项措施 30 条具体政策,是成都市不断探索科技成果混合所制改革和促进科技成果转化政策的"升级版",更是支持科研人员合理合法富起来的政策保障。该方案主要突出创新:一是完善收益分配机制。允许科研人员按规定兼职创新、离岗创办企业,取得合法报酬,让科研人员"合理合法富起来"。二是丰富中试基地与产业化载体发展模式。提出在产业功能区、科创空间建设众创空间、孵化器、硬核科技"二次开发"实验室、城市场景实验室、中试共享生产线等载体,为成果转化提供"一站式"科技服务。三是提出推动 4 所在蓉高校深化职务科技成果所有权或长期使用权试点。截至 2021 年,累计 37 家在蓉高校院所及国有企业出台改革办法,累计 900 余项成果完成分割确权或赋权,2 500 余项成果落地转化②。

---

① 蔡宇. 建成国家双创示范基地 5 个 拥有国家级创新平台 217 个［N/OL］. 锦观新闻,(2022-08-11)［2022-11-12］. https://www. 163. com/dy/article/HEF3PP2T0514R9MQ. html.

② 彭祥萍. 2021 年成都新增市场主体数量、实有市场主体数量第二［EB/OL］. 新浪网,红星新闻,(2022-09-26)［2022-12-26］. http://sc. sina. com. cn/news/b/2022-09-26/detail-imqqsmrp0455500. shtml.

（三）不断优化人才政策，实施"蓉漂"品牌，着力打造人才生态引育环境

纵观成都市人才政策体系变迁，从 2017 年政策给优惠的"1.0 版"，到 2020 年搭平台给机会的"2.0 版"，再到 2022 年 6 月 22 日出炉的优平台营生态的 3.0 版（《成都市创建吸引和集聚人才平台激发人才创新创造活力的若干政策措施》20 条）。政策 3.0 版本聚焦成都经济高质量发展和做优做强城市功能，提出打造一支涵盖科技领军人才、高水平工程师、高技能人才、专业城市治理和基层治理人才、乡村振兴人才等的人才队伍，形成支撑高质量发展从战略科学家到新职业从业者全覆盖的多层次人才体系。政策包含面向全球招募天府实验室首席科学家，搭建青年人才培育的"两站一基"，深化校地企合作，支持校地企联合培养卓越工程师，实行校企双导师制以及产业教授；构筑公园城市人才价值生态，高品质打造"蓉漂"人才公园；支持用人主体评价人才，还为快递小哥等新职人员建立"职工驿站"等，充分体现了政策的生态性[1]。采取"揭榜挂帅"、高层次专家举荐人才等一人一策制，并实行市、县（市）区共育。首批 7 名被举荐人才获评 2022 年"成都工匠"，首批 93 名企业人才获评高级工程师职称，至 2022 年上半年全市"蓉漂"人数达 683.5 万人。

（四）构建完整有效的知识产权"大保护"体系

成都市历来重视知识产权的保护、管理和运用。2017 年，成都市在成都高新区、天府新区成都直管区、郫都区开展专利、商标、版权"三合一"知识产权综合管理改革试点，建立重大科技经济活动知识产权审查评估制度，全面提升知识产权管理效能，同时也重视知识产权保护，着力构建以司法保护为主导，行政保护为支撑，以仲裁调解、行业自律、社会监督为补充的知识产权"大保护"体系[2]。2022 年 10 月 25 日，成立成都市知识产权保护中心。

1. 优化知识产权管理布局，持续完善"三审合一"机制

2014 年成都市在高新区、武侯区、锦江区、郫县法院开展知识产权审判"三审合一"试点，即民事、行政和刑事一体化。2017 年天府新区科学

---

① 吴怡霏. 成都出台 20 条政策措施全方位招引各类各层次人才 [EB/OL]. 成都日报. [2022-12-26]. https://www.sohu.com/a/566599439_384290.

② 成都中院融媒体工作室. 2017—2021 年成都法院知识产权司法保护状况 [R/OL]. 澎湃新闻，（2022-04-26）[2022-10-24]. https://www.thepaper.cn/newsDetail_forward_17814305.

城挂牌设立知识产权审判庭（2022年更名为成都知识产权法庭），先后在龙泉驿、新都、温江、邛崃、蒲江设立知识产权巡回审判点，扩展和优化了全市法院的知识产权管辖和巡回审判工作的整体布局。2020年西部首个区块链电子存证平台与区块链执行和解平台落地郫都区法院①。

2. 积极构建县域知识产权维权援助体系

截至2021年年底，成都市已设立339家知识产权维权工作站，遍布成都市各县（市）区，聚焦知识产权服务需求较强的社区、园区及企业等微观层面，建立起横向到边、纵向到底（基层）知识产权保护服务工作机制。

3. 建立协同保护机制

全国首创打造"两表指导，审助分流"的知识产权案件快审机制，获国务院批准全国推广示范；创新运行"审判+行辅"双中心管理模式，打造扁平化管理新机制；率先在全国运用"互联网+多元解纷"思维，创新打造"和合智解e调解"平台，建立协同保护机制，实现知识产权全链条保护。

4. 创新建设省级层面的高能级现代法务集聚区

法治是最好的营商环境。对标世界，立足天府新区建设面向全球的总部商务区发展实际，2021年2月5日，全国首个省级层面推动建设的高能级现代法务集聚区——天府中央法务区正式启动营运，围绕实现政商学研企融合发展和法务业态全链条发展，构建形成公共法律服务中心、高端法律服务产业发展带、法治文化交往节点"一心一带多点"② 法治创新聚集区，打造立足四川、面向世界的一流法律服务高地③，其建设经验获评中国改革2021年度唯一省级特别案例④。

5. 积极部署建立新一代地方免费专利检索及分析系统站点

这是国家知识产权局为提高地方专利信息服务能力而自主建设的信息服务系统。该新一代系统由专利检索及分析系统提供全球105个国家的专

① 成都市市场监管局.2020年成都市知识产权发展与保护状况［Z/OL］.政策通，（2021-04-26）［2022-12-08］.http://www.zhenghe.cn/ZCT/PolicyDetail/89280a05c79042c693b90bcb8df68959.

② 公共法律服务中心、高端法律服务产业发展带、法治文化交往节点。

③ 天府中央法务区启动［EB/OL］.四川天府新区成都管理委员会官方账号，（2021-02-05）［2022-10-18］.https://view.inews.qq.com/k/20210205A0DE2O00？ web_channel=wap&openApp=false.

④ 李森，任鸿.天府中央法务区建设推进活动举行黄强高憬宏出席［EB/OL］.四川在线，（2022-04-220）［2022-10-16］.https://sichuan.scol.com.cn/gcdt/202204/58503416.html.

利等数据资源，系统分为普通用户和高级用户两种级别，成为高级用户需要向已部署地方站点的省市知识产权局提出专利申请，一般限于本省（市）用户。目前，已在 27 个省市地方站点进行部署，向公众提供免费、专业专利检索及分析服务，四川省级及成都市级层面均已接入站点，为企业科研院所专利检索提供免费平台①。

（五）全国率先创新设立科研建设用地 A36，降低创新创业基建土地使用成本

为降低企业成本，加快成都全国科技创新中心建设，成都市在现有城市建设用地分类"教育科研用地（A3）"类下，创新增设"科研设计用地（A36）"类，用于研发总部、众创空间、孵化器以及产品创新设计等功能用途的营利性科研机构和企业项目用地，并发布了《关于进一步加强科研设计用地（A36）管理的指导意见》（成办发〔2021〕10 号）。政策明确提出科研设计用地（A36）布局在中国西部（成都）科学城"一核四区"区域、科创空间和都市工业社区内，采取公开招拍挂出让方式供地，底价相当于所在地区商务用地基准地价的 45%～88%，科研设计用房自持比例不得低于总计容建筑面积的 80%，以及分割转让的最小面积、二次转让、不动产登记等要求，构建了全链条的管理模式，有效防止房地产化。成都首宗科研设计用地底价成交为 206 万元/亩（1 亩 ≈ 667 平方米，下同），用于国家川藏铁路技术创新中心建设②。

（六）不断完善体制机制，优化消费市场环境

2019 年成都市政府工作报告提出要将"聚力提升群众获得感幸福感安全感"这一要求落到实处，要大力营造放心舒心的消费环境，努力满足人民群众美好生活需要。为此，成都市着力优化整合拓展 12315 信息化平台，完善消费维权工作机制，健全消费品生产、运输、销售、消费全链条可追溯机制，完善银行、证券、保险等金融以及电信、快递、教育等领域消费者权益保护制度，建立跨行业、跨领域的消费争议处理和监管执法合作机制，系统构建起基层消协社区共治格局。

---

① 佚名. 国家知识产权局新一代地方专利检索及分析系统［EB/OL］. 乐知网，（2022-02-18）［2022-10-11］. http://www.lzpat.com/jscx/5370.html.

② 成都市规划和自然资源局. 成都市局创新增设用地类别加强土地要素保障［EB/OL］.（2021-05-21）［2021-11-18］. https://dnr.sc.gov.cn/scdnr/scszdt/2021/5/20/0b9b17f9eb434559873f48d547f55cf6.shtml.

第五节　成都市创新驱动县域经济高质量发展存在的主要问题及障碍

一、科技资源与经济（产业）适配度不强，创新扩散不足

基于共同富裕视角新发展理念，我们对 19 个副省级及以上城市创新驱动经济高质量发展进行综合评价比较分析发现：在经济发展水平、发展动力、结构优化及可持续发展 4 个子系统的 10 个因子中，成都市排第 9 至第 13 位，发展较全面均衡，整体处于中等略偏下水平，最突出的是开放互动和经济运行稳健性，均居第 9 位次，城乡协调居第 10 位，共享性发展居第 11 位，而创新驱动力居第 12 位，创新驱动力显示度不高，这与成都市创新资源丰富，居全国第 6 位，存在明显的失衡。究其原因，主要表现为：一是科技创新成果产业化能力弱，存量创新资本转化利用不足，创新驱动扩散经济高质量发展的动能远远没有激活和释放；二是产学研用结合不紧密，创新创业积极性和主动性不够；三是创新资源的数字化和共享水平不高，利用率低；四是创新资源供给与产业的需求匹配错位严重，更有可能存在大量无效低端创新资源或成果。

二、人才竞争力不强，高层次人才缺乏

成都人力资源丰富，但高层次人才（不是高学历人才）缺乏，2020 年成都市在蓉两院院士仅 30 人，较 2017 年还减少 3 人，居副省级城市第 10 位，不足西安（65 人）、武汉的一半，上海（178 人）的六分之一，与北京天壤之别，吸引高层次人才环境或磁力明显不足。2020 年《全球人才竞争力指数》显示成都市在全球主要城市（155 个）人才竞争力排名中居第 109 位，居西安、武汉之后，远落后于上海、北京。研究报告指出，纽约的领先位置归因于其在"赋能""吸引力""培养"及"全球知识技能"等领域的强劲表现；同时也证明，具备"为未来准备就绪"能力的城市排名整体较高，如人工智能、金融科技及医疗科技等能力。中国吸引人才、职业及技术技能两项指标相较排名不够理想，技能错配问题突出[①]。成都

---

① 佚名. GTCI：2020 年全球人才竞争力指数报告［R/OL］. 中文互联网数据资讯网，（2021-06-11）［2022-10-17］. http://www.199it.com/archives/1160779.html.

更加明显，特别是五城区，更多的是知识型人才，缺少技能型人才、敢于创新创业的人才，导致知识价值难以转化为市场（生产力）价值（我们在第五章的实证中也充分论证了这一点）。

三、创新政策精准性、有效性、公平性和突破性有待提升

（一）政策偏短期化

成都市制定的创新政策的有效期限一般为 2 到 3 年，超过 3 年的很少。如《成都市知识产权资助管理暂行办法》（成知字〔2018〕9 号）、《成都市深入实施创新驱动发展战略打造"双创"升级版的若干政策措施》（成府发〔2018〕11 号）、《成都市技术交易资助管理办法（试行）》（2020）等，整体政策时效短，两年一个政策，企业哪有那么多时间去关注，除非普遍采取电子化、数字化、智能化实施实时精准资助政策方式。

（二）支持标准的不公平性明显

《成都市知识产权资助管理暂行办法》（成知字〔2018〕9 号）中，资助工作遵循"自愿申请、突出重点、择优资助、不重复支持"中的"突出重点"和"择优资助"就带有很强的政府主观性；而且职务发明成果与非职务发明成果支持的标准也不相同，职务发明成果支持额是非职务发明成果的 2 倍，从公平角度讲，职务发明成果本身就是财政资金产生的成果，非职务发明成果发明者不仅自己要出钱出力创造成果，获得的支持还比职务发明成果少，加剧了政策的不公平性。

（三）政策的科学性有待进一步提高

《成都市技术交易资助管理办法（试行）》（2020）为期两年，资助对象为技术输出、吸纳和中介，分别占交易额的 3%、4%、3%，输出方一个单位一年最高 300 万元、吸纳方 400 万元、中介方 300 万元，同一交易活动仅资助一次，以此可计算出一次技术交易活动政府财政资助占总额交易额的 10%，在利益博弈下，难免会出现企业虚报、多注册公司、自输自吸等情况，政策激励的有效性、科学性有待进一步提高。还有如成都市 2022 年出台的人才 3.0 版政策，对在蓉高校及技术（工）院校产业教授补助每个单位最高 100 万元，也存在很强的不科学性。成都市高校及技术（工）院校规模和层次差异巨大，简单地规定最高不超过 100 万元，只激励了规模小、层次低的学校，而对于电子科大、西南交通大学以及四川大学这种大体量、高层次的学校，100 万元还不够请 20 名产业教授，又有多

大的激励效果呢?

（四）激励研发费用资本化政策少，不利于企业创新

2019 年成都市研发费用率达 90.58%，资本化率不到 10%，低于全省平均水平（11.2%），也低于全国平均水平（11.65%）（2018 年）。研发费用资本化处理率太低不利于科学反映企业开发成果价值、激励企业创新，也不利于企业融资。正常情况下开发阶段发生的费用都应如实客观地计入资本，但对于研发费用费用化还是资本化企业主观性强，尽管会计准则有 5 项规则，效果仍不佳，如何进一步规范研发费用的会计处理方式，出台激励企业研发费用合理资本化的政策十分必要。

（五）非研发创新活动政策缺失，多元化创新模式激励不足

实践中，无论是国际社会还是我国的创新调查统计都已对非研发创新活动进行数据采集和统计，主要分为组织创新和营销创新两类，国际一般非研发创新费用占 40%；2020 年我国规模以上工业企业非研发创新费用占 34.01%、四川省占 34.34%、成都市占 34.91%。但现实中，政府相关部门几乎没有相关政策支持非研发创新活动。随着创新向市场端、制造端以及田间实验等转移，非研发创新活动将大大增强，特别是在县域乡镇和农村社区企业。随着创新调查制度的不断完善，统计方法和手段的不断提升，探索非研发创新活动激励政策有必要，也有可能。

四、县域创新生态系统能级较弱，不平衡问题突出

（一）产业创新高能级平台缺乏

尽管成都有国家级创新平台但缺少创新成果转化与产业化的高端平台。为推动我国制造业 2025 发展，构建制造业、产业以及技术创新体系，促进经济高质量发展，我国分别于 2016 年、2018 年、2020 年布局国家级制造业、产业和技术创新中心三大创新平台，到 2020 年全国共获批建的 13 个国家级制造业创新中心，四川没有一家。据《四川省制造业创新中心建设重点领域》（川经信技创函〔2021〕600 号），2021 年年底四川省共有 13 家省级制造业创新中心，待"揭榜挂帅"的还有 41 个。深感欣慰的是，2022 年成都市获批一家国家级产业技术创新中心（天府新区）和一家国家级技术创新中心（温江），还处于建设初期。

（二）系统高价值专利资源少，培育滞后

高价值专利是经济社会高质量发展的有力支撑。成都是职务发明成果

混合所有制改革先行区，但从对四川大学、西南交大、电子科大等学校的调研看，高校的专利转化率仍很低，除缺少技术经理人和制度激励不恰当外，最主要的问题是专利本身与市场需求不匹配，没有市场价值，有的技术含量不高，而很多是垃圾专利，某学校 3 000 余专利，转化转移不到 60 项。同时，高价值专利培育中心培育滞后，2017 年成都市就拟定在 2020 年培育 15 家，由于种种原因，2020 年才正式启动，截至 2021 年年底，总共只有 9 家高价值专利培育中心，整体较少，培育时间不长。

（三）郊区新城区域创新系统十分脆弱

分析发现，郊区新城的县域创新能力、创新赋能经济以及县域经济所处阶段都充分证明了成都市郊区新城创新系统脆弱，综合评分不足 70 分，还未形成生态系统，缺少创新的种子（企业），阳光（政策支持力度）不足，土壤贫瘠（创新创业文化缺失），特别是企业诚信意识不强，从知识产权受理案件可见一斑。2017 年成都市知识产权引发的纠纷有 3 056 件，到 2021 年突破 1 万件达 10 122 件，其中大型或成套设备研发以及新兴技术引发的技术纠纷增多。

五、融资难融资贵仍然是县域经济活动主体创新创业的主要困境

（一）获得金融资金支持的企业少

整体来说，成都市科技金融品种丰富，成都市科创通以科创贷+科创投（天使投资基金）+创新券+知识产权运营基金以及传统的金融机构和科技银行，形成了全生命周期的融资模式，特别是成都高新区的"盈创动力"模式，但是融资难仍是企业创新创业的主要问题。我们可从科创通的实时数据论证：自 2014 年实施以来，截至 2021 年年底，成都市累计发放科创贷共计 5 890 笔，平均每笔 266.63 万元；自 2014 年 9 月实施"科技创新券"计划以来，截至 2022 年 7 月，成都市累计已有 9 170 家企业申领科创券，平均每家企业 13.91 万元。截至 2022 年 7 月，科创投投资成都项目 91 个；知识产权运营基金投资成都项目 26 个（次）。可见，能获得科创投项目和知识产权营运基金的企业少之又少；而普惠性的科创贷、科创券每年也分别仅约有 850 家、1350 家企业能获得资金，相较成都大体量的市场主体，如杯水车薪。我们通过调查成都高新区企业发现，企业实际获得的资金还不到企业需求的 10%。企业获得创新资源困难程度调查显示：资金是最困难的，其次是市场开拓，人才排在第三位。

（二）融资政策设计供需链条过长、手续多、成本高

现行贷款政策层层设障，增强了金融机构的安全性，却导致企业获得政策支持相对比较困难。如专利质押不仅获得贷款难，而且获得贷款的成本非常高。我们在调研某机构代理企业办理专利质押贷款时获悉，年利率高达 15%，甚至更高。间接融资成本高无可厚非，毕竟金融机构的资金成本相对较高，初创企业更多的是需要低成本直接融资，更需要的大量天使投资基金，低成本的普惠金融产品创新在成都还任重道远。

六、新一轮城乡改革创新还处于探索初期

（一）城市营城创新及治理存在许多不足

城市功能体系与高水平营城存在结构性矛盾，功能分布不均衡、结构不合理，高端资源要素集聚转化存在瓶颈；城市内在动力与高能级极核引领存在结构性矛盾，新旧动能接续转换不畅，改革活力有待进一步释放；城市治理体系与高效能治理存在结构性矛盾，治理能力难以适应日益增长的经济规模和人口需要。

（二）老城区城市更新有待进一步完善

"十三五"期间成都市城市更新富有成效，城镇形象和功能大大提升，但城市功能空间布局与高质量生产、高品质生活存在结构性矛盾，生产生活生态融合不够。如在城市更新中，一些项目非议较多，龙潭水乡花巨资建设，人流量却较少；成都早期开发的芳邻啤酒一条街进行了重新改造，却在离其不到 20 米的百花潭公园里布局较多品茶、品酒和就餐区，让原本不大的公园失去了休闲、锻炼、净心的功能，芳邻啤酒一条街客流量也大量减少，这样的烟火气有背绿色低碳高质量公园城市打造初心。总之，成都城市更新中，更注重外形的打造和基础设施的完善，有特色的产业植入内容相对欠缺，区域产业功能定位不准，过渡更新与急功近利、重复建设与产品同质等现象比较突出，居民全过程参与治理模式明显不足，缺乏长远规划和成本回收预算等。

（三）合乡并镇后，被合并的原乡/镇如何振兴

20 世纪 90 代初分税制改革后，乡政府一级没有财政实权，没有政府行政机构的地区大部分经济快速衰落，加之合乡并镇，加速了原乡/镇社会经济衰退，如何更新原有乡镇/废弃工厂/废弃建筑等将是成都市城镇更新创新的重要内容，更是乡村空间功能重塑的重点之一。

（四）"耕地非农化、非粮化"严重，农民增收与粮食增产如何平衡

　　成都平原被称为"天府粮仓"，根据第三次全国土地调查的数据，成都平原地区耕地面积十年间减少了40%，这意味着"耕地非农化、非粮化"问题非常突出。如何保障"天府粮仓"丰盈和促进农民增收是"十四五"成都市县域乡村振兴的最大难题，无疑唯有创新。成都市已开始探索农村宅基地有偿腾退，工业上楼，缩小城市工业占地空间等策略和方法。

第五章　共同富裕视角下成都市创新驱动经济高质量发展多时空尺度实证研究

第一节　研究概述

从马克思关于生产力与生产关系的哲学视角来看，创新、经济高质量发展与共同富裕之间具有内在逻辑关系。创新是生产第一动力，经济高质量发展是一个动态演进过程，必然通过生产力水平不断提高来实现。共同富裕是生产力与生产关系共同作用的结果，与生产力发展是必要非充分条件关系，即共同富裕必然是生产力高度发达的结果，但生产力高度发达不一定能实现共同富裕。

县域经济是成都市经济发展的底层逻辑，县域经济发展情况最终映射到成都市经济发展的整体水平上。"十四五"及更远时期是中国经济高质量发展和现代化建设的重要和关键时期。那么，在共同富裕视角下，成都市创新驱动经济高质量发展现状及变动趋势如何？形成了哪些优势？还有哪些短板和不足？同时，创新驱动、经济高质量发展、共同富裕这三者间关系到底如何？其量化的模型和数理表达函数关系是什么？成都市与国内其他副省级城市的优势和差距是什么？其内部县域创新驱动经济高质量发展的差异性如何？为了回答上述重大现实问题，本书在深刻理解经济高质量发展内涵基础上，基于共同富裕视角构建了体现地域特色的创新驱动经济高质量发展评价指标体系，从三个不同时空尺度实证探索成都市整体及县域内部创新驱动经济高质量发展促进共同富裕情况，具体研究对象及内容如下：

①总体评价成都市与其他副省级及以上 19 个城市创新驱动经济高质量发展情况并进行比较分析；②纵向测度成都市 2005—2020 年创新驱动经济发展质量的变动趋势，并从数理逻辑分析创新、经济高质量发展与共同富裕三者的相关关系及数理量化模型；③横向评价 2020 年成都市内部各县（市）区创新驱动经济高质量发展促进共同富裕的特点，旨在充分把握成都市自身与先进区域差距、自我增长发展能力及内部县域经济高质量发展时空演化特点，为"十四五"及更远时期创新驱动发展战略切实推动成都市县域经济高质量发展促进共同富裕实现差异化战略路径选择提供有力的决策支撑。

第二节　共同富裕视角下创新驱动经济高质量发展通用型指标体系构建

一、经济高质量发展研判：基本准则和理论再认识

（一）经济高质量内涵演进

纵观世界经济发展史，对经济发展演变规律和质量效益的认识，伴随着社会生产力的发展深化和人民对美好生活需要的不断变化而演进。早期更多使用"效益"或"效率"，特别是泰勒的管理理论以及西方经济学强调技术进步和创新在经济增长与发展中的作用。随着理论研究和实践探索的不断深入，对经济发展量质表征逐步由经济领域扩展延伸到制度有效、社会公平、环境保护等方面。总之，本书认为经济高质量发展是一个动态纵深演化过程，不同时代其目标和侧重点有所不同，但高品质、高效益、可持续的内在特质是共性一致的，并涉及宏观、中观和微观三方面。

（二）国内学者对区域经济发展质量研判认识的演变

国内学者关于经济发展质量的研判中，李京文学者最早在《快速发展的中国经济》（1996）中对高质量的经济发展做了定性的判断和界定，认为高质量应符合："主要依靠科技进步，产业结构优化和总供需大体平衡，不以牺牲环境资源为代价等。"狭义角度的经济发展质量研究主要指资源要素投入比例、发展效果及效率，体现的是经济发展方式转变问题——由

粗放低效向集约高效转变。武义青（1995）[①] 认为："经济发展质量以投入要素的产出效率来衡量。"郭克莎（1996）[②] 认为经济发展质量主要表现在综合要素生产率及其贡献、产品和服务质量、通货膨胀状况、环境污染程度等方面。钟学义等（2001）[③] 认为不仅要从生产率角度，还要从科技进步、经济波动、经济结构、资源利用以及环境污染程度等方面对经济发展质量的内涵进行考察。冷崇总（2008）[④] 认为经济发展质量是指一定时期内一个国家或地区国民经济发展的优劣程度，即经济内部以及经济与社会之间的协调状态，应从经济发展的有效性、充分性、协调性、持续性、创新性、稳定性和分享性出发来评价和衡量。它刻画了在经济高质量发展的同时，如何使社会和生态两者高质量发展实现，这一认识得到广泛认同。

（三）党的十八大以来习近平总书记对高质量的深刻洞见

党的十八大以来，习近平总书记站在全局战略高度，在围绕治国理政发表的系列重要讲话中，针对发展质量问题提出了许多富有创见的新思想、新观点、新论断，形成了科学系统、内涵丰富的高质量发展观思想体系。强调中国当前的经济高质量发展，是体现以新发展理念的发展为指引，是能够很好满足人民日益增长的美好生活需要的发展，这一论断明确了高质量发展的目的与手段[⑤]。用经济学术语来表述，经济高质量发展就是以高效率高效益生产方式为全社会持续而公平地提供高质量产品和服务的经济发展，在具体经济形态上就是一个高质量、高效率和高稳定性的供给体系[⑥]。即从发展理念看，高质量发展强调创新、协调、绿色、开放、共享的发展理念；从增长模式看，高质量发展更注重质量、效率的提升；从发展目标看，高质量发展以提升人民生活水平和品质为目的。党的十九大报告明确提出，"我国经济已由高速增长阶段转向高质量发展阶段，正处在转变发展方式、优化经济结构、转换增长动力的攻关期"。这意味着

---

① 武义青. 经济增长质量的度量方法及其应用 [J]. 管理现代化, 1995 (5)：32-34.

② 郭克莎. 论经济增长的速度与质量 [J]. 经济研究, 1996 (1)：36-42.

③ 钟学义, 李京文. 增长方式转变与增长质量提高 [M]. 北京：经济管理出版社, 2001：1-205.

④ 冷崇总. 构建经济发展质量评价指标体系 [J]. 宏观经济管理, 2008 (4)：43-45.

⑤ 梅建华. 把经济社会发展推向质量时代：学习领会习近平同志的质量观 [J]. 宏观质量研究, 2016 (1)：1-6.

⑥ 孙学工, 郭春丽, 李清彬. 科学把握经济高质量发展的内涵、特点和路 [N/ OL]. 经济日报, （2019-09-17）[2021-7-15]. http://www.dangjian.com/djw2016sy/djw2016xxll/201909/t20190917_5256451.shtml.

中国经济逐渐步入质量优先的新发展阶段，高质量发展成为经济建设的主旋律。党的十九届六中全会通过的《中共中央关于党的百年奋斗重大成就和历史经验的决议》强调，"必须实现高质量发展，推动经济发展质量变革、效率变革、动力变革"，再一次强调经济高质量发展已成为我国现阶段经济发展形态的必然和必需阶段。党的二十大报告更是强调："高质量发展是全面建设社会主义现代化国家的首要任务。"可见，经济高质量发展已是这个时代不可回避的新使命。

二、经济高质量发展评价指标体系研究述评

经济高质量发展成为党的十九大以来研究的热点，并形成了丰富的研究成果。总体来说，主流观点认为"高质量发展，就是能够很好满足人民日益增长的美好生活需要的发展，是体现新发展理念的发展，是创新成为第一动力、协调成为内生特点、绿色成为普遍形态、开放成为必由之路、共享成为根本目的的发展"①。其评价以新发展 5 大理念为主，有的学者也增加了经济的稳定性、风险性。同时，形成宏、中、微三位一体的指标体系架构，但没有形成一套统一公认的指标体系，体现高质量发展的动态性和地域性。从研究空间尺度上看，省市较多，县域较少，也有从行业视角进行研究的，还有从企业微观视角进行研究的，纵横向研究的都有。总之，不同学者对经济发展质量内涵存在不同看法，研究视角不同，其指标的选择侧重点也不同。这与习近平总书记在十三届全国人大四次会议上指出的"要结合本地实际，走适合本地实际的高质量发展之路"一致。本书以区域经济高质量发展评价为主，从省（市）及县域两维度空间进行文献梳理评述。

（一）省（市）级空间尺度经济高质量发展指标体系研究进展

马茹等（2019）② 基于经济高质量发展内涵用高质量供给、高质量需求、发展效率、经济运行和对外开放 5 个维度 28 个指标构建了区域经济高质量发展指标体系，并对我国 30 个省份 2016 年经济高质量发展进行了横向评价；张震等（2019）③ 从城市视角基于经济发展动力、新型产业结构、

① 任保平. 以新发展理念引领我国经济高质量发展 [J/OL]. 红旗文稿, (2019-10-09) [2021-06-26]. http://www.qstheory.cn/dukan/hqwg/2019-10/09/c_1125509368.html.

② 马茹, 罗晖, 王宏伟, 等. 中国区域经济高质量发展评价指标体系及测度研究 [J]. 中国软科学, 2019（7）：60-66.

③ 张震, 刘雪梦. 新时代我国 15 个副省级城市经济高质量发展评价指标体系构建及测度 [J]. 经济问题探索, 2019（6）：20-31.

交通信息基础设施、经济发展协调性、经济发展开放性、绿色发展和经济发展共享性 7 个方面构建了城市经济高质量发展评价指标体系，并对 15 个副省级城市 2016 年经济发展质量进行了实证比较分析，深圳独占鳌头，成都市总体排在第 10 位，其中新型产业结构和绿色发展相对较好，分别排在第 5 位、第 6 位。吕军等（2020）[1] 根据经济高质量发展的内涵和作用机理，用经济发展的动力、效益、结构、可持续性和民生 5 个维度共 29 个指标构建了评价指标体系，并采用熵权法和障碍因子诊断模型实证分析了我国 2007—2016 年经济发展质量变动情况以及我国 30 个省份 2016 年的情况。施洁（2019）[2] 从经济发展质量的有效性、协调性、创新性、共享性和可持续性 5 个维度纵（2006—2017 年）横向（北、上、广、天、重）评价了深圳经济高质量发展变化特征并提出了相关建议。李萍等（2019）[3] 基于新发展理念，从经济发展活动力、创新能力、协调发展、绿色发展和开放程度及共享水平 6 个方面构建了城市经济高质量发展指标体系，并对沧州市"十一五"到"十三五"时期的经济发展状况进行了实证分析。任泽平（2022）[4] 基于新发展理念从创新发展、绿色发展、人口潜力、经济增长、民生改善 5 大维度，对全国地级市城市 2020 年高质量发展进行排位研究和政策建议，成都市排名第 8 位。

（二）县域经济高质量发展评价研究动态

喻新安等（2014）[5] 基于县域经济发展质量内涵，从经济发展的规模水平、发展结构、发展效益、发展潜力活力、民生幸福、发展持续性、发展外向度、科技创新，以及农业基础能力等角度，构建县域经济发展质量评价指标体系，并在实证分析的基础上，对县域经济发展提出了一般规律性建议。王军等（2017）[6] 基于上下级政府博弈视角从新发展理念 5 个方

---

① 吕军，陈宝华，姜子玉，等. 中国经济高质量发展评价及障碍因素分析 [J]. 资源开发与市场，2020，36（2）：149-157.

② 施洁. 深圳经济高质量发展评价研究 [J]. 深圳社会科学，2019（1）：71-76.

③ 李萍，郑宏丹，张炳凯，等. 新时代背景下沧州市经济高质量发展评价及实现路径：基于熵—改进 TOPSIS 法的分析 [J]. 当代经济，2019（11）：64-67.

④ 任泽平. 中国城市高质量发展排名 2021 [R/OL]. 新浪专栏. 意见领袖—泽平宏观，（2022-01-10）[2022-08-05]. http//finance.sina.com.cn/tech/2022-01-10/doc-ikyakumx9565056.shtml.

⑤ 喻新安，完世伟，王玲杰. 县域经济发展质量的评价和反思 [J]. 区域经济评论，2014（1）：85-92.

⑥ 王军，王昆. 我国经济发展质量评价体系构建探讨：基于上下级政府博弈的视角 [J]. 前沿，2017（1）：43-47.

面和系统风险共 6 个维度构建促进地方经济转型向高质量发展的评价指标体系。北京赛迪县域经济研究中心以新发展理念为主线,坚持质量第一,效益优先原则,建立了县域经济高质量发展的评价指标体系,共 4 个一级指标,即经济实力、增长潜力、富裕程度、绿色水平,8 个二级指标,25 个三级指标,从 2016 年开始正式发布全国县域经济高质发展评价结果,每年持续发布,迄今 5 年,从评价的结果看,百强县总体处在工业化后期,科技创新成为县域经济发展的战略支撑;投资、消费、出口"三驾马车"协调发展成为重要趋势,2021 年成都市仅简阳市入围。母爱英等(2019)[1] 基于新发展理念,从科技创新、结构优化、绿色生态、活力开放和福利共享 5 个维度构建了县域经济高质量发展指标体系,并对河北省 118 个县(市)高质量发展水平进行测度,其指标体系在结构优化和绿色生态两方面值得借鉴。王立韬等(2019)[2] 以徐州市为实证分析对象,基于经济水平、经济效益、经济结构、经济动力、环境质量 5 个方面 14 个具体指标构建了县域经济高质量发展评价指标体系,但对经济发展的开放性和稳定性考虑不足。张旭等(2020)[3] 基于耦合协调度模型与障碍度模型,对我国 33 个国家创新型县(市)经济高质量发展内部创新驱动、发展规模、发展质量三者之间的耦合协调进行实证分析,结果表明,研究对象呈现以磨合型为主的"橄榄核"分布模式,与协调发展存在较大差距。

(三)研究的价值所在

总体看,对经济发展动力、经济结构优化、经济发展效益三方面内容理论与实践部门基本达成共识,成为经济高质量发展的必要衡量指标;但由于研究角度不同,指标也有一定差异。本书基于共同富裕、创新驱动来评价区域经济高质量发展不同于以往学者的实证研究视角,指标设计明显不同。另外,尽管有少数学者研究涉及成都市经济高质量发展,但没有涉及其内部县域,也没有纵向研究成都市经济高质量的动态演进,更没有从共同富裕视角,基于创新驱动维度实证研究区域经济高质量发展以及三者内在数理逻辑量化关系,这是本书研究的重要价值之一。

① 母爱英,徐晶. 县域经济高质量发展评价研究:基于河北省 118 个县的实证分析 [J]. 河北经贸大学学报(综合版),2019(2):51-58.

② 王立韬,仇方道,郑紫颜. 再生性资源型城市经济高质量发展评价及影响因素以徐州市为例 [J]. 资源开发与市场,2019,35(7):935-940.

③ 张旭,袁旭梅,魏福丽. 县域经济高质量发展内部耦合协调水平评价与障碍因子诊断:以国家级创新型县(市)为例 [J]. 统计与信息论坛,2020,35(2):59-66.

三、共同富裕视角下创新驱动区域经济高质量发展指标选择

（一）指标选择依据

全面梳理与归纳总结国内外相关文献，基于新发展理念和对我国经济高质量发展的理解与认识，借鉴李京文（1996）、冷崇总（2008）、钞小静等（2011）、魏敏等（2018）、詹新宇等（2016）等的研究成果，遵循数据的可获得性、高代表性、独立性、科学性、层次性以及连续性等原则，本书构建了基于共同富裕视角、新发展理念县域及以上空间尺度创新驱动经济高质量发展通用型指标体系。

（二）维度指标选择及解读

经济高质量发展是一个复杂系统动态演化的过程，作为一个综合性概念具有丰富的内涵，应考量经济系统的全面性、健康性、公平性、安全性和充分发展的高效性等多方面。本书基于共同富裕视角、新发展理念，从经济发展水平、经济发展动力、经济结构优化协调、经济发展可持续性4个维度构建体现创新驱动经济高质量发展的主架构。

1. 经济发展水平

经济发展水平是经济发展到一定数量规模和效率水平的直接表达，经济高质量发展除发展质量效益的不断提高，还要保持一定的增速和经济体量（规模）不断增长，即包含经济增长数量和质量的双重性。经济增长是经济要素增长的速度和规模。经济发展要素主要包括土地、资本、劳动力以及内涵的技术进步，技术进步本身附着于土地、资本以及投资上，本书不单独测算全要素生产率。也有学者把制度和数据作为基本要素，由于统计数据的可获得性差，此处不予考虑。

2. 经济发展动力

强劲的发展动力将是推动城市经济高质量发展的关键利器。2008年次贷金融危机后，科技创新日益成为推动世界各国经济复苏、新经济增长的主动力，特别是新型冠状病毒感染疫情后的经济复苏，从美国的《无尽前沿法案》到目前的《美国创新与竞争法》（2021年6月）表现得淋漓尽致。我国传统的经济动力一直是投资、消费、净出口"三驾马车"，但从2006年《国家科技中长期规划（2006—2020）》开始，到党的十八大创新驱动上升为国家战略，党的十九大我国经济发展由高速增长向高质量发展转变的确立，创新成为经济发展的第一驱动力。而"十四五"规划指

出，坚持创新在我国现代化建设全局中的核心地位，把科技自立自强作为国家发展的战略支撑，充分表明进入 21 世纪以来，创新在我国经济发展中的重要作用和对其前所未有的高度重视。从迈克尔·波特的《国家竞争力》一书中国家经济发展四个阶段不同主驱动力看，2005 年成都市经济整体已向创新驱动转型发展，因此，本书认为成都市经济发展是由创新驱动和市场拉动（消费、投资和出口）双轮驱动共同发力实现的。

3. 经济结构优化协调

经济不断向高质量发展，首先是其内部结构的不断优化调整，核心是产业结构的优化调整升级，这是经济高质量发展的内在机理；其次是经济区域的协调发展，包含城乡协调和国际国内两个大系统的协调；最后是经济系统结构的开放性，从能量守恒和熵增原理看，开放的系统才能使区域经济发展行稳致远，开放性发展已是经济系统结构不断优化的重要指标。

4. 经济发展可持续性

经济高质量发展必然是可持续性的发展。第三次工业革命引发全球性环境污染和广泛的生态破坏，人类生存环境问题受到广泛关注。1972 年 6 月联合国人类环境研讨会上首次提出可持续性发展概念，迄今世界各国、各区域或地区对可持续发展的理解和践行的侧重点不同，但均强调经济、社会和自然生态的互动可持续发展。1995 年，我国把可持续发展上升为国家基本战略。基于经济发展的视角，本书认为可持续发展首先是经济发展系统内在的可持续性，即经济系统风险的可控性和运行的稳定安全性；其次是经济发展依赖的环境资源的可持续性，即强调绿色低碳发展；最后是人类社会的可持续性发展，即经济成果的共享性——共同富裕，这是人类在经济发展中分享成果以支持和满足人的全面发展的根本保障。

（三）特质指标解读和判定

①财政自给率。地方财政一般预算收入与地方财政一般预算支出的比值，也就是财政要有税收保障，才有支出的基础。财政自给率是判断一个城市发展健康与否的一个重要指标，系数越大地方财政自我发展能力越强，经济越活跃，自我造血功能越强，抗风险能力越强，但如果太大，也从一个侧面反映其支出不积极，公共事业投入不足。②金融机构贷存比。2015 年 6 月 24 日，国务院常务会议审议通过《中华人民共和国商业银行法修正案（草案）》，删除贷存比不得超过 75% 的规定，将贷存比由法定监管指标转为流动性监测指标，资本充足率>8%。③居民人均可支配收入

占人均 GDP 的比值。从目前文献看，评价经济共享使用的指标基本是居民人均可支配收入。本书认为真正体现经济发展为人民的指标应该是居民人均可支配收入在人均 GDP 中所占的份额。民众有收入、企业有利润、政府有税收才是稳定的发展、共同富裕的发展。④产业结构偏离度。产业结构偏离度=Σ|GDP 增加值构成 − 就业构成|，反映劳动力使用的充分性。

（四）共同富裕视角下创新驱动区域经济高质量发展通用型指标体系构建

以新发展理念、充分发展和稳定发展为指引，遵循数据的可获得性、高代表性、独立性、科学性、层次性等原则，基于共同富裕视角下构建创新驱动区域经济高质量发展的通用型指标体系，形成"4-12-33"三层梯次结构，即 4 个一级指标、12 个二级指标、33 个三级指标构成综合评价指标体系，见表 5-1。

表 5-1　共同富裕视角下创新驱动区域经济高质量发展指标体系及解读

一级指标	二级指标	三级指标	备注
经济发展水平	经济增长	人均 GDP	共同富裕的物质基础
		人均 GDP 增长率	物质增长的潜力
	发展效率	区域地理经济密度	土地利用率
		全员劳动生产率	劳动资源利用效率
		资本产出率	资本增值能力
经济发展动力	创新驱动	研发经费内部支出占 GDP 比重	反映社会创新意愿和能力
		万人专利授权增量	
		每万就业人员全时 R&D 人员占比	反映创新主体聚集度
	市场拉动	最终消费率	消费促进经济增长
		资本形成率	投资促进经济增长
经济结构优化协调	产业结构优化	第三产业占 GDP 比重	三次产业结构的升级
		高技术产业增加值占工业增值比重	
		知识密集型产业增加值占 GDP 比重	反映新经济发展程度
		产业结构偏离度	人力资源的优化配置和充分利用
	开放互动性	城乡地理经济密度比	
		城镇化率	
		城乡收入比	

表5-1(续)

一级指标	二级指标	三级指标	备注
经济结构 优化协调	开放 互动性	对外贸易依存度	
		外资吸引力	
		出口占 GDP 比重	
经济发展 可持续性	经济系统 运行的 稳健性	财政自给率	适度指标
		金融机构贷存比	适度指标
		经济增长波动性	
		通货膨胀率	
		城镇登记失业率	反映创新创业吸纳就业
	绿色低碳	全年空气污染指数≤100 的天数占比	综合反映制造业等的循环 利用和所有废气处理情况
		单位 GDP 能耗	
		污水处理率	
		人均公园绿地面积	
	共享性	居民人均可支配收入	
		居民人均可支配收入占 GDP 的比重	
		企业利润率	
		一般财政预算收入占 GDP 比重	

第三节　共同富裕视角下成都市创新驱动经济高质量发展：动态演进与内在逻辑关系实证研究

一、评价对象、指标体系构建与权重确定

（一）评价对象

本次评价系纵向维度评价，以成都市为评价对象，以我国实施《科技中长期发展规划（2006—2020 年）》为起点，以一年期为观测样本值，以 2005 年为基期，测度 2005 年至 2020 年共 16 年间成都市创新驱动经济高质量发展促进共同富裕动态演进过程和三者间的内在逻辑关系。

（二）指标体系构建

以上述通用型指标体系为基准，在一、二级指标不变的条件下，去掉三级指标中的"经济增长波动性"和"居民人均可支配收入"，增加人均绿地面积，构建"4+10+30"的地级市创新驱动经济高质量发展的纵向评价指标体系。

（三）数据来源及处理说明

1. 数据来源

数据以历年《成都市统计年鉴》《四川省统计年鉴》《四川省科技统计年鉴》以及成都市统计公报等为支撑，纵向实证评价创新驱动成都市经济高质量发展促进共同富裕的变动趋势和内在逻辑关系。

2. 数据处理

（1）标准化处理。采取功效系数法，具体方法见第三章，此处不再赘述。

（2）指标数据调整。关于单位GDP能耗，由于时间长，《四川省统计年鉴》对各市州2010年至2020年的数据已进行修正，但没有对2005年到2009年的数据进行修正，差异太大，无法使用，因此，采用《成都市统计年鉴》中的"工业增加值单位能耗"代替；企业利润率指标用"企业成本费用率"代替。

（四）赋权方法选择及权重确定

确定指标权重的方法一般有3类：主观赋权法、客观赋权法和组合赋权法（主客观赋权法）。客观赋权法是指根据观测值的变化来反映其重要程度，主要有熵值法、变异系数法和主成分分析法等。熵值法主要用于对信息的无序程度的测量，熵值越大，所用信息的无序程度越大，则表示该数据的效用越大，因此赋予较大的权数；相反，越稳定的数据由于对最终评价造成的干预很小，则被赋予较低的权重，变异系数法类似。本书主要采用变异系数法作为客观赋权方法来确定各个变量的权重。主观赋权法是指权重的大小与赋权者的个人认知和实践紧密相关，主要包括头脑风暴法、专家评分法等。组合赋权法，顾名思义是指在赋权过程中主客观两种方法并行使用，主要有层次分析法（AHP）、模型赋权法等。作为经济系统，既有自然系统的相似特质，更重要的是有经济系统特质，客观赋权法无法从经济内涵视角诠释指标的重要程度。另外，还有一种方法，即均值法，既不考虑经济系统自然信息熵，也不考虑经济系统指标的经济含义，每一个指标都是平等的,权重的大小只与指标个数有关,反映经济社会全面高质量发展的理想形态。因此,本书采取均值法、模型赋权和变异系数赋权三种方法多方案确定权重,使评价结果更具真实性、科学性、可比性,模型赋权与变异系数赋权确权结果见表5-2。

表5-2 共同富裕视角下创新驱动成都经济高质量发展评价指标体系及权重

一级指标	权重一 模型赋权	二级指标	权重二 模型赋权	三级指标	权重三 模型赋权	权重三 变异系数赋权
经济发展水平	0.26	经济增长	0.39	人均GDP	0.61	0.042 2
				人均GDP增长率	0.39	0.028 2
		发展效率	0.61	区域地理经济密度	0.33	0.034 2
				全员劳动生产率	0.39	0.035 2
				资金产出率	0.28	0.032 2
经济发展动力	0.24	创新驱动	0.55	全社会研发经费内部支出占GDP比重	0.33	0.032 9
				万人专利授权增量	0.31	0.031
				每万就业人员R&D全时人员占比	0.36	0.041 7
		市场拉动	0.45	最终消费率	0.55	0.030 9
				资本形成率	0.45	0.033
经济结构优化协调	0.26	产业结构优化	0.40	第三产业占GDP比重	0.33	0.031
				知识密集型产业增加值占GDP比重	0.39	0.036
				产业结构偏离度	0.28	0.028 6
		城乡协调	0.31	城乡地理经济密度比	0.26	0.029 4
				城镇化率	0.35	0.031
				城乡收入比	0.39	0.041 3
		开放互动性	0.29	对外贸易依存度	0.36	0.031 2
				外资吸引力	0.31	0.029 2
				贸易差额占GDP比重	0.33	0.029 6

表5-2（续）

一级指标	权重一	二级指标	权重二	三级指标	权重三	
	模型赋权		模型赋权		模型赋权	变异系数赋权
经济发展可持续性	0.24	经济系统运行的稳健性	0.37	财政自给率	0.22	0.027 5
				金融机构贷存比	0.24	0.028 8
				通货膨胀率	0.26	0.030 4
				城镇登记失业率	0.28	0.038 1
		绿色低碳	0.33	全年空气污染指数≤100的天数占比	0.28	0.039 6
				单位工业增加值生态能耗率	0.26	0.034
				污水处理率	0.22	0.029 7
				人均公共绿地面积	0.24	0.031 3
		共享性	0.30	居民人均可支配收入占人均GDP比重	0.36	0.041
				企业成本费用率	0.33	0.037 3
				一般财政收入占GDP比重	0.31	0.033 5

二、评价结果及分析

（一）评价结果及分析

经计算整理得到上述指标体系基础数据，通过标准化归一处理，根据三种不同权重方案，综合计算得出共同富裕视角下成都市 2005 年至 2020年创新驱动经济发展质量变动趋势，见表 5-3。结果显示，不同权重方案对成都市不同时间节点经济发展质量评价结果影响不大，位次影响波动甚微，仅 2011 年、2012 年、2013 年三种方案位次略有变动，在这三年间波动，其他年份三方案位次都没有变动。一方面说明权重对成都市历年经济发展质量评价影响很小，不构成影响成都市经济高质量发展评估的主要因素；另一方面说明指标设计的相对科学性、合理性和全面性。当然也反映进入 21 世纪，成都市以《国家中长期科学和技术发展规划纲要（2006—2020 年）》《四川省中长期科学和技术发展规划纲要（2006—2020 年）》为指引，在四川省创新驱动、转型升级和全面建成小康社会的目标下，一直保持创新驱动经济高质量实现共同富裕（2020 年前全面建成小康社会与共同富裕一脉相承）的初心使命和战略方向。同时，三方案评价结果的波动区间（变异系数）在 [0.01%，1.43%]，远低于5%，说明评价结果相近。因此，这里选择三方案的均值作为共同富裕视角下成都市创新驱动经济高质量发展动态变化的最终结果值，如图5-1所示。

表5-3　共同富裕视角下成都市创新驱动经济高质量发展指数多方案权重
结果值及位序变化

年度	均值赋权		模型赋权		变异系数赋权	
	指标值	排序	指标值	排序	指标值	排序
2005	67.12	16	68.37	16	68.35	16
2006	68.84	15	69.69	15	70.33	15
2007	70.87	14	71.74	14	72.10	14
2008	74.83	13	74.82	13	74.83	13
2009	81.08	10	78.98	12	79.23	12
2010	80.05	11	79.40	11	80.51	10
2011	80.13	9	79.99	10	81.15	9
2012	80.04	12	80.00	9	81.25	8
2013	80.34	8	80.05	8	80.28	11
2014	81.55	7	81.69	7	82.38	7
2015	83.43	6	83.23	6	83.14	6
2016	85.25	4	84.28	4	84.83	5
2017	85.20	5	84.81	5	85.86	3
2018	84.96	3	85.77	3	85.86	4
2019	87.60	2	88.59	2	88.72	2
2020	90.03	1	90.32	1	89.89	1

（二）共同富裕视角下创新驱动成都市经济高质量发展整体动态变化分析

图5-1显示，共同富裕视角下，2005—2020年成都市创新驱动经济高质量发展经历了三次转型升级并迈入第四次升级门槛，呈现2009年、2013年、2017年三个拐点（从评价结果的跃迁看，其评价结果达到90.08）。2005—2009年创新驱动经济发展质量不断提升，2010—2013年处于相持阶段，2014—2017年处于缓慢上升阶段，2018—2020年创新驱动经济高质量发展大幅提升，发展轨迹与我国国家战略和省情、市情基本一致。

2006年国务院发布《国家中长期科学和技术发展规划纲要（2006—

2020年）》提出"自主创新、重点跨越、支撑发展、引领未来"的科技工作方针，明确了科技创新与服务经济社会协调发展的关系；同年，四川省提出建设"创新型四川"，以"创新驱动、转型升级、全面小康"作为科技工作方向和目标。成都市加快科技创新步伐，并已转入创新驱动发展阶段。2008年四川发生"5·12"汶川大地震，随之而来的国际次贷危机对四川经济发展带来重大冲击，保增长促就业成为首要任务，创新相对放缓，经济发展质量相对弱化。2013年国家创新驱动战略实施，2015年大众创业万众创新全国启动，成都市提出建设创新型城市、启动"创业天府"行动计划等，创新创业驱动经济高质量发展更加突出。党的十九大提出新发展理念，成都市提出践行新发展理念的国家中心城市以及后来的公园城市示范区建设等，提升了全面创新力度、速度和幅度，2018年、2019年创新驱动经济高质量发展快速提升。

2020年面对突如其来的新型冠状病毒感染疫情，成都市紧抓成渝地区双城经济圈国家战略赋予成渝建全国具有影响力科技创新中心的使命和机遇，以创新破解困局，提出"创新提能年"，在危机中寻找新机遇，紧扣自身生物医药、电子信息产业优势并强化城市有机更新，在大数据应用、新型冠状病毒感染疫情相关药物创制、检测以及城市建设等方面加大了研发投入、场景应用和政策支持，全年研发投入总额比2019年增长20%，研发强度首次突破3.0%到达3.11%，整体迈向全面创新驱动经济高质量发展新阶段，强势引领成都市经济向更高能级跃迁，2020年创新驱动经济高质量发展首次突破90分值达到90.08分的新高度。

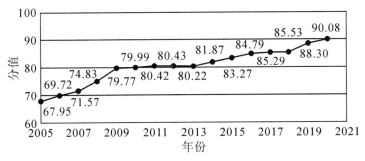

图5-1 共同富裕下成都市创新驱动经济高质量发展指数变动趋势

（三）共同富裕视角下成都市创新驱动经济发展内部四维子系统动态变化

图 5-2 显示，经济高质量发展内部四维子系统，即经济发展水平、经济发展动力、经济结构优化协调和经济发展可持续性的运行长期态势，整体平稳持续增长，波动幅度不大。其中，变动幅度最大的是经济发展动力，其次是经济发展水平，经济结构优化协调和经济发展可持续性一直保持平稳向上态势，波幅较小。2018 年四维子系统发展水平相近，之后经济结构优化协调快速上升，2020 年达到最高水平；经济发展可持续性有所下降，2020 年处于四维系统的最低水平，经济发展水平和经济发展动力相当，处于四者中间水平。

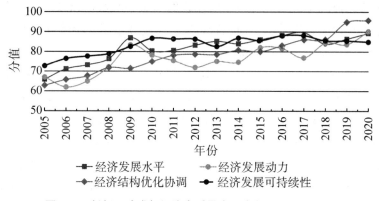

图 5-2　创新驱动成都经济高质量发展内部结构变化示意

1. 经济发展可持续性和经济发展水平两者处于领先地位，发展势头相当

2009 年突破了 80 分值，到 2017 年两者都在高位运行，达到 90 分值，以后开始回落，这是我国可持续发展战略先行实施的结果和成效。

2. 经济结构优化协调行稳致远，正迈向新的高度

成都市在推动经济结构优化协调发展中，2005 年处于最低位势，以后一直保持较稳定持续向上发展态势，这与成都市 2003 年开始实施城乡统筹发展和不断优化调整产业结构，培育新经济和现代产业体系紧密相关，特别是 2017 年成都市实施产业大会，通过产业经济组织空间优化，建圈强链，着力构建"5+5+1"可持续发展现代产业体系，到 2020 年成都市经济结构优化协调突破 90 达到 95.74 分值的最高水平。

3. 经济发展动力变化相对较慢

除 2008—2010 年因地震和金融危机，国家大量投入推动外，其他年份

成都市经济动力增长水平相对其他因素都是最慢的，基本处于低位运行，2020年有所增强，主要在于成都市加大创新投入力度。

（四）成都市经济高质量发展内部四维子系统各因子变动分析

以下从经济发展水平、经济发展动力、经济结构优化协调和经济发展可持续四个维度分析其内部因子的变动情况分析。

1. 经济结构优化协调"两稳一变"特征突出

整体讲，2007年前，成都市城乡协调、产业结构优化以及开放互动发展都处于较低位势；2008—2014年开放互动发展快速提升发力，远超过产业结构优化和城乡协调发展速度；2015年及以后开放互动放缓，在产业结构和城乡协调发展线下波动前行，呈"两稳一变"态势。成都市城乡协调和产业结构优化一直保持较稳定持续向上发展态势，这与成都市从2003年开始探索实施城乡统筹和不断优化升级传统产业与加快培育新业态紧密相关。开放发展的波动性受国际国内政策环境影响较大，在经济全球化、多边主义推动下，随着西部大开发战略实施，成都市对外开放程度日益提升，次贷危机也挡不住成都市快速向外发展的步伐；党的十八大后中国科技竞争力和经济实力不断增强，逆全球化、国际争端引发的技术锁定、贸易摩擦等不断升级，开放互动发展受到抑制，特别是2015年、2018年，不过在"一带一路"倡议下，整体呈增长上升态势，见图5-3。

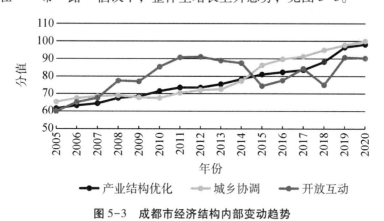

图5-3　成都市经济结构内部变动趋势

2. 经济发展动力呈"一稳一动"态势

图5-4显示，2011年以前成都市经济高质量发展的动力以市场拉动为主，即以投资和消费拉动为主驱动力；2006年以来创新成为成都市发展的动力之一，2012年后创新成为主驱动力超过市场拉动力，并一直持续上

扬，仅2016年两者趋同，始终强于市场拉动，充分体现了创新驱动发展战略和创新在现代化建设中的核心地位，同时也反映了成都市对国家创新驱动战略落地落实的积极性和主动性。

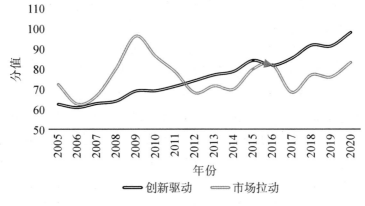

图5-4　成都市经济高质量发展动力变动态势

3. 经济发展水平在量质互动提升中由量向质转型

图5-5显示，2012年以前，成都市经济发展速度和规模增长快于经济效率，创新驱动战略实施后，成都市经济发展效率平稳上升超过经济增长，经济增长持续放缓下探，2016年回升，到2018年略超过经济效益，2018年、2019年两者处于均衡发力阶段，量质互动提升，2020年受疫情影响经济增长大幅下降，经济效益略有提升，达到90分值。

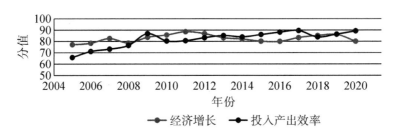

图5-5　成都市经济增长与经济效益变动趋势

4. 经济可持续发展内部各因子变化整体比较平稳，波动不大

图5-6显示，近16年成都市经济系统运行整体比较平稳，没有出现太大的风险和波动，但2019年后，经济运行风险明显加大，这与国际环境和新型冠状病毒感染疫情紧密相关，特别是2020年经济增长速度比上年折半，但好于全球（负增长）和全国平均水平（2.01%）。

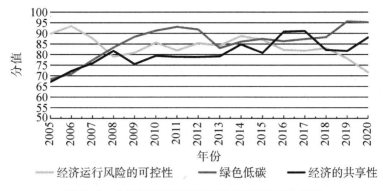

图 5-6　成都市经济可持续发展内部结构变动趋势

（五）成都市经济高质量发展内部因子发育相对增（减）量及贡献率分析

表 5-4 显示，2005—2020 年成都市经济高质量发展内部因子相对增量无量纲绝对值除经济稳健性呈负增长外，其他因子都呈正增长。其中，绝对增量最大的是产业结构优化，累计增加 36.43 分值，贡献率为 17.82%；第二是创新驱动力，累计增加 36.08 分值，贡献率为 17.65%，与产业结构优化相当，说明创新驱动、产业结构优化促进经济高质量发展效果明显；第三是城乡协调，累计增加 34.6 分值，贡献率 16.93%；第四是开放互动，累计增长 30.24 分值，贡献率为 17.65%；第五是绿色低碳，累计增加 26.84 分值，贡献率为 13.13%。而经济由量变向质变转向明显，但在不确定的国内外大环境下，经济系统运行的稳健性明显没有"十一五"时期末强。

表 5-4　2005—2020 年成都市创新驱动经济高质量发展变动量及各因子贡献率

	经济发展水平		经济发展动力		经济结构优化协调			经济发展可持续		
	经济增长	经济效益	创新驱动	市场拉动	产业结构优化	城乡协调	开放互动	稳健性	绿色低碳	共享性
2005 年	77.095	65.86	62.61	72.57	61.65	65.4	60	89.77	68.4	67.11
2020 年	80	89.31	98.69	83.56	98.08	100	90.24	71.62	95.24	88.11
变动量	2.905	23.45	36.08	10.99	36.43	34.6	30.24	−18.15	26.84	21
贡献率/%	1.42	11.47	17.65	5.38	17.82	16.93	14.80	−8.88	13.13	10.27

三、创新驱动、经济高质量发展与共同富裕的内在逻辑相关分析

（一）创新驱动与经济高质量发展内部子系统相关性分析

为了解创新对成都市经济高质量发展内部子系统的影响和作用大小，利用前面整理获得的基础数据进行归一化处理，获得综合评价结果值，通过 SPSS22.0 软件，做相关性分析。因变量可量化，采取 Pearson（皮尔逊）相关系数，在单尾检验、显著性为 1% 水平下，结果如表 5-5 所示。近 16 年成都市创新驱动对经济结构优化调整作用影响最明显，相关性系数高达 0.956；其次是经济发展量质提升，相关性系数为 0.797；与经济发展可持续相关性最弱，但仍高达 0.682。关于与"创新驱动相关系数为零"的假设，经济发展水平与经济结构优化的置信度均为 0.000，经济发展可持续的置信度为 0.002，表明创新驱动与经济发展水平、经济结构优化和经济可持续发展都具有显著相关性。

表 5-5　创新驱动与成都市经济内部子系统的相关性

		创新驱动力	经济发展水平	经济结构优化	经济发展可持续
Pearson Correlation	创新驱动力	1.000	0.797	0.956	0.682
	经济发展水平	0.797	1.000	0.819	0.870
	经济结构优化	0.956	0.819	1.000	0.745
	经济发展可持续	0.682	0.870	0.745	1.000
Sig. (1-tailed)	创新驱动力	1.000	0.000	0.000	0.002
	经济发展水平	0.000	1.000	0.000	0.000
	经济结构优化	0.000	0.000	1.000	0.000
	经济发展可持续	0.002	0.000	0.000	1.000

（二）创新驱动、经济高质量发展与共同富裕三变量两两相关分析

为了解成都市创新驱动、经济高质量发展、共同富裕的相关性，运用 SPSS22.0 软件，做相关性分析，采用 Pearson（皮尔逊）相关系数，在双尾检验显著性为 1% 的水平下，结果如表 5-6。结果显示，创新驱动与经济高质量发展相关系数为 0.930，线性相关性很强；经济高质量发展与共同富相关系数为 0.802，线性相关性也较强；创新驱动与共同富裕的相关系数为 0.714，线性相关性相对较弱，各相关变量两两检验的置信度均小于等于 2‰，说明创新驱动与经济高质量发展和共同富裕都紧密线性相关。

表 5-6 成都市创新驱动、经济高质量发展和共同富裕三个变量间的相关系数

		经济高质量发展	创新驱动	共同富裕
经济高质量发展	Pearson Correlation	1	0.930**	0.802**
	Sig.（2-tailed）		0.000	0.000
创新驱动	Pearson Correlation	0.930**	1	0.714**
	Sig.（2-tailed）	0.000		0.002
共同富裕	Pearson Correlation	0.802**	0.714**	1
	Sig.（2-tailed）	0.000	0.002	

注：** 表示双尾检验显著性1%水平下的相关性。

（三）偏相关分析

实践中，经济高质量发展水平相同，创新驱动与共同富裕的关系并不一定相近。本书通过分别控制创新驱动、经济高质量发展与共同富裕变量，来探讨其他两两变量的关系，以更精准地反映各变量间的内在相关性。

表 5-7 显示，控制创新驱动不变时，经济高质量发展与共同富裕的相关系数为 0.537，相对于"经济高质量发展与共同富裕偏相关为零"的假设，置信度 $P = 0.039 < 0.05$，表明经济高质量发展与共同富裕线性相关，但明显没有创新驱动变量进入经济系统时强（$\gamma = 0.802$，见表 5-6）。

表 5-7 控制创新驱动变量前提下经济高质量发展与共同富裕的偏相关分析结果

Control Variables			共同富裕	经济高质量发展
创新驱动	共同富裕	Correlation	1.000	0.537
		Significance（2-tailed）	1.000	0.039
		df	0	13
	经济高质量发展	Correlation	0.537	1.000
		Significance（2-tailed）	0.039	1.000
		df	13	0

表 5-8 显示，控制共同富裕变量时，创新驱动、经济高质量发展线性相关系数达到 0.854。相对于"创新驱动与经济高质量发展偏相关为零的假设"，置信度 $P = 0.000$，说明控制共同富裕变量的前提下，创新驱动与经济高质量发展紧密相关，但仍略低于共同富裕目标进入经济系统（$P = 0.930$，见表 5-6）。

表5-8 控制共同富裕变量前提下创新驱动与经济高质量发展偏相关分析结果

Control Variables			经济高质量发展	创新驱动
共同富裕	经济高质量发展	Correlation	1.000	0.854
		Significance（2-tailed）	0.000	0.000
		df	0	13
	创新驱动	Correlation	0.854	1.000
		Significance（2-tailed）	0.000	0.000
		df	13	0

表5-9显示，控制经济高质量发展变量情况下，创新驱动与共同富裕呈负相关，相关系数为-0.145，表明创新驱动力增强反而引起共同富裕有所下降，但下降不明显。相对于"创新驱动与共同富裕偏相关系数为零"的假设，置信度P=0.605，这说明在控制经济高质量发展变量的前提下，创新驱动与共同富裕不相关的概率达到60%。这与没有控制经济高质量发展变量时创新驱动与共同富裕的相关性竟然相反。可见，没有经济高质量发展，创新就失去了依托和方向目标；没有经济高质量发展，共同富裕就成为无本之木，无源之水；没有共同富裕目标驱动创新的动力明显减弱，这与党的二十大把高质量发展作为现代化建设的首要任务的目标和定位一致，因此，本书研究过程、方法和结论具有较强的科学性和参考价值。

表5-9 控制经济高质量发展前提下创新驱动与共同富裕的偏相关分析结果

Control Variables			创新驱动	共同富裕
经济高质量发展	创新驱动	Correlation	1.000	-0.145
		Significance（2-tailed）	0.000	0.605
		df	0	13
	共同富裕	Correlation	-0.145	1.000
		Significance（2-tailed）	0.605	0.000
		df	13	0

（四）结论

创新驱动、经济高质量发展、共同富裕三个变量互动共生，相互影响共同促进，经济高质量发展是创新与共同富裕的桥梁和纽带；经济高质量发展必然实施创新驱动发展战略，共同富裕必须以经济高质量发展为物质基础和条件；现代化共同富裕目标，必须以精英和草根共同全面创新，释放广大无穷的动力才可以最终实现。

四、创新驱动、经济高质量发展与共同富裕的数理逻辑量化分析

上述实证表明创新驱动、经济高质量发展与共同富裕具有内在的逻辑关系，那么其内在逻辑关系到底是什么，只有测度出其内在数量关系，才能在评价现有三者发展水平的基础上，更加精准优化调整，精准施策。

（一）创新驱动与经济高质量发展数理逻辑量化关系分析

以 2005—2020 年成都市创新驱动与经济高质量发展综合评价无量纲值，基于 Excel、SPSS 等工具，作散点图，通过线性、指数、对数以及幂指数和二项式模型反复模拟显示，这几种数理模型拟合优度都超过 0.85，表明创新与经济高质量发展具有强正线性相关性，再一次证明创新是经济高质量发展第一动力的科学论断，也回应了上面相关分析结论，因此，经济高质量发展必须坚持创新发展理念。其线性函数关系为 $y = 0.511\ 5x + 41.939$，其中，"x"代表创新驱动，"y"代表经济高质量发展，拟合优度为 $R^2 = 0.871\ 9$；三项式模拟结果为 $y = 0.000\ 9x^3 - 0.233\ 9x^2 + 19.683x - 474.2$，拟合优度达到 0.948 8，可见，创新与经济高质量发展的非线性特征更明显。基于三项式模型，以此预测未来 10 年是成都市创新驱动经济高质量发展的快速上升期，如图 5-7 所示。

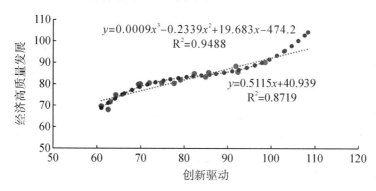

图 5-7　成都市创新驱动与经济高质量发展数理关系及演进趋势

（二）经济高质量发展与共同富裕内在逻辑关系量化分析

以 2005—2020 年成都市经济高质量发展与共同富裕综合评价无量纲值为数源，基于 Excel、SPSS 等工具，作散点图，通过线性、指数、对数以

及幂指数和二项式反复拟合，R^2都落在（0.63，0.66）区间，表明成都市经济高质量发展能在64%左右实现共同富裕，其线性相关函数$y=0.7849x+17.772$，$R^2=0.6306$。进一步调整多项式模型参数，发现随着次数与项数增加，拟合优度越高，当增加到6次多项式，拟合优度达到0.8351，即$y=(5\text{E-}05)x^6-0.0231x^5+4.5317x^4-473.58x^3+27777x^2-866954x+(1\text{E+}07)$，并呈现出偶次系数为正、奇次系数为负的规律，且沿线性轴$y=0.7849x+17.772$，上下周期波动，见图5-8。

可见，经济高质量发展是共同富裕的基础和关键变量因子，具有较强的相关性，但不是简单的正或负相关，而是呈现正负交替、螺旋上升的总体趋势。

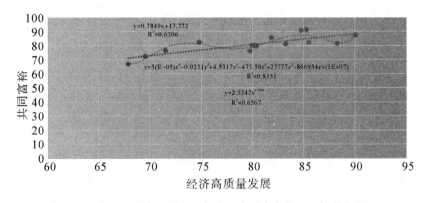

图5-8　成都经济高质量发展与共同富裕内在数理逻辑量化关系

（三）创新驱动与共同富裕的数理量化逻辑关系分析

以2005—2020年成都市创新驱动与共同富裕综合评价无量纲值为数源，基于Excel、SPSS等工具，作散点图，通过线性、指数、对数以及幂指数和二项式反复拟合，R^2都落在（0.50，0.60）区间，表明成都市创新驱动与共同富裕之间具有一定正相关性，其线性相关$y=0.3859x+50.923$，$R^2=0.5095$，说明成都市的创新是以共同富裕为指向的。进一步调整多项式模型参数，发现随着次数与项数增加，拟合优度提高，当增加到6次多项式时，拟合优度达也仅到0.6995，并呈现出偶次系数为正、奇次系数为负的规律，且沿线性轴$y=0.3859x+50.92$，上下周期波动，表达式见图5-9。可见，经济高质量发展是共同富裕的基础和关键变量因子，具有较强的相关性，但不是简单的线性正或负相关，而是呈现正负交替、螺旋上升的非线性总体趋势。

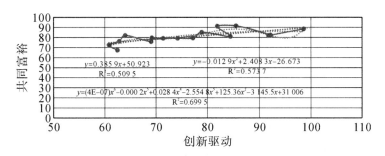

图 5-9　成都市创新驱动与共同富裕的数理逻辑量化关系

（四）小结

创新驱动、经济高质量发展与共同富裕三者两两数理量化线性关系及拟合优度见表 5-10。结论显示，每增加一个创新单位量，能带动实现0.511 5 个单位量的经济高质量发展；能实现 0.385 9 个单位共同富裕；经济质量发展每提高一个点，就能带动 0.784 9 个单位共同富裕实现。显然成都市经济高质量发展对共同富裕的作用和影响最大，这不仅符合经济逻辑，更充分彰显了成都市以人民为中心的使命和发展理念，无愧全国最幸福的城市的称号，也再一次证实了成都市践行城乡统筹和公园城市建设战略的正确决策。从拟合优度看，经济高质量发展能 87.19% 被创新驱动变量解释；共同富裕能 63.06% 被经济高质量发展变量解释；创新驱动也能50.95% 解释共同富裕变量。可见，创新驱动、经济高质量发展都是共同富裕的关键变量因子。但我们也看到，成都市创新驱动对经济的乘数效应并没有有效发挥出来。因此，未来 10 年成都市应以创新如何驱动经济高质量发展作为经济工作主线、首要任务和重点方向，在加强基础研究和原始创新的同时，提高创新成果质量（向高价值、绿色技术和市场需求转向）、实现创新场景化、提升产业化应用和扩散能力，不断厚植深耕产业创新链，培育新的产业创新点，着力激活传统产业和农村创新创业潜能，开拓新市场，努力跻身全球产业供应链中高端。

表 5-10　成都市创新、经济高质量发展与共同富裕线性关系及拟合优度比较

变量		线性及拟合优度	
解释变量	被解释变量	线性方程	拟合优度（R²）
创新驱动	经济高质量发展	$y=0.511\ 5x+40.939$	0.871 9
创新驱动	共同富裕	$y=0.385\ 9x+50.923$	0.509 5
经济高质量发展	共同富裕	$y=0.784\ 9x+17.22$	0.630 6

第四节　共同富裕视角下创新驱动经济高质量发展：
副省级及以上城市实证对比研究

他山之石，可以攻玉；知己知彼，百战不殆。了解自身，需要对标、对比，方知身在何处。为揭示共同富裕视角下成都市创新驱动经济高质量发展在全国主要城市的总体情况、优势和短板，我们选择全国其他 14 个副省级城市和 4 个直辖市为参照系进行综合评价比较分析。

一、指标体系构建及权重确定

（一）指标体系构建

根据数据的可获得性，依据上述指标体系，在一、二级指标不变的前提下，三级指标略有增减变动，其中，创新驱动二级指标下增加"科技支出占一般财政支出比"指标，反映不同城市政府创新治理能力；产业结构优化二级指标下增添"技术输出额占 GDP 比"指标，反映区域知识经济发展水平；经济运行稳健性二级指标下增加"人口复合增长率"，它是一个衡量城市综合发展水平的重要指标（采取 2010—2020 年 10 年人口长周期变动率），形成"4+10+26"的指标体系架构，具体见表 5-11。

（二）权重方法选择

此处采取三种赋权方法。一是均值赋权。既不考虑创新经济系统信息熵，也不考虑创新经济系统指标的经济含义，每一个指标都是平等的，权重的大小只与指标个数有关，这是经济、社会、自然系统全面发展的理想形态。二是变异系数赋权。考虑创新系统信息熵，但不考虑指标的经济学含义。三是组合赋权。采取技术模型赋权并适当微调，更强调指标的经济学含义。均值权重为 $1/N$，N 为指标个数，各具体权重结果见表 5-11。

表 5-11　共同富裕理念下创新驱动副省级以上城市经济高质量发展指标体系及权重

一级指标	组合权重	二级指标	组合权重	三级指标	组合权重	变异系数权重
经济发展水平	0.24	经济增长	0.4	人均 GDP	0.61	0.026 6
				GDP 增长率	0.39	0.047
		发展效率	0.6	区域地理经济密度	0.45	0.125 9
				资金产出率	0.55	0.035 4

表5-11(续)

一级指标	组合权重	二级指标	组合权重	三级指标	组合权重	变异系数权重
经济发展动力	0.27	创新驱动	0.61	全社会研发经费内部支出占 GDP 比重	0.26	0.030 7
				科技支出占一般财政支出比重	0.18	0.046 6
				万人专利授权增量	0.26	0.048 6
				每万就业人员 R&D 全时人员占比	0.30	0.039 4
		市场拉动	0.39	人均社会消费品零售总额	1	0.018 3
结构优化协调	0.23	产业结构	0.4	规上工业企业新产品销售收入占营业收入比	0.33	0.032
				三次产业占 GDP 比	0.28	0.011 5
				技术输出额占 GDP 比	0.39	0.076 9
		城乡协调	0.31	城镇化率	0.45	0.009
				城乡收入比	0.55	0.016 7
		开放互动	0.29	对外贸易依存度	0.36	0.060 3
				对外资本依存度	0.33	0.052 9
				出口额占 GDP 比	0.31	0.028 3
经济发展可持续	0.26	经济系统运行稳健性	0.4	人口复合增长率	0.24	0.065 5
				财政自给率	0.18	0.025 5
				金融机构贷存比	0.20	0.021 2
				城镇登记失业率	0.22	0.021 9
				居民消费价格指数	0.16	0.013 4
		绿色低碳	0.3	优良天气占比	0.35	0.011 2
				PM2.5 平均浓度	0.20	0.027 3
				单位地区生产总值能耗	0.45	0.022 9
		共享性	0.3	居民人均可支配收入占人均 GDP	0.40	0.013 1
				居民人均可支配收入	0.28	0.023
				人均财政收入	0.32	0.049 1

（三）评价对象及数据来源处理

1. 评价对象

以我国 15 个副省级城市和 4 个直辖市共 19 个单元为评价对象，评价各城市 2020 年创新驱动经济高质量发展促进共同富裕总体综合情况，各城市的优势和短板，为成都市"十四五"及更远时期创新驱动经济高质量发展促进共同富裕提供参考，找到成都市自身发展的重点和需要弥补的短板。

2. 数据来源及处理

数据来源于《中国城市统计年鉴》（2021）、各相关城市统计年鉴（2021）、2020 年各城市统计公报以及《国家创新型城市创新能力监测报告》（2021）、科技部火炬中心官方网站等相关公告。数据的标准化处理采用功效系数法。

二、综合评价及结果分析

（一）初评结果分析

经过整理计算得到上述指标体系基础数据，通过标准化归一处理，根据三种不同权重方案，计算结果见表 5-12。结果显示，无论何种权重方案，深圳始终处于领先地位，紧跟其后的是北京、上海；长春、哈尔滨始终处于后两位，且位次不变，其他省份城市在不同方案中略有变动，但主要是在邻近上下位次波动，说明处于中间位次相邻城市创新驱动经济高质量水平势均力敌，但各城市特色优势各有不同。

表 5-12　2020 年副省级及以上城市共同富裕视角下创新驱动经济高质量发展多方案评价结果

区域	均值赋权		变异系数赋权		组合赋权		三方案均值	
	评价值	位次	评价值	位次	评价值	位次	评价值	位次
北京	90.59	2	82.02	3	84.17	2	85.59	2
上海	89.35	3	80.86	2	82.37	3	84.19	3
天津	77.47	14	71.28	13	70.77	17	73.17	15
重庆	75.93	17	69.02	16	71.08	13	72.01	16
成都	79.94	10	73.41	11	73.02	12	75.46	11
沈阳	76.35	16	68.32	17	69.89	15	71.52	17

表5-12(续)

区域	均值赋权		变异系数赋权		组合赋权		三方案均值	
	评价值	位次	评价值	位次	评价值	位次	评价值	位次
长春	73.15	18	67.14	18	66.95	19	69.08	18
哈尔滨	72.24	19	63.97	19	64.99	18	67.07	19
青岛	80.72	9	73.55	10	74.95	9	76.41	10
武汉	79.02	13	73.09	12	73.87	10	75.33	12
西安	79.73	11	75.53	9	73.4	11	76.22	9
南京	86.62	6	78.28	6	81.87	4	82.26	5
济南	77.25	15	70.68	15	72.26	14	73.4	14
广州	85.58	8	77.19	8	78.87	7	80.55	8
厦门	87.29	5	80.42	4	79.6	6	82.44	4
深圳	96.05	1	89.82	1	88.42	1	91.43	1
大连	79.02	12	70.73	14	71.31	16	73.69	13
杭州	87.83	4	78.7	5	80.13	5	82.22	6
宁波	86.13	7	77.47	7	78.35	8	80.65	7

（二）最终评价结果分析

城市作为一个经济社会系统，既有自然系统信息熵增特点，更有经济含义特质，且有各城市经济社会系统本身的异质性特点，此处用三方案均值作为这次评价结果值，见图5-10。分值超过90的只有深圳，分值在［80，90）区间的分别是北京、上海、南京、杭州、宁波和广州6个城市，分值在［70、80］区间的有青岛、西安、成都、武汉等10个城市，分值低于70的只有长春和哈尔滨，形成"1-6-10-2"的类金字塔形，说明我国副省级及以上城市发展总体处于中等偏下水平，发展能级较高的城市不多，深圳为中心城市"C位"主导。

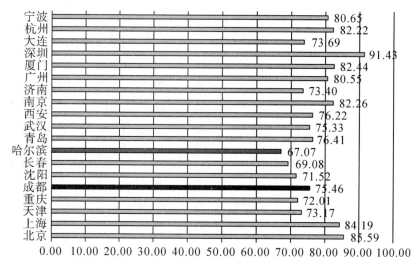

图 5-10　2020 年共同富裕视角下副省级及以上城市创新驱动经济高质量发展
评价结果值

（三）成都市居第 11 位，处于第 3 梯队

在参评的副省级及以上 19 个城市中，成都市总体位居第 11 位，处于第 3 梯队，与头部城市深圳差 2 个进阶。这与 2021 年 1 月 23 日首都科技发展战略研究院主办的"2021 首科新年论坛——迈向'十四五'：创新驱动与城市高质量发展"发布的《中国城市科技创新发展报告 2020》评价结果位次基本相同。报告显示在 289 个地级及以上城市中，成都市排第 14 位，处于第 4 梯队，其中，省会及副省级以上 36 座城市排名中，成都居第 11 位[①]。与张震等（2019）[②] 基于城市视角，对 15 个副省级城市 2016 年经济发展质量的实证分析中，成都市总体排在第 10 位，相对升迁了 1 位。

三、副省级及以上 19 个城市创新驱动经济高质量发展内部子系统比较分析

（一）四维子系统各城市位次特点

共同富裕目标下创新驱动 19 个城市经济发展内部 4 个子系统或模块的

---

① 首都科技发展战略研究院和中国社会科学院城市与竞争力研究中心. 中国城市科技创新发展指数 2020 发布：北京继续领跑，深沪加速赶超 [R/OL]. 澎湃新闻·澎湃号·媒体. （2021-01-24）［2022-10-12］. https://www.thepaper.cn/newsDetail_forward_10925232.
② 张震，刘雪梦. 新时代我国 15 个副省级城市经济高质量发展指标体系构建及测度研究 [J]. 经济问题研究，2019（6）：20-31.

发育及位势见表 5-13。结果显示，深圳在经济结构优化和可持续发展中处于领先 C 位、经济发展动力位居第 2 位、经济发展水平位居第 3 位；北京市经济发展动力和发展水平均居第 1 位，结构优化和可持续发展居第 2 位，从 4 个子系位次总和看，北京比深圳更有头部 C 位城市资格，但总分评价结果显示，深圳比北京高出 6 分，具有较大差距，难以替代或追赶。成都市可持续发展相对发展最好，位居第 10 位；其次是结构优化，居第 11 位；而经济发展动力和发展水平均居第 13 位。

表 5-13　2020 年共同富裕视角下副省级及以上城市创新驱动经济高质量发展结构位次

区域	综合位次	经济发展动力	经济发展水平	经济结构优化协调	经济发展可持续
北京	2	1	1	2	2
上海	3	4	4	3	3
天津	17	15	17	6	19
重庆	13	14	14	17	13
成都	11	13	13	11	10
沈阳	15	14	12	15	11
长春	19	18	19	19	15
哈尔滨	18	19	18	18	17
青岛	10	10	5	14	12
武汉	12	8	7	12	18
西安	9	11	15	7	16
南京	4	3	2	13	7
济南	14	12	6	16	14
广州	7	6	10	9	5
厦门	6	9	9	4	8
深圳	1	2	3	1	1
大连	16	17	16	10	9
杭州	5	5	8	5	4
宁波	8	7	11	8	6

（二）系统内部各因子发育：成都市居中间位次，发展比较均衡，没有突出优势

成都市经济系统 10 个因子，在评价中排 9 到 13 位之间，发展全面均衡，整体处于中等略偏下水平。最突出的是开放互动和经济运行稳健 2 个因子，均居第 9 位次，城乡协调居第 10 位，共享性发展居第 11 位，创新驱动力位居第 12 位，市场拉动、经济增长和效益、产业结构优化和绿色低碳等 5 个因子居均居第 13 位，见表 5-14。

表 5-14　2020 年共同富裕视角下副省级及以上城市创新驱动经济高质量发展子系统因子位次

区域	经济发展动力		经济发展水平		经济结构优化协调			经济发展可持续		
	创新驱动	市场拉动	经济增长	经济效益	产业结构优化	城乡协调	开放互动	稳健性	绿色低碳	共享性
北京	2	3	5	9	1	11	7	2	8	2
上海	6	2	6	3	5	4	3	4	7	1
天津	11	16	16	16	7	3	10	19	19	10
重庆	18	15	14	1	19	18	14	16	16	18
成都	12	13	13	13	13	10	9	9	13	11
沈阳	14	12	18	18	12	13	17	14	14	9
长春	17	19	15	14	16	19	18	15	11	19
哈尔滨	19	18	19	17	18	15	19	18	16	13
青岛	13	4	9	5	15	14	6	13	12	12
武汉	9	6	11	11	17	7	11	17	15	16
西安	8	14	12	15	2	16	5	10	18	17
南京	3	1	1	12	11	8	12	6	6	6
济南	15	9	8	8	9	17	16	8	17	15
广州	5	7	10	6	8	6	13	7	3	8
厦门	10	11	2	4	10	5	1	12	1	7
深圳	1	8	3	2	4	1	2	1	2	3
大连	16	17	17	7	6	12	15	11	9	14
杭州	4	5	4	19	3	2	8	3	4	4
宁波	7	10	7	10	14	9	4	5	5	5

（三）总体排位前三城市内部特色突出

1. 深圳稳居第一，发展全面

深圳其领先的因子是创新驱动、经济运行稳健性、城乡协调，3个因子均位居第一；经济效益、开放性及绿色低碳3个因子均居第三，体现了创新驱动经济高质量发展促进共同富裕先行区特点。当然，深圳自身市场拉动经济高质量发展最弱，居第八位，反映深圳在高房价下，消费者的消费"欲望"大打折扣，类似硅谷现象。

2. 北京排位第二，首都功能显现

北京市各因子位次在1到11之间，产业结构优化位居第一，这一点充分体现北京首都非核心功能疏解成效显著，制造业等外迁，知识经济和服务业成为主流；创新驱动、经济运行稳健性以及共享性3个因子位居第二位，10个因子中有4个因子占优势。

3. 上海排位第三，大都市特色突出

上海最大的优势是共享性，位居第一，其次是市场拉动，这与上海国际大都市的特点相吻合。

（四）各因子TOP前五位集中度较高，成都无一入围

表5-15显示：10个因子中进入前五位的共有12个城市，前五位因子出现频次最多的依次为：深圳9次、杭州8次、上海7次、北京6次、厦门5次，占总频次的70%，集中度较高，成都没有一个因子入围前五位次。

表5-15　各因子TOP前五位次城市

位次	创新驱动	市场拉动	经济增长	经济效益	产业结构优化	城乡协调	开放互动	经济运行稳健性	绿色低碳	共享性
第一	深圳	南京	南京	重庆	北京	深圳	厦门	深圳	厦门	上海
第二	北京	上海	厦门	深圳	西安	杭州	深圳	北京	深圳	北京
第三	南京	北京	深圳	上海	杭州	天津	上海	杭州	广州	深圳
第四	杭州	青岛	杭州	厦门	深圳	上海	宁波	上海	杭州	杭州
第五	广州	杭州	北京	青岛	上海	厦门	西安	宁波	宁波	宁波

（五）小结

成都市创新驱动经济高质量发展促进共同富裕能力整体处于副省级及以上城市中下水平，内部发展比较均衡，没有突出优势。这与成都市创新资源丰富，居全国第六位，存在明显失衡。究其主要原因：一是科技创新成果产业化能力整体弱，存量创新资源转化利用不足，创新驱动扩散促进经济高质量发展的动能远远没有激活和释放。二是产学研用结合紧密性不足，创新创业积极性和主动性不够。三是创新资源的共享水平不高，利用率低。四是创新资源供给与产业的需求匹配错位严重。五是存在大量无效低端创新成果/资源，特别是低端无效专利，如对川大和电子科大的调研数据显示，在职务发明成果混合所有制改革的驱动下，有效专利转移转化仍不足20%，要加快建立大学科研成果转移转化的对接通道和培育技术经理人，同时加大对非正常专利申请的打击力度。

第五节　共同富裕视角下创新驱动经济高质量发展：成都市内部县域特点研究

一、共同富裕视角下创新驱动县域经济高质量发展评价指标体系构建

（一）评价对象

为全面透视成都市各县（市）区创新驱动经济高质量发展促进共同富裕现状特点、优势和短板，为差异化战略选择提供依据，我们选择成都市20个行政区和成都高新区、天府新区成都直管区2个经济区共22个经济单元为评价对象。东部新区2020年正式成立，成立时间短，所以归入简阳市。

（二）指标体系构建

以表5-16通用型性指标体系为基础，在一、二级指标不变的前提下，根据县域经济特点和数据的可获得性，三级指标略有增减变动，形成"4+10+23"的指标体系架构。其中，创新驱动二级指标下增加"万人有效发明专利"，反映县域创新能级；并增添"万人拥有高能级企业"，反映区域创新组织实力和区域创新产业化能力；产业结构优化二级指标下增添"技术输出额占GDP比重"和"高技术产业增加值占GDP比重"，反映县域

知识创造、技术转移转化水平，是知识经济发展水平的有效表征指标；经济系统运行稳健性二级指标下增加"人口复合增长率"，它是一个城市综合发展水平的重要指标，具体见表5-16。

（三）权重确定

采取三种赋权方法确定权重：一是均值赋权。既不考虑创新经济系统信息熵，也不考虑创新经济系统指标的经济含义，每一个指标都是平等的，权重的大小只与指标个数有关。二是变异系数赋权法。考虑创新系统信息熵，但不考虑指标的经济学含义。三是组合赋权法。模型赋权并适当微调，更强调指标的经济学含义。均值权重为 $1/N$，N 为指标个数，变异系数权重及组合权重结果见表5-16。

表5-16　共同富裕视角下创新驱动县域经济高质量发展评价指标体系及权重

一级指标	组合权重	二级指标	组合权重	三级指标	组合权重	变异系数赋权权重
经济发展水平	0.24	经济增长	0.45	人均GDP	0.61	0.046 7
				GDP增长率	0.39	0.049 1
		发展效率	0.55	区域地理经济密度	0.45	0.048 2
				劳动产出率	0.55	0.039 7
经济发展动力	0.27	创新驱动	0.61	研发投入强度	0.33	0.051 1
				万有拥有专利增量	0.16	0.035 5
				万人有效发明专利量	0.21	0.032 5
				万人拥有高能级企业	0.30	0.029 7
		市场拉动	0.39	人均社会零售消费额	1	0.045 7
经济结构优化协调	0.23	产业结构优化	0.4	三次产业占GDP比重	0.28	0.048 2
				高技术产业增加值占GDP比重	0.33	0.036 6
				技术输出额占GDP比重	0.39	0.034 2
		城乡协调	0.31	城乡收入比	0.55	0.042 9
				城镇化率	0.45	0.05
		开放互动	0.29	对外贸易依存度	0.55	0.033 5
				外资吸引力	0.45	0.045 9

表5-16(续)

一级指标	组合权重	二级指标	组合权重	三级指标	组合权重	变异系数赋权权重
可持续发展	0.26	经济系统运行稳健性	0.35	财政自给率	0.37	0.045 4
				城镇登记失业率	0.30	0.044 9
				人口复合增长率	0.33	0.049 3
		绿色低碳	0.2	优良天气占全年天气比	1	0.046 9
		共享性	0.45	居民人均可支配收入	0.40	0.053 4
				人均可支配收入占人均 GDP 比重	0.28	0.046 2
				人均财政收入	0.32	0.044 4

（四）数据来源及处理说明

1. 数据来源

数据来源于《成都科技统计快讯》［2020 年（1—12 月）］、《成都科技创新创业监测动态》（2021 年、2022 年）、成都市各县（市）区 2020 年统计公报以及《成都统计年鉴》（2021 年），红黑人口数据库以及成都市科创通实时数据。

2. 数据处理说明

（1）标准化处理。采用功效系数法进行标准化处理。（2）指标数据的处理。"高技术产业增加值占 GDP 比重"采用高技术产业营业收入占 GDP 比重代替；"万人拥有高能级企业"中，高能级企业是指"高技术企业+科技型中小企业+技术服务型企业"三者之和；"人口复合增长率"采用的是 2019—2021 年的人口复合增长率，因为这两年成都市行政区域空间变化较大；劳动产出率是指 2019 年规上工业企业营业收入除以规上工业企业从业人员平均值。

二、综合评价及结果分析

（一）初步评价结果比较分析

经过计算整理得到上述指标体系基础数据，用功效系数法进行标准化归一处理，根据三种不同权重方案，综合计算得出成都市各县（市）区 2020 年创新驱动经济高质量发展促进共同富裕的评价结果值，见表 5-17。

结果显示，不同权重方案对成都市各县（市）区经济发展质量评价结果影响不大，位次影响波动甚微，均值和变异系数赋权法位次完全相同，组合权重评价结果仅位次居第7位到第13位间，内部略有波动，其他位次都没有变动。一是说明权重对成都市县域内部创新驱动经济高质量发展评价影响很小，不构成影响成都市经济高质量发展评估的主要因素，说明各县域内部各因子发育全面、均衡，再一次论证了成都市共同富裕视角下创新驱动经济高质量发展内部因子发展比较均衡；二是更说明指标设计具有相对科学性、合理、全面性；三是说明成都市县（市）区创新驱动经济高质量发展差异大、分层明显，具有梯度性。

表5-17 共同富裕视角下2020年成都市县域创新驱动经济高质量发展
综合评价及位次

区域	均值赋权		变异系数赋权		组合赋权		三方案均值	
	评价值	位次	评价值	位次	评价值	位次	评价值	位次
天府新区	75.46	7	76.34	7	73.57	8	75.12	7
高新区	88	1	87.68	1	88.33	1	88	1
锦江区	78.48	3	79.89	3	79.90	3	79.42	3
青羊区	79.43	2	80.78	2	81.80	2	80.67	2
金牛区	77.92	5	78.83	5	77.87	5	78.21	5
武侯区	78.03	4	79.2	4	78.46	4	78.56	4
成华区	75.52	6	76.93	6	75.21	6	75.89	6
龙泉驿区	71.57	10	72.38	10	71.59	9	71.85	10
青白江区	70.31	13	71.11	13	70.13	12	70.52	13
新都区	72.55	9	73.75	9	71.02	10	72.44	9
温江区	70.67	12	71.76	12	69.66	13	70.7	12
双流区	74.52	8	75.46	8	73.80	7	74.59	8
郫都区	71.41	11	72.45	11	70.40	11	71.42	11
新津区	68.69	14	69.31	14	68.85	14	68.95	14
简阳市	66.7	17	67.31	17	66.68	17	66.9	17
都江堰市	67.66	15	68.05	15	67.68	15	67.8	15
彭州市	65.07	22	65.42	22	65.13	21	65.21	22
邛崃市	65.22	21	65.66	21	65.07	22	65.32	21

表5-17(续)

区域	均值赋权		变异系数赋权		组合赋权		三方案均值	
	评价值	位次	评价值	位次	评价值	位次	评价值	位次
崇州市	65.78	19	66.14	19	65.59	19	65.84	19
金堂县	66.99	16	67.47	16	66.71	16	67.06	16
大邑县	65.51	20	65.74	20	65.59	20	65.61	20
蒲江县	66.66	18	67.05	18	66.50	18	66.74	18

（二）共同富裕视角下成都市县域创新驱动经济高质量发展总体评价结果

选择评价三方案均值作为成都市县域创新驱动经济高质量发展2020年总体情况最终结果，见图5-11。结果显示，共同富裕视角下成都市各县（市）区创新驱动经济高质量发展呈梯次分布，形成"2-11-9"格局（[80，90）[70，80）[60，70）三个区间段分值空间聚集县（市）区数量）。成都高新区雄踞榜首，分值达88分，但没进阶第一梯队；其次是青羊区位居第二，也站上了第二梯队；紧跟其后的是锦江区、金牛区、武侯区，三者旗鼓相当，分值在79分左右，五城区中成华区相对略偏弱；天府新区在中央、省市大力支持下，按创新策源地打造，近3年发展比较快，基本追上五城区；除新津区外，成都市"5+7"中心城区都进阶第三梯队；郊区新城其他8个县（市）区均在第四梯队，分值在（65，68）区间，差距不大，位次竞争激烈。需要特别提点的是，蒲江县近几年在中德产业园以及国家农业科技园的强势发力下，创新驱动经济高质量发展明显增强，超过大邑县、崇州市、彭州市以及邛崃市。

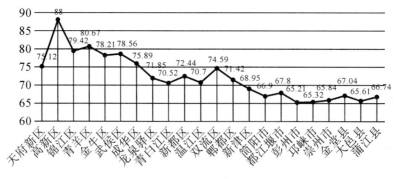

图5-11　2020年共同富裕视域下成都市县域创新驱动经济高质量发展态势

（三）成都市各县（市）区内部 4 子系统及与整体比较

如图 5-12 所示，在 4 个子系统中，各县（市）区（除高新区、青羊区和金牛区外）可持续发展能力表现突出，均高于整体水平和其他子系统发育水平。其次是经济结构优化，各县（市）区（除高新区外）①都高于总体水平，金牛区位居第一。再者，经济发展动力是成都市各县（市）区（除高新区、武侯区、青羊区、金牛区）最大短板，表明成都市县域科技成果转化和产业化能力不强。最后，成都市各县（市）区（除高新区、青羊区、锦江区外）经济发展水平明显不高，均低于整体水平，这是经济发展动力不足所致。

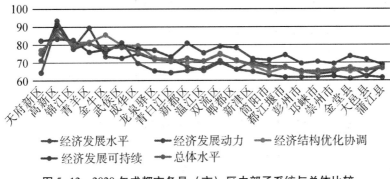

图 5-12　2020 年成都市各县（市）区内部子系统与总体比较

（四）成都市县域创新驱动经济高质量发展内部因子比较分析

根据上述评价结果，为简明反映成都市县域不同因子发育程度的空间位次，这里我们把分值在 90 分及以上定义为金阶，每 10 分值进阶一位，[80，90) 分值定义为高阶，[70，80) 分值定义为中阶，70 分以下定义为低阶。成都市县域创新驱动经济高质量发展内部各因子发育形成"金阶—高阶—中阶—低阶"的模式，同时每阶数字表示有几个县（市）区分值落此阶里，如表 5-18 所示，具体见表 5-19。县域从各因子不同进阶位次看：城乡协调和绿色低碳是成都市县域发展比较均衡并且高阶分布最多的因子。其次产业结构优化、经济系统运行稳健性及共享性三个因子，没有进入金阶（分值超过 90）的，表明成都市县域各因子都待持续发力；共享性发展中、高阶多，超过 80 分的达 11 个，占 50%，整体表现良好。开放

---

① 成都高新区经济结构优化没有达到平均水平，从后面的因子发育比较分析来看，影响高新区经济结构优化的是城乡协调，这是受高新区管辖范围不断调整影响的，这仅仅是成都高新区暂时的短板。

互动各阶均有县（市）区进入，但低阶最多，达 18 个；经济增长、创新驱动除成都高新区外，其他县（市）区都无突出优势，整体处于中阶及以下水平；市场拉动表现最好的是锦江区，其次青羊区、武侯区，其他区域相对较差；同时经济效益、创新驱动、市场拉动、产业结构优化和开放互动的低阶县域都很多，占近三分之二；尽管成都高新区表现十分突出，但在市场拉动、城乡协调（主要是东部新区未来科技城城乡差距大）、经济运行稳健性和共享发展水平仍有待优化、加强、提高。

总之，成都高新区在经济效益、创新驱动、经济增长、开放互动走在各县（市）区最前列，并进入金阶；锦江区市场拉动最具优势；五城区城乡协调表现最出色；绿色低碳表现最好的是大邑县、都江堰市、金堂县、简阳市。10 因子在成都市 22 个县（市）区发育水平累计基本形成金、高阶合计 20%，中阶 30%，低阶 50% 的分布格局，表明成都市县域创新经济高质量发展整体仍为标准的金字塔形，还需要大力实施县域创新驱动发展战略，促进经济高质量发展。

表 5-18　成都市创新驱动经济高质量发展各因子县域分段分布

因子	经济增长	经济效益	创新驱动	市场拉动	产业结构优化	城乡协调	开放互动	稳健性	绿色低碳	共享发展
因子分布结构	1-0-14-7	2-1-4-15	1-0-6-15	1-2-3-16	0-2-6-14	5-4-11-2	1-1-2-18	0-4-8-10	4-5-10-3	0-11-3-8

表 5-19　成都市经济系统 10 因子不同分值段各县（市）区排位布局

因子	金阶 [90,100]	高阶 [80,90)	中阶 [70,80)	低阶 [60,70)
经济增长	高新区	0	14	7
经济效益	高新区、青羊区	锦江区	金牛区、武侯区、成华区和龙泉驿区	15
创新驱动	高新区	0	金牛区、武侯区、青羊区、温江区、双流区、郫都区	15
市场拉动	锦江区	青羊区、武侯区	高新区、龙泉驿区、金牛区	16

表5-19(续)

因子	金阶[90,100]	高阶[80,90)	中阶[70,80)	低阶[60,70)
产业结构优化	0	金牛区、高新区	武侯区、青羊区、锦江区、成华区、天府新区、双流区	14
城乡协调	五城区	龙泉驿区、新都区、双流区、温江区	11	简阳市、金堂县
开放互动	高新区	天府新区	青白江区、双流区	18
稳健性	0	高新区、锦江区、双流区、新都区	8	10
绿色低碳	大邑县、金堂县、都江堰市、简阳市	天府新区、龙泉驿区、彭州市、邛崃市、蒲江县	10	3
共享发展	0	11	3	8
合计	15	30	67	108
合计占比/%	6.82	13.63	30.45	49.1

三、成都市县域创新驱动经济高质量发展促进共同富裕的空间特点聚类分析

为进一步反映成都市县域创新驱动经济高质量发展促进共同富裕的空间特点,对上述评价结果进行聚类分析。

(一)快速聚类分析

快速聚类分Q型(综合整体或样本)和R型(内部因子或变量)两种聚类,此处采用两种方式进行多方案快速聚类,如表5-20所示。结果显示,Q型和R型两种聚类,无论是分三类、四类还是五类,成都高新区均独属一类,没有与其他县(市)区形成竞争态势;新津区、简阳市、都江堰市、彭州市、邛崃市、崇州市、金堂县、大邑县、蒲江县始终处于同一类;无论是四类还是五类,成华区、龙泉驿区、青白江区、新都区、温江区、郫都区以及天府新区都在一类;在三类和四类Q型划分中,锦江区、青羊区、金牛区以及武侯区聚类在一起;在Q型五类和R型四类划分中,青羊区独属一类。

表 5-20　成都市县域创新驱动经济高质量发展快速多类型聚类结果

	Q 型四类	R 型四类	Q 型三类	R 型五类	Q 型五类
天府新区	3	3	3	1	3
高新区	2	2	2	2	2
锦江区	4	3	3	4	5
青羊区	4	4	3	4	4
金牛区	4	3	3	5	5
武侯区	4	3	3	5	5
成华区	3	3	3	5	3
龙泉驿区	3	1	1	1	3
青白江区	3	1	1	1	3
新都区	3	1	1	1	3
温江区	3	1	1	1	3
双流区	3	3	3	1	3
郫都区	3	1	1	1	3
新津区	1	1	1	3	1
简阳市	1	1	1	3	1
都江堰市	1	1	1	3	1
彭州市	1	1	1	3	1
邛崃市	1	1	1	3	1
崇州市	1	1	1	3	1
金堂县	1	1	1	3	1
大邑县	1	1	1	3	1
蒲江县	1	1	1	3	1

（二）分层聚类

为更清晰地了解成都市各县域创新驱动经济高质量发展内部的差异性，利用组合权重对子系统分项综合评价结果，运用 SPSS22.0 版本，采取分层聚类，聚类方法选择组间连接、距离测度选择欧氏距离，分 4 类进行聚类，结果如表 5-21 所示。结果显示：高新区和青羊区各自独属一类，锦江区、金牛区、武侯区三者同属一类，其他 17 个县（市）区共聚一类，聚类详细过程如图 5-13 所示。

表 5-21 共同富裕视角下成都市县域创新驱动经济高质量发展空间聚类关系

Case	4 Clusters	Case	4 Clusters
1：天府新区	1	12：双流区	1
2：高新区	2	13：郫都区	1
3：锦江区	3	14：新津区	1
4：青羊区	4	15：简阳市	1
5：金牛区	3	16：都江堰市	1
6：武侯区	3	17：彭州市	1
7：成华区	1	18：邛崃市	1
8：龙泉驿区	1	19：崇州市	1
9：青白江区	1	20：金堂县	1
10：新都区	1	21：大邑县	1

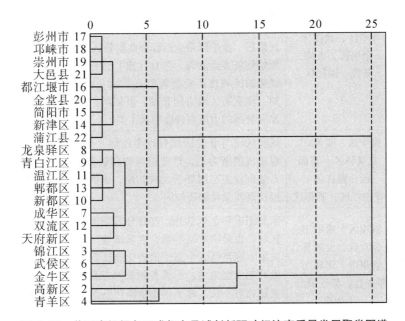

图 5-13 共同富裕视角下成都市县域创新驱动经济高质量发展聚类图谱

（三）成都市县域创新驱动经济高质量发展促进共同富裕分类及特点

结合快速聚集、分层聚类及聚类过程树形图结果和成都市未来 5~10 年科技创新战略定位与规划，我们将成都市 20 个行政单元和 2 个经济区共同富裕视角下创新驱动经济高质量发展情况分为 4 类，各县（市）区所处类别如表 5-22 所示。这里需要说明的是，天府新区与成华区目前属于同一类，且分值十分接近，但考虑到天府新区国家战略定位，特别是成都市对未来创新策源地的定位打造，以及近几年的发展态势，天府新区明显快于成华区，正常情况下，5 年内有望追上武侯区、金牛区，因此将天府新区跃升一级。

表 5-22　2020 年共同富裕视角下成都市县域创新驱动经济高质量发展分类及特点

类别	区域	特点
Ⅰ类	高新区	这类区域创新资源富集，创新能力强，以高技术创新为主，知识创造和制度创新为支撑，产学研用结合紧密，政资介发达，创新创业活跃，构建起融入全球产业链和创新链的开放型产业创新生态系统，是一个国际化创业创新创富区
Ⅱ类	青羊区、武侯区、金牛区、天府新区、锦江区	这类区域以知识创造、技术创新、营销创新和模式创新等并行发展，各具独特优势，如天府新区是创新策源地；锦江区是消费创新中心，商业模式创新突出；青羊区、武侯区、金牛区是全面综合性创新区，以集成创新为主，原始创新多点涌现。各县（市）区皆有各具特色和竞争优势的区域性产业创新生态系统（圈），处于发育成长期，注重跨区域协同互动，但创新扩散驱动经济高质量发展整体的力度和强度不及Ⅰ类
Ⅲ类	成华区、双流区、龙泉驿区、新都区、温江区、青白江区、郫都区	这类区域与Ⅱ类区域有许多相似之处，创新能力较强，以集成创新为主，产业链与创新链融合发展逐渐增强，产业创新生态圈处于发育初期，成熟度不足，创新驱动经济高质量发展还较弱
Ⅳ类	新津区、简阳市、金堂县、大邑县、崇州市、邛崃市、蒲江县、都江堰市、彭州市	除简阳市和金堂县外，这部分其余区域都是成都市西控区域，也是国家城乡融合发展试验区，以农旅文体融合发展、绿色低碳生态价值转化创新为主，以技术应用开发和创业型为主，不具备创新生态系统自生长功能，产业链相对不长，处于产业驱动向创新驱动经济高质量发展的转型期

四、成都市县域创新赋能经济高质量发展动态特征简要分析

理论与实践表明，创新能力强经济社会发展水平不一定就高。为更精准透视成都市县域创新驱动经济发展能力强弱，进一步优化调整县域内部及县域间的创新策略选择，本书利用差分差位法对成都市县域创新赋能经

济高质量发展动态进行研判。

（一）差分差位法

我们采用 2017 年的创新能力综合评估值与 2020 年的创新赋能经济发展结果值，运用差分差位法简要比较分析成都市县域创新赋能经济高质量发展能力，简明了解其近三年的变化波动情况。尽管指标不同，但都是相同条件下的比较，具有可比性；而且创新产业化和商业化本身具有滞后性，从比较的结果看，基本与实际呈现和感知一致，具有参考性，结果如图 5-14 所示。

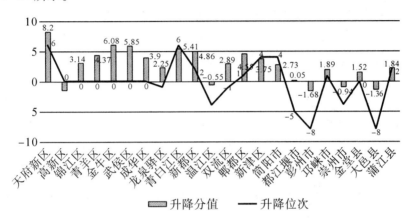

图 5-14　成都市县域创新赋能经济高质量发展动态差分差位示意图

（二）比较分析

1. 五城区+高新区位次不变，但成都高新区分值下降

图 5-14 显示，近两三年成都市县域创新赋能经济发展变化较大，五城区+高新区位次没有变化，说明整体实力很强，其他县域难以跨越追赶。但从评价分值看，高新区的分值没有变化甚至略有降低，五城区均有较大幅度增长，增加分值在（3，6.5）区间，其中，金牛区提升最快，表明在科技成果混合所有制改革和加强高校成果转化的强力推动下，成都市五城区创新赋能经济高质量发展成效突出；高新区创新赋能经济相对减缓。

2. 青白江区和天府新区升分升位最快

近两年在创新驱动、全面创新改革和"一带一路"建设下，青白江区和天府新区均上升了 6 个位次。天府新区分值增加 8.2 分，居各县（市）区之首，这是天府新区国家战略、成渝西部科技创新中心核心区科学城培育打造的结果；其次是青白江区增加了 6 分，这是青白江区在"一带一路"建设中抢抓机遇，大力实施制度创新、模式创新等的结果；简阳市和新津区上升了4个位次，分别提高了2.73分、3.75分；新都区和蒲江县也上升了2个位次，但新都区分值提高了4.86分，居前五位。

3. 大邑县和彭州市降分降位最突出

大邑县和彭州市均相对下降了8个位次，但降分不多，在2分以内，主要是近两年处于西控及产业功能区结构调整的混沌期和新旧动能转换培育期。

4. 龙泉驿区和双流区升值降位

在东进战略和南向发展中，龙泉驿区拥有极大的发展机遇，但是龙泉驿区的汽车产业自主创新提能升级不足；双流区生物医药产业功能区发展还处于初期，创新驱动产业结构优化缓慢。

（三）结论

整体来说，在创新驱动发展战略、双创实践、"一带一路"和成渝双圈建设、成都市产业大调整背景下，成都市县域创新赋能经济发展变动差异明显：升分升值的有8个县（市）区，升分不升位的有五城区+金堂县共6个县（市）区，降分降位的有4个县（市）区，升分降位的有3个县（市）区，降分不降位的只有1个——成都高新区。总之，面对百年未有之大变局，唯有不断改革创新，在困局中寻求生机，方能华丽蜕变，接续发展。

第六章　个案分析——先行区域创新创业创富驱动经济高质量发展的经验及启示

第一节　研究概述

跨越科研与商业化鸿沟的关键、技术成功转化的两个决定因素，一是团队素质，二是技术成熟度。而77%的人认为，21世纪最伟大的创新将基于解决人类面临的问题而不是追求利润（Hauser，2010），这一点业已被新型冠状病毒感染疫情证明。

本书认为，创新源于解决人类实践遇到的各种各样的问题，以及自然、思维、空天甚至宇宙的神秘未知带来的所有挑战。根据成都市不同县域经济创新发展的特点，本书重点以创新驱动经济高质量发展并实现人的全面发展的美国硅谷、以色列特拉维夫、深圳南山区以及浙江省的长兴县和德清县等国内外成功案例经验作为借鉴。在这里，我们探讨全球先发地区县（市）区创新驱动经济发展的基本经验和独特之处，不仅在于剖析发达地区为获得县域经济发展成功地做了什么，还在于我们必须重视为获得县（市）区经济发展的成功，发达县（市）区在实施创新驱动发展战略促进经济高质量发展实现共同富裕的过程中究竟是如何做的。

第二节 典型个案——先进区域主要经验和做法

一、有效的产学研协同创新主体持续创新创业创富的百年硅谷

美国硅谷历经了第三、四次工业革命和几次全球危机，迄今仍屹立于世界创业、创新、创富发展之巅，形成全球难以复制和企及的高科技产业园创新高地。2016 年人均 GDP 已达到了 11.96 万美元，居全美第一，与卢森堡比肩。硅谷这个没有政府、没有管委会，也不是计划和目标的产物，各级政府对硅谷也没有任何特殊政策的"创新雨林生态圈"，其创新发展成功的经验众说纷纭，总体来说，产学研有效结合、风险资本、独特的创新文化业已达成共识，但不容置疑和易被忽视的是各方（产学研中资介）利益共赢、共富以及权益法律保障体系的完善是最根本的内在动力机制。

（一）创业型研究大学为硅谷创新创业提供人才支撑和企业家种子

硅谷的核心竞争力不在于技术领先，而是拥有世界一流的创新人才，以及以最快速度将技术转变成市场的能力。硅谷不仅拥有斯坦福大学、加州大学伯克利分校等世界著名高等学府，这为硅谷打造全球创新之都培养了大量高素质的创新创业人才、工程师以及企业家种子；同时，斯坦福大学将自身定位为研究型大学，承担着基础研究、技术研发、知识技术的积累与传播等职能，并建立了一批世界级前沿科研机构和实验室，为硅谷提供了世界最前沿的信息和技术支持。另外，硅谷大学特别是斯坦福大学创新创业教育一直走在世界前列，注重并调整学校面向社会需求开展科学研究，并通过创新创业教学课程设置、创新创业教育科研平台构建以及创新创业教育服务产业和社会发展多维度的努力，形成了三位一体的创新创业教育体系。同时，斯坦福大学等也规范了教授与产业界联系的制度，允许科研人员两年带薪创业。

（二）具有特质的风险投资，为企业创新提供持续有效的资金支持

1. 风险投资是硅谷技术创新产业化持续发展的主要资金来源

硅谷之所以成为全球最富活力的创新高地，在于完善发达的金融市场为其科创企业提供持续不断的资金、资源支持。硅谷的一系列新型金融服务机构大部分是围绕科技创新出现的，如风险投资、硅谷银行、纳斯达克

市场以及新型孵化器、天使投资、战略投资等，其中风险投资发挥了重大作用，硅谷许多重要技术创新都是在风险投资的推动下实现产业化的。由于传统金融产品很难给予初创企业足够的资金支持，20 世纪 70 年代之后，风险投资逐渐成为硅谷创新创业的主要资金来源，并且全美 40% 左右的风险投资集聚在硅谷。

2. 独立性风险投资基金治理模式是硅谷风险投资灵活运作的基本保障

硅谷 80% 以上的风险投资来源于私人独立基金，并主要为以合伙制为主的中小型风险投资机构。这种基金公司有着强大的生命力和决策的独立性，使得风险投资运作更具灵活性和时效性。

3. 具有"专业背景+投资理念"基本特质的风险投资者是硅谷投资成功的关键

硅谷的风险资本投资者很多都有连续创业或者长期从事特定领域工作经历，他们的背景（熟悉产业、企业发展成长路径）、理念、智慧和眼光使投资者对自己的投资方向十分笃定，并高度专注于企业创始人或团队的性格、学习的能力以及其创业的可持续性。正因为此，大量的风险投资者愿意并有能力为初创企业和高成长企业提供充足的资金支持，帮助众多初创企业渡过"死亡之谷"，培育了一批又一批高新技术企业。

4. 财政资金为硅谷风险投资提供了强大后盾

为鼓励民众创业，美国政府建立了以小企业局（Small Businesses Administration，SBA）为核心，引导商业机构、民间资本对小企业贷款或投资的间接调控模式。SBA 以往年投资失败损失的金额占总投资额的比例为基础拟订来年的财政拨款计划；以 2/3 的比例为上限鼓励私人出不低于 1/3 的资本金来组建小企业投资公司（SBIC），即私人投资者只要出 1/3 的资本就可以去经营一家完整的投资公司。若项目成功，SBIC 向 SBA 支付不超过 10% 的总利润，私人可以获得 90% 的利润，若项目失败则由 SBIC 和 SBA 共同承担相应的损失。这大大提高了私人资本参与风险投资的积极性，将社会大量私人资本引向了风险投资业。美国风投协会的研究数据显示，风险投资对美国经济贡献的投入产出比为 1∶11，其对于技术创新的贡献，是常规经济政策的 3 倍①。

---

① 吴进红，杨蓉. 美国政府支持创业与风险投资模式及其借鉴［J］. 世界经济与政治论坛，2007（1）：64-69.

（三）政产学研用资协同互动、利益共享，是硅谷创新生态持续健康发展的根本

在硅谷，政府、企业、大学、科研机构、用户和风险投资者及其内部不是孤立存在的，而是建立起了一个相互依存、相互激励、风险共担、收益共享的紧密关系网络，形成了外界不易观察和模仿的互利共生"生态循环"。

1. 政府、大学、企业及投资者的互动生态关系

如政府军事订单和拨款提升和促进了斯坦福大学科研能力和知识积累；斯坦福大学不仅为企业提供高素质人才，还为公司孵化提供产业园，为初创公司提供资金、关键技术，支持学校科研人员创业和学生到企业实习，招聘企业人员到学校讲学。硅谷大多数企业创始人来自斯坦福大学，与斯坦福大学有关的企业（斯坦福师生和校友创办的企业）产值占硅谷产值一半以上，斯坦福校友创立的公司每年营收高达 2.7 万亿美元，校友捐款已经成为斯坦福大学科研经费的主要来源之一。敢于冒险的风险投资家与斯坦福的科研人员、富有想象力的企业家成为相互依赖、相互激发、风险共担、收益共享的利益共同体，推动了创新成果的商业化和产业化。

2. 大学职务发明成果技术转移相对公平的利益共享机制

斯坦福大学是科研成果转移转让的先行者和典范。1970 年，斯坦福大学首创在大学内部设立技术许可授权办公室（Office of Technology Licensing，OTL）的知识产权管理模式，目的是促进科技成果转化、服务社会，并回馈学校科研和教育。OTL 的创新点主要表现为：①大学将专利营销放在工作首位，以专利营销促进专利保护。②OTL 的技术经理负责管理专利营销和专利许可（使用权许可）谈判，其他都委托校外机构。③建立起多方利益共享机制。斯坦福大学科研成果转化收益的 15% 分配给 OTL 作为奖励和日常开支费用；另外剩下的 85% 则为专利许可净收入，由发明人（团队）、所在院、系各自分余下的 1/3①。这一利益分配机制找到了发明成果价值实现全过程各价值链节点利益共同体的合理有效的利益黄金分割点，加速了职务发明成果的商业化和产业化。

3. 建立了以《拜杜法案》为核心的激励和约束创新创业的利益机制和法律保障体系

美国建立了一套鼓励创新、保护创新者利益的法律体系，特别是 1980

---

① 隆云滔，张富娟，杨国栋. 斯坦福大学技术转移运转模式及启示 [J]. 科学管理研究，2018（15）：120-126.

年的《拜杜法案》为大学、科研院所的职务发明成果商业化提供了有效的制度激励和法律保障。该法案的要点是：①联邦政府资助的研究发明成果归大学所有（除非大学声明放弃）；②大学必须申请专利并且不遗余力地寻找被许可方以实现商业化；③大学必须与发明人分享许可收入；④联邦政府享有免收许可费的非独占许可权，但仅适用于政府；⑤小企业有优先获得许可的权利；⑥如果被许可方在美国获得独占许可，它必须在美国境内大量生产许可产品。这一法案建立起了对创新价值链上各主体的利益保障和约束机制，包括对发明人利益的保障、对大学进行技术转移的驱动、对小企业和初创企业的扶持。

（四）完善而成熟的产业创新生态系统①

硅谷的公司大都没有实行纵向联合，而是从供应链网络中购买所需产品和服务，创造了一种组合与重新组合非常灵活的公司网络。硅谷多数企业规模较小，这就产生了大量的外包需求，形成了硅谷发达的外包支持系统，能快速地将创意和构思变成产品，进行小批量的工业化生产。这些公司相互配合，共同营造了硅谷良好的产业生态系统。此外，硅谷的信息交流速度极快，信息交流渠道多样，可以实现高效的信息交换。在硅谷，创业者可以找到前沿技术、商业方向、所需人才和风险投资等几乎所有企业成长所需要的元素。正如维克多·黄和格雷格·霍洛维茨（2015）②所言，硅谷成功并非仅仅是将有才干的人、伟大的创意和大量的资金糅合在一起，而是其野蛮生长的雨林法则——"大量无形机制"，这是其成为全球顶级创新生态系统的根源所在。这不仅是充分的创造性破坏，更重要的是创造性的重组，联合和再联合人们的能力形成效率与生产力的持续增长模式。

（五）独特的创新文化是硅谷创新创业发展的基本保障

硅谷崇尚冒险、宽容失败、鼓励竞争、注重合作、开放多元的创新文化形成了硅谷独特的竞争优势。硅谷文化的精髓是创业文化和创新精神，首先表现为硅谷公司生产结构的开放性和人才流动的频繁性，"背叛"和跳槽也是可以容忍的。其次，硅谷是一个多元化、包容的社会，无论何种

① 王磊，万礼赞，詹鸣. 美国硅谷科技创新的基本经验与启示 [N/OL]. 国防科技要闻，(2016-08-19) [2021-11-23]. https://www.sohu.com/a/111311017_466951.

② 维克多·黄，霍洛维茨. 硅谷生态圈：创新的雨林法则 [M]. 诸葛越，许斌，林翔，等译. 北京：机械工业出版社，2015.

语言和肤色的人都能在这里找到一席之地。再次，在硅谷，人们不会嘲笑失败，视失败为宝贵财富，因为每一次失败都是一次接近成功的试错，而失败三次以上的创业者最值得风险投资者青睐。最后，"当你不富裕的时候要有创造性，当你富裕了时要支持创造性"的座右铭成为硅谷持续创业的文化内驱力。因此，增强人类创新生态系统实力的关键因素是"雨林文化或环境"——天赋的多样性、跨越社会壁垒的信任、高于短期理性的动机、促进快速多样合作的社会准则和个人体验。

二、创业促创新创富的以色列特拉维夫

以色列被称为"芯片王国"，全球创新指数排名第二，人均 GDP 超过4 万美元。而特拉维夫则是以色列的经济与科技创新中心，拥有以色列七成的初创企业，八成的投资机构、研发中心，被称为硅溪，是仅次于美国硅谷的创业高地。这座总面积只有 51.8 平方千米，人口约 40.3 万的城市，曾经只是一片寸草不生的沙丘地带，如今已发展成为以色列第二大中心城市，更是一座现代化的国际大都市。其城市创新创业生态系统运作模式和具体策略值得后发国家和地区借鉴。

（一）打造自下而上的创业创新模式，着力构建创业生态系统

创业创新氛围浓郁是以色列的特质，更是特拉维夫城市的真实写照和集中体现。每 1 平方千米有 19 家创业公司，每 431 人中就有一人在创业①，使得特拉维夫成为全球人均创业者最多的城市，其创业生态系统内在关键因子（要素）值得探究和学习。

1. 拥有具有创业创新特质和优势的人口结构

特拉维夫城市人口结构年轻化明显，18~35 岁人口占整个城市人口的33%以上。这些年轻人大多是大学生或外来寻求创业的，具有明显的创业特质。

2. 巧妙布局众创空间区域位置

特拉维夫众创空间主要布局在市中心商务核心区，注重将资本、智慧、悠闲、美味和自然融为一体。如其旧图书众创空间与罗斯柴尔德大街仅一墙之隔，这里有以色列最大的工人银行、特拉维夫证券交易所和各种

---

① 肖莹佩，钟帆. 以色列特拉维夫市全球创新创业中心经济发展部部长：创业需勇敢尝试不要惧怕失败 [N/OL]. 四川在线，（2016-06-25）[2021-11-02]. https://sichuan.scol.com.cn/fffy/201606/54624685.html.

各样的风投机构、基金公司等。在这里，白天是金融中心，但到了晚上就会变身酒吧一条街；创业者可以到海边冲浪，玩累了，喝杯饮料，就可能遇上志同道合的小伙伴。因此，尽管这里寸土寸金，但依旧吸引了很多创业者在此聚集。

3. 提供近乎免费的初创服务

为鼓励年轻人创业，从 2013 年起，特拉维夫开放了许多公共区域（众创空间），为创业者提供近乎免费的场地、咖啡和网络，以便他们能够更好地工作。为让更多创业公司享受到公平的待遇，特拉维夫市政府以每半年为一个学期，选择 10~15 家有好点子、2~4 个全职工作人员规模的团队或初创公司在众创空间办公，创业者只要拎上电脑就能办公。半年后，这里的公司可能失败退出，也可能获得融资进入孵化器，或者搬到另外的众创空间工作。在寸土寸金的特拉维夫，这些创业公司却可以以每月每人 75 美元的低价享受市中心的办公空间和配套会议室、咖啡厅等创业服务。对于新创公司，特拉维夫实施了税收降低 50% 的优惠政策，极大地减轻了创业者的负担。

4. 采取共生共荣的孵化模式

为了帮助小企业发展，政府建立技术孵化网络，为创业投资培植土壤。每个孵化器经营 10~15 个处于研发阶段的公司，为期两年，由政府拨付大部分费用。孵化成功后的收益由投资者、创业者、技术骨干、提供资金的公司和孵化器按比例分配。同时，以色列政府十分重视孵化器项目，专门设立首席科学家办公室监管，其意义在于让发明人的权益得到保障，提升创业群体的积极性，留住大量人才并使其投入创业活动。

（二） 实施灵活精准多元化的融资政策

融资难、融资贵一直是企业创新创业发展的世界性问题。特拉维夫为使有限的财政资金精准扶持到最需要的项目或团队，而且最有利于促进创新创业发展，实施灵活的融资政策。

1. 建立翔实的企业发展情况数据库并进行专业化筛选

结合本市自下而上的创新创业发展模式，政府首先建立翔实的企业发展情况数据库，包括企业（项目）的规模、人员数、区位、产品市场、发展阶段、生产规模、主要融资形式以及当前的主要问题等。然后，参考不断更新的数据库，采用专业的金融分析工具，分析出不同发展阶段的企业（团队）、投资项目的最优融资模式和规模以及对其的服务内容。

2. 采取多元化融资模式扶持

政府根据不同的企业（投资项目）采取不同的支持模式和方式。对初创企业，政府主要通过举办各种创业创新竞赛，选出最优的团队（企业）提供小规模的财政资金支持，一旦财政资金注入团队、项目后，政府便不再监管资金的使用情况，企业拥有绝对的支配权和使用权。团队（企业）若创业失败，无须返回资本金；若成功，需逐年返回资本金，这是风险投资无法比拟的。对于像谷歌、微软等这类发展成熟的企业，政府主要为这些企业提供政务服务，如给予最大程度信息公开、增强办事流程透明度和市场透明度等，以及提高办事效率、鼓励思想开放，营造创新互动协调支持环境（如强化各种中小企业对大型公司的某些环节的探索和创新等）。总之，政府很好地充当了天使投资者和服务者的角色，不仅大大减轻了政府不必要的财政负担，同时也使得资本配置更加合理有效。

3. 建立起完善的政策法规体系支持企业

政府主动为企业的产品创新分担投资风险，对具有高技术优势的公司和企业提供税收减免、特殊贷款和投资补贴等优惠政策。

（三）独特的创业创新文化①

1. 探索与挑战精神开启了创新的大门

由于自然资源贫乏，以色列人民不得不想出各种办法满足自身的生存需求，在与大自然多年的斗争中，培养了不断探索的精神；同时倡导挑战权威，信奉真理。在军队、学校、企业等领域，下级可以向上级、学生可以向老师、员工可以向老板或上级主管等自由地提出不同想法，甚至进行反驳，这就更容易产生新的观点，更容易发现创新创业机会。

2. 自强不息与经商理念形成了独特的创业基因

以色列以犹太移民为主，犹太移民在多年的驱逐与无家可归中，培育出自强不息和顽强的生存意识；同时，在被社会排斥与职业选择受限制中，主要靠经商来生存，并且经商理念世代相传。这塑造了以色列的企业家精神基因。另外，从世界各地回国的移民带着不同的文化背景和观点，容易碰撞出新的想法或创意点子，并进行创业。

3. 创新创业教育为创业提供了持续不断的人力资源

以色列可谓是世界上最重视创新创业教育的国家之一，他们的创业者

---

① 李锐，张秀娥，马百功. 以色列特拉维夫创业生态系统研究及动态模型构建 [J]. 科技创业月刊，2018，31（5）：1-5.

是从小就开始培养的，从家庭、学校到社会全方位开展创新创业教育，从幼儿园、小学、中学到大学始终被灌输创新思维。在以色列，非常崇尚"提出新问题"，无论是家、学校、公司还是团队合作中，都强调开展有意义的学习、独立思考、跳出思维定式，做一个富有创造力的人。

4. 独有的兵役制度储备大批创业人才

军队尖端部门培养了精英人才以任务为导向的思维，增强其创新动力，退伍后这种思维和动力为一种商业模式；独特的军事技能被用到民用产品研发中，进而迁移到创业活动中，增加了创业成功的概率，并大大推动了军民融合深度发展。

三、自主创新驱动经济高质量发展实现共同富裕的深圳南山区

南山区地处深圳市中西部，经过 30 余年的创新发展，呈现出"六个90%"① 的特质。2020 年全社会研发投入强度达 6.65%，每万人发明专利拥有量达 401.7 件（2019 年）②，独角兽企业占全国的一半；人均 GDP 超过 36 万元，居民人均可支配收入 82522 元（是成都市的 2 倍多），恩格尔系数为 28.8%，年末城镇登记失业率为 0.67%，是一个典型的创生、创业、创新、创富的四创区，被称为中国最具"硅谷气质的城区"。

（一）着力实施"大孵化器"战略，形成吸引创新、聚集资源的磁场

1. 率先在全国提出"大孵化器"战略，并持续深入推动实践

2003 年深圳南山区就提出了"大孵化器"战略；2006 年全面启动"大孵化器"战略；2011 年制定出台"大孵化器"战略规划，从区位层面、产业层面以及联盟三维度提出了"大孵化器"建设的目标和宗旨。2015 年，为适应大众创业、万众创新，南山区出台深化"大孵化器"战略，将孵化器形态向低端化、大众化延伸，正是这一措施吸引了一批批年轻精英人才。

2. 实施差异化支持政策

南山区对孵化器、众创空间等采取综合评分、分区间段给予 40 万～

---

① "六个90%"指的是，90%的创新型企业为本土企业、90%的研发人员在企业、90%的研发投入源自企业、90%的专利产生于企业、90%的研发机构建在企业、90%的重大科技项目由龙头企业承担。

② 佚名. 中国县域科技创新百佳县市榜单出炉－深圳南山、杭州余杭、苏州太仓排名前三 [EB/OL]. 深圳市南山区人民政府网－蛇口消息报（2020－10－22）［2021－01－05］. http://www.szns.gov.cn/xxgk/qzfxxgkml/jryw/content/post_8191293.html.

100万元的差异化补贴；对孵化企业，南山智园给予孵化器、加速器三年租金全免和水电物业费全免的政策，并提供贴息70%的贷款。"大孵化器"差异化政策让南山区变成了吸引创新、聚集资源的磁场。

3. 创新孵化内涵，以"投代创"打造全国首家"创投孵化器"①

2015年南山区创新性地注册成立了中国第一家创投孵化器——前海创投孵化器，旨在把具有实业功底的成功企业家培育为产业投资家，其与传统的创业孵化器目标截然不同，孵化创业投资人和机构，而不是孵化创业项目。通过打造多层次多元化创投生态，培育出一大批瞪羚企业、独角兽企业和上市公司，成为推动南山区自主创新的主力军。

（二）强化自主创新，着力培育本土创新企业生态群

1. 以标准制定者强化自主创新，培育本土中小型科技企业群

标准的制定者一定是自主创新的主导者、知识产权的拥有者。2006年，南山区就提出"要加快科技创新，在优势技术领域争做国际规则标准的制定者"。为奖励真正的自主创新企业，研发投入强度达10%是其最重要判断和奖励标准，并持续至今。正是这些有效务实的条件，让南山区在有限的财政科技经费中，培育出腾讯、赛百诺、迅雷等真正致力于创新的本土科技型中小企业，而今这些企业已成顶天立地的行业领头羊。

2. 打造深圳湾创业广场专业性孵化公共平台，培育明星企业

近年来，南山区深圳湾创业广场在南山区政府、市发改委、市科创委等部门的支持下，由深投控、深圳湾科技公司倾力打造集聚"创新+创业+创客+创投"的"四创联动"主题街区，形成三大核心功能（专业孵化+创业投融资+种子交易市场）、六大重点功能（创业交流+创业展示+创业媒体+创业培训+公共加速+创业公寓）、八大基础性服务平台，为创客、创业者、科技创新企业提供全方位、全流程的一流服务，培育出思必驰、悦动圈、爱范儿等一批明星创业项目，获"北有中关村，南有深圳湾"的"双创"名片殊荣。

3. 深化国企、转制院所混合所有制改革，着力培育面向市场的科研创新主体

为激活国有企业创新潜力，充分发挥国有资本力量，2017年深圳国资委积极探索重点领域混合所有制改革，出台管理层和核心骨干持股政策，

---

① 佚名. 全国创投主体培育工程深圳中心正式揭牌成立［EB/OL］.（2017-10-22）［2020-10-16］. http://www.sohu.com /a/199560680 _99917889.

并在全国率先公开选聘专职外部董事；率先开展直管企业和中小企业经营班子整体市场化选聘和契约化管理，建科院从转制科研院所成功实现 IPO，为全国国企混改提供了"精彩样本"。

4. 着力培育和发展独角兽企业

独角兽企业以创新为本质特征，是新经济的典型代表，对引领新技术、新产业、新业态、新模式发展具有重要的作用。南山区经过多年的发展，其政策、税收优惠及人才资源对于独角兽企业的入驻及发展都具有较强的吸引力，诞生了一大批高成长的硬科技独角兽企业和一大批具有国际影响力的创新型企业。2020 年其独角兽企业就达 13 家，占全国的一半。

（三）推动产业链与创新链深度融合发展，打造全球产业创新生态群高地

1. 培育打造深圳湾产业创新生态系统

深圳湾科技园区是南山区"科技创新+总部经济"发展的核心区，以产城融合科技综合体为主要特征，2017 年在第十九届高交会上正式发布深圳湾科技园区产业创新生态系统理念和内容。该系统旨在构建"金融+园区+中小微企业+人才＝创新"的完整创新生态链和产业闭环，按照"高端科技资源导入+科技园区+科技金融+上市平台+产业集群"的商业模式，形成了以园区为土壤、以科技金融为阳光雨露、以中小企业为种子幼苗和树木的全生命周期的产业生态体系。

2. 实施"圈层梯度"战略，打造"深圳湾"国际品牌

围绕深圳市"圈层梯度"战略，南山区深创投提出按照政府主导、企业市场化运作，市属国企特别是投控公司为实施主体的原则，以"深圳湾"园区品牌为核心，成批量打造产业生态完备的"产业综合体"，形成"核心+基石+卫星+辐射+海外"五大圈层，梯度布局创新链、产业链、价值链，向外输出深圳园区创新产业化商业化模式，向内导入各圈层高端科技创新要素，着力破解深圳产业空间不足和高成本问题，保障重点项目落地，并且深圳国资有不超过 5% 的优先跟投权。

3. 建西丽湖国际科教城，引领粤港澳大湾区源头创新

为着力解决没有大学、没有本土人才的问题，从 2002 年开始，深圳市在南山西丽湖布局大学城，聚焦基础研究，以鹏城实验室为核心，布局建设重点实验室、诺奖实验室和开放实验室，加快构建系统完备、协同共享的区域实验室体系。在部省市共建模式下，南山区按照"基础研究+技术

攻关+成果产业化+科技金融+人才支撑"的思路，高标准建设南山"中央智力区"——西丽湖国际科教城。经过十多年的发展，西丽湖国际科教城逐渐成为深圳智慧与创新的源泉，成为深圳市推动粤港澳大湾区建设的重大战略平台之一。

4. 着力培育四链融合的产业创新生态群落

经过多年的发展和积累，通过四链（技术链+产品链+供应链+服务链）融合，南山区形成了两大创新型产业集群——电子信息技术与通信产业集群和互联网产业集群。在技术链上，信息的获取、传输、存储、计算、显示、交互以及应用的技术与高科技产品，南山区具有明显的优势；在产品链和供应链上，不同行业的方案商或产品商根据各自的行业需求，能快速地将部件层和模块层的技术和产品资源高效整合成创新型产品；在服务链上，南山区还拥有大量应用软件、嵌入式软件以及 IC 设计等软件服务企业，以及检验检测、会展服务、工业设计等科技服务企业。同时，在南山区其邻近的周边地区，创新创业者不仅可以采购到所需要的电子元器件，而且可获得从产品原型到可市场化产品再到小批量生产的全过程服务，真正培育起类似于硅谷的开放型产业创新生态系统。

（四）打造国际一流双创高地，助力创新创业高质量发展①

1. 构建以企业为中心的政务服务体系，释放营商环境最强磁力

南山区以创建"互联网+政务服务"示范区为目标，全面构建"网上大厅为主、自助终端为辅、实体大厅为补"的政务服务大格局，着力建设"一站式"政务服务大超市，形成党群服务中心、科技创新展示中心、知识产权保护中心、南山公安分局深圳湾服务中心、行政服务大厅创新广场分厅"四中心一分厅"公共服务平台，同时，实施企业服务"六个一"工程，为企业提供全方位无死角的贴心服务。

2. 构筑多主体协同的双创平台，提升双创高质量发展支撑力

一是专业双创空间载体带动双创集群化发展。二是开放大企业平台打造"双创"升级版，促进大企业的产业竞争力与创业企业的创新力有效结合。三是"制造业+双创"助力融合互动发展。以 TCL、卓溢科技、硬蛋等为代表的制造业企业专注在垂直领域打造"小而精"的众创空间，为双创主体提供从研发打样、小批量试制到大批量生产的供应链及制造平台的

---

① 佚名. 深圳南山区：发扬特区精神，打造国际一流双创高地［N/OL］. 北京：澎湃新闻网，(2019-08-19)［2022-05-06］. https://www.thepaper.cn/newsDetail_forward_4200795.

精准服务，推动传统制造业加速转型升级。

3. 营造人才"蒲式生长"的雨林生态，增强人才队伍集聚力

结合南山区特点，重点突出精英创业带动创新，以南山区"领航人才"为核心鼓励科研人才创新创业，吸引海归创业，引导大学生理性创业，全面营造有利于双创人才发展的"蒲式生长"环境，进一步提升人才竞争力，增强经济发展新动能。

（五）构建全链条多元化科技金融生态圈，激发市场主体活力

1. 构建覆盖企业全生命周期、低成本的科技金融产品体系

南山区经过不断探索，已推出"孵化贷""成长贷""集合信贷""三板贷""微业贷""知识产权质押贷""创新研发贷""科技保理贷""投贷联动"等覆盖企业全生命周期的"1+1+3+9"完备的科技金融产品体系。2008—2021年，南山区科技金融在线平台累计支持7 000余家科技企业获得金融机构超350亿元贷款资金，平均抵押率低于25%，经过政府补贴后，企业平均贷款成本仅为贷款金额的1.5%~2%。

2. 着力培育适宜的具有金融属性的普惠性金融机构

根据自身中小型科技企业居多的特点，南山区侧重走"创新金融"的发展模式，培育出微众银行、腾讯财付通、平安银行信用卡中心、乐信等一批具备金融属性的普惠性金融机构。特别是微众银行，作为中国首家纯线上民营银行，其"互联网+免担保+7×24小时"的金融模式，打破传统金融的时空限制，简化烦琐的流程，直接连接用户与银行，走出了一条特色鲜明的南山区科技金融发展之路。

3. 打造科技金融城

2007年南山区政府开始规划建设科技金融城，2019年全面落成。金融城是由南山区政府提供专项资金支持和产业政策统筹，与华润置地联手打造的政企合一的创新实践项目，以金融类企业为核心，通过人才培养、投资平台、创新加速平台、运营服务几大维度的建设，聚集中大型金融机构，打造"产、学、研、投、创"全产业链科技金融产业体系，共筑商务与产业高度融合的创新空间，打造科技金融产城融合发展典范，立足南山、服务深圳、辐射全球。2021年，南山区金融业增加值757.92亿元，成为南山区又一支柱产业。

四、创新驱动传统产业转型升级实现共同富裕的湖州市长兴县

长兴县隶属于浙江省湖州市，总面积1 430平方千米。2016年12月被

列入浙江省全面创新改革试验首批试点县。2020年常住人口人均GDP超过10万元，人均可支配收入51 463元，城乡收入比1.65（低于浙江省平均水平），全社会研发投入强度2.2%，每万人发明专利拥有量达到44.33件，被科技部确定为首批创新型县（市）。在中国信息通信研究院发布的2020年中国创新百强县（市）名单上位居12位、城乡统筹百强榜单上居第8位；在中商情报网发布的2021中国绿色发展百强县市榜单上居第28位。这条以纺织和蓄电池传统产业为主，通过创新成功推动产业转型升级促进经济高质量发展实现共同富裕的发展之路，值得成都市各县域学习借鉴，特别是彭州市、简阳市、金堂县等县（市）区。

（一）围绕产业链、创新链，着力培育现代产业体系

1. 着力培育新型电池产业创新生态圈

（1）着力推动绿色发展，加快建立绿色循环制造业体系。首先，加强清洁生产和绿色制造技术的攻关，研发出一大批蓄电池清洁生产工艺和技术。其次，针对生产流程中易污染工序，不断推进工艺改进、设备改造，提高生产自动化、设备密闭化、计量精准化。最后，注重资源循环利用。

（2）大力构建以企业为主，产学研深度融合的开放性技术创新体系。长兴县注重借智引力，与中国工程院、北京化工大学、斯坦福大学等国内外高校院所开展产学研用项目合作，着力构建以蓄电池产业为重点的开放性技术创新生态体系。

（3）积极推动智能制造，提高企业自动化信息化水平。2017年以来，长兴县紧紧抓住自动化设备和智能化网络控制两个关键环节，以产业链为纽带，着力引进具有核心技术、较强研发能力的高端装备企业和关键零部件生产企业；通过联合重组、合资合作以及跨界融合加快培育龙头企业；引进一批行业针对性强的中介机构，健全公共服务体系。目前长兴县企业基本实现生产制造管理信息化，并且开展了电子商务和网络营销。

（4）加快现代产业集群转型升级。《长兴县蓄电池产业转型升级发展规划（2017—2020年）》指出，从集群链条、技术创新、制造方式和产业名片等方面，培育产业生态、打造协同体系、提升产品价值、抢占品牌高地，探索绿色智能创新发展的体制机制，构建以蓄电池产业为基础的新型制造生态圈。截至2018年年底已形成集电池研发、生产组装、原辅材料加工、零配件制造、销售以及废旧电池回收为一体的完整产业链，国内电动

助力车蓄电池 65% 的极板企业、75% 的组装企业均出自长兴县，长兴县获得中国电池产业之都、中国绿色动力能源中心等荣誉称号。

2. 着力推动"低散乱"传统纺织业向规模化、园区化和产业全链条转型升级

2018 年，长兴县以夹浦镇为重点，坚持产业发展转型与改善民生并举，出台《纺织行业转型升级实施方案》，采取家庭织机入园上楼、公司化经营模式、数字化印染试点及"政府有为+市场有效"推动模式，实现了纺织产业向规模化、集聚化和集群化发展。

3. 以乡村振兴战略为契机，着力实施"旅游业+"战略，推动全域旅游精品化、特色化和中高端发展

长兴县针对资源开发不深、产品个性化不强、服务配套不优的问题，按照乡村振兴战略要求，紧紧抓住"乡村旅游"主题，推进"村庄景区化、景区全域化"，实施"三大创新"和"三大提升"，着力推动全县旅游精品化、特色化、中高端化发展。所谓"三大创新"：一是模式创新，由政府主导变为政府引导，景区旅游转为全域旅游；二是业态创新，以"旅游+"为主线不断推动业态创新，促进旅游产业与科技、农业、文化、体育、商业、培育、会展等深度融合发展；三是营销创新，根据"市场需求层次不同"，推动旅游产品整体形象提档升级，形成大众、中、高端需求层次梯次发展格局。

（二）多方联动打造技能人才引育的产业支撑体系

1. 出台规格高、力度大、覆盖广、精准度高的人才政策体系

2018 年长兴县制定出台了人才新政二十条。该新政是同类政策中第一次以县委、县政府的名义印发出台的人才政策，总共安排人才政策资金 8 000 万元，政策针对高层次人才短缺、本土人才与产业不匹配、企业招录技术工人难、技能人才缺乏等问题，并以《长兴县企业人才引进和用工保障攻坚行动实施方案（2019-2021）》作为人才政策实施保障。

2. 打造多样化引育模式

一是开展外招定向委培。根据企业需求，引导县内职业院校与县外劳务合作基地协作招生。二是推行内部培养新型学徒制。在校企合作联席的基础上，全面推行"企校双制、工学一体"的新型学徒制度。三是注重企业自主培育。

3. 探索多元化引育载体

（1）培训基地建设引领。依托高技能培训基地开展技能人才培育，突出技能培训与产业及文化结合，加大培训基地网格化品牌化建设力度，逐步形成"一乡一品"培训格局。（2）协作育才示范引路。整合资源，打造县乡两级协作育才示范基地，按照"平台共建、资源共享、成本共担、成果共推"要求，推行平台企业共享联动机制和成本分担互惠机制。（3）建立"工匠"培育长效管理机制。出台"长兴工匠"管理办法、"工匠"积分制度、"工匠金摇篮"评选办法，并对获选者分别给予一定的奖励①。

（三）着力改革创新，营造促进创新与产业融合的创新生态环境②

1. 出台企业技术创新标准，精准扶持小微科技企业

为更好地进行精准扶持，2017年，长兴县探索建立浙江省首个《科技型中小微企业技术创新体系建设和评价指南》（以下简称《评价指南》），从技术研发、人才队伍、经费投入等10个方面制定了统一标准；2019年3月《评价指南》被浙江省作为省级地方标准正式发布，在全省推行。

2. 设立太湖科技板，为企业创新注入金融活水③

2016年长兴县与浙江股权交易中心合作，率先探索设立全省首个县域特色板——太湖科技板，开启了"区域股权交易+县域经济"合作的新模式，成为全国首个将区域性资本市场服务功能下沉到县域经济的创新典范。3年来，太湖科技板探索推出了企业私募可转债、股权融资、股票发行等融资工具，还积极发挥上市"预科班"的功能以及帮助挂牌企业及重点项目配套融资40亿元，并在全省首创"凤凰行动"计划。

3. 设立知识产权巡回审判庭，激发企业创新积极性

长兴县在知识产权保护、营运上大胆创新，不仅在全省率先建立知识产权运营基金、率先成立县级知识产权司法保护服务中心，还率先组建县

---

① 佚名：多方联动打造技能人才引育全体系［EB/OL］. 长兴县人民政府，（2019-08-14）［2020-08-09］. http://www.zjcx.gov.cn/ztzl/zxxsqzcypt/sqwd/rcpy/20190814/i2300336.html.

② 长兴县科技局. 浙江省长兴县以制度创新推动科技创新企业谋创新发展添动能［EB/OL］.（2019-08-05）［2021-09-08］. http://qingdao.dzwww.com/finance/news/news_hot/201908/t20190805_17030049.htm.

③ 佚名. 长兴率先探索"区域股交+县域经济"合作新模式让区域性股权市场更好赋能县域经济［EB/OL］. 长兴县人民政府，（2019-08-20）［2022-10-18］. http://www.zjcx.gov.cn/art/2019/8/20/art_1229211238_55050948.html.

级知识产权保护综合服务平台。2019年4月由县市场监管局联合县法院设立杭州知识产权法庭（长兴）巡回审判庭，这也是全国首家无知识产权管辖权但可以从事知识产权保护工作的基层人民法院，不仅解决了当地企业知识产权纠纷、维权等要往省上跑的麻烦，而且有效保护和激发了企业创新的积极性。

4. 搭建"涉企政策云平台"，为企业提供政策直通车

为促进政务信息共享、打通政企通道，降低企业政策信息搜集成本，长兴县专门在人民政府网站搭建了"涉企政策云平台"，包括涉企政策、涉企问答、法律服务等6个方面，为企业提供政策等相关事宜知晓直通车，促进了施政者与企业需求者的有效对接，提高了政策执行效率。

5. 推行精准"科技镇长团"模式，打通省市科教资源与县域创新通道

长兴县改变传统的行政选调做法，在全省率先推行"科技镇长团"模式，立足县域产业发展和解决企业技术难题的实际需求，精准对接、精准选配，确保科技镇长真正发挥作用，进一步打通省市科教资源与县域科技创新之间的"隔膜"。

6. 以开展"三服务"企业活动为主线，着力改革部门机构工作方式

长兴县科技局采用以"三服务"活动为主线的工作模式，即由"企业向上跑"转变为"部门往下跑"，由"企业多头跑"转变为"部门单线跑"，由"企业线下跑"转变为"部门线上跑"，并制定了"三服务"实施方案。

五、颠覆性创新促进经济高质量发展实现共同富裕的杭州市德清县

德清县位于长三角腹地，是浙江省杭州都市区的重要节点县，总面积936平方千米。2021年，实现地区生产总值615.5亿元，三次产业结构为：4.3∶57.8∶37.9，全县常住人口居民人均可支配收入57 837元，高于成都市的任一一县（市）区，也是杭州市唯一上榜2021年度全国科技创新百强的县。德清县从一个传统工业后发县如何通过地理信息产业，颠覆性创新促进一、二、三产业信息化和智能化发展，历经十年迈入全国百强创新县、经济高质量发展和共同富裕先进县之列，并获得联合国地理信息论坛会址永久落户殊荣，值得关注。

（一）前瞻布局，培育打造具有全球影响力的地理信息产业创新生态圈①

1. 以未来产业孵化或增链、补链强链培育和引进创新资源

2009 年，德清县政府领导强烈认识到地理信息的运用前景，围绕地理信息产业规划了近 5 平方千米的科技新城。2011 年 5 月 24 日，德清县人民政府和浙江省测绘与地理信息局签订合作协议，双方合作共建浙江省地理信息产业园；2013 年与武汉大学签订三方协议，在德清科技新城设立武汉大学技术转移中心浙江分中心。2018 年最终在地理信息小镇核心区 500 米半径范围内（1 平方千米）形成以武汉大学技术转移中心浙江分中心为核心，中科卫星应用德清研究院、科技创新服务大楼、地理信息科技展示馆、联合国全球地理信息大会德清论坛会址为四翼的"一核四翼"综合性平台。

2. 采取政府引导、企业化营运、多元化主体参与运作模式

2018 年 9 月，以"最多跑一次"改革理念，德清县政府及相关部门将科技、经信、商务等部门公共创新服务资源"打包"，引入第三方机构注册成立浙江众智绘云信息科技有限责任公司，以市场机制运营产业创新服务综合体，即由政府提供场地和购置相应共享设备（每年政府出资 5 000 万元给平台营运企业自行购买），运营公司出资装修和运营，并以低于市场价让利园区企业的方式经营。

3. 三链融合打造地理信息服务综合体

德清县地理信息综合体坚持以产业链主导、创新链布局、服务链支撑，针对园区地理信息企业多以数据采集、加工为主的现状，聚焦数据的采集、处理、管理、应用四大环节，创新性地成立了"一院四中心"②，持续拓展和整理产品、技术、数据、人才、政策等创新资源社会化供给与需求的对接通道，为园区企业营造有利于新技术、新模式、新业态发展和推广应用的良好环境，最大化地降低企业运营成本，提升企业盈利能力。到 2018 年，地理信息产业实现了从零到一百亿元的突破。

4. 抢先发展人工智能，不断丰富"地理信息+"

2017 年国务院《新一代人工智能发展规划》发布后，德清县率先在全

---

① 佚名. 德清地理信息产业创新服务综合体：从零到百亿［EB/OL］. A 测绘地理信息，(2019-07-02)［2021-08-09］. http://www.yingxi.tv/f older4/folder198/2019-07-02/121420.html.

② 即地理信息产业技术研究院、智慧化地理信息数据监测共享服务中心、地理信息人工智能计算服务中心、地理信息人才库服务中心、地理信息产业技术产品检测服务中心。

国县域城市中制定出台《德清县新一代人工智能应用发展规划》及专项规划，建设以人工智能产业及应用为核心的智能生态城，积极开展以"技术创新+特色应用"为双驱动的人工智能发展实践。2018年年底，德清县提出，大力发展以人工智能、大数据、云计算等为代表的数字经济2.0，这标志着德清从地理信息产业的一枝独秀走向了以人工智能为核心的"数字+"时代。短短三年时间，德清地理信息产业年营业收入由100亿元增长到260亿元，增长了1.6倍①。

（二）数字赋能，探路城乡融合新模式

1. 强化顶层设计

以全国数字农业试点县建设为契机，德清县制定"智能农业三年行动计划"（2018—2020），提出建成10个数字农业示范园区、100个数字应用示范园、3 500个农业物联网应用示范点，基本实现农业产业数字化改造全覆盖。

2. 创新推动"数字乡村一张图"基层治理模式

德清县依托城市大脑，创新探索了"一图全面感知"的乡村智能治理新模式，"数字乡村一张图"实现县域全覆盖。目前德清县已初步构建起乡村数字治理"一三五"框架体系：打造一个数据底座，建立"一图一端一中心"的应用支撑体系，推动乡村规划、乡村经营、乡村服务、乡村环境、乡村治理五大领域数字化。2021年德清县完成全国数字农业试点县项目建设，凭借"数字乡村一张图"基层治理新模式，连续两年以总分第一的成绩荣获"全国县域数字农业农村发展水平评价先进县"，成为浙江省唯一的全国数字农业试点县。

3. 多举措吸引城市科技人才下乡创业

一是高起点规划。以吸引"万鸟归巢"的德清县禹越三林村，邀请浙江农林大学高标准编制《德清县禹越镇三林村精致乡村规划方案》，还与浙江大学先进技术研究院合作，建设数字乡村，发布全国首个数字乡村发展指数。二是培育新业态。积极培育乡村咖啡馆、乡村民宿、研学基地等新业态，吸引返乡大学生、青年创客等入驻其中，也为村民创富增收提供新的选择。三是创新村庄经营新模式。鼓励行政村以抱团联建、股份合作等多种举措，发展壮大村级集体经济。

---

① 佚名.德清地理信息产业创新服务综合体：从零到百亿 [EB/OL]. A测绘地理信息，(2019-07-02) [2021-08-09]. http://www.yingxi.tv/f older4/folder198/2019-07-02/121420.html.

4. 建立基于"数字两山"GEP 核算的决策支持平台

2020 年德清县联合中国科学院生态环境研究中心建成全国首个县域 GEP 核算决策支持系统，2021 年年初 GEP 核算各项应用陆续上线。该系统依托德清县城市大脑、数字乡村一张图等平台，打通超过 50 个部门数据通道，导入超 9 亿条数据，形成生态文明专题数据库。同时，德清县依托县域自身地理信息技术优势，把全县制成一张精度十米级的生态资产数字地图，再通过 GEP 核算，形成一整套生态价值的评估、监测与管理体系。该平台不仅可以核算 GEP，更有助于生态保护修复空间识别、生态保护红线监管等①。

（三）"十联动"② 提升区域创新生态系统能级

1. 着力培育以"研究院经济"为主体的产学研用联合技术创新体系

德清县依托自身特色和优势，不断围绕产业链培育和打造创新链，促进高校、企业实现产学研用的深度合作，以知识创造、技术创新的溢出效应获得产业发展的持久支撑力。同时积极引导企业与高校共建研发中心，大力设立高校院所成果转化中心，早在 2012 年，德清县就建立了浙江唯一的科技成果转化实验区，2017 年，德清县成为浙江首批国家科技成果转移转化示范县。

2. 积极构建以中介为桥梁的成果转化服务体系

德清县审视自身科技资源少的现实，与上海科技交流中心合作成立了上海—德清科技成果转移转化中心，并在浙江省内率先启动与上海创新券的互通互认，以沪杭服务渠道促进成果向德清县落地。首先是搭建交易平台，构筑集展示、交易、共享、服务、交流的成果交易体系，并引进相应的市场化机构予以运营。其次是聚优质服务，通过合作共建方式让技术、咨询、检测、金融、知识产权等服务延伸至科技大市场，让创新驿站、风投公司、仪器使用、文献共享等服务平台进驻市场，以实现成果、专家、文献、专利的共享。最后是引育专业队伍，并在浙江省率先出台技术经纪人才奖励办法。

---

① 佚名. 全生命周期管理每一块地的"生态价值"-德清"数字两山"GEP 核算系统绘制土地数字地图 [EB/OL]. 湖州市人民政府网，(2021-06-10)［2022-05-06］. http://www.huzhou.gov.cn/art/2021/6/10/art_1229213487_59040874.html.

② 朱培梁. 浙江"十联动"：打造科创好生态 [J]. 决策，2020（08）：58-60.

3. 大力吸引和培育以"金才美"为支撑的科技创新要素

围绕科技创新中面临的资金、人才、资源难题，德清县在全国率先成立科技担保公司，并在浙江省率先成立科技小额贷款公司和县域科技支行。围绕人才服务，德清县出台单人最高支持 5 亿元的人才新政 20 条。围绕环境完善，德清县以"望得见山、看得见水"的生态环境为基础来集聚创新种子。

第三节　启示

从以上具有代表性的创新驱动经济高质量发展的创新区、县建设路径来看，硅谷成功的秘诀在于"面向市场的研究型大学+开放性的企业合作模式+以社会资本为主服务企业全生命周期的风险投资融资模式+创新生态主体利益共享机制+法律先行的保障体系+雨林文化的复合反应"共同作用推动硅谷产业持续健康发展，培育起发达的产业创新生态网络体系，促进经济高质量发展，有效实现创新创业者利益，成就了当今富裕的硅谷。而创业型的"硅溪"特拉维夫，关键在培育城市创业生态，积极吸引具有创业特质的年轻人，打造创业型人才需要的便利和舒适的交通、起居环境，提供低成本的创业实践平台，营造易融资的金融生态环境，共同酝酿独特的创业创新文化等，成就了今天的创业圣地和芯片王国。整体来讲，各先进区（市）县创新驱动经济高质量发展路径各有侧重，但以下四点是必不可少的。

一、着力体制机制改革创新，激活创新主体潜能，极大实现和保护各创新创业主体利益

无论是硅谷、深圳南山区还是浙江长兴县和德清县都非常重视创新驱动经济发展的体制机制及政策的创新。如硅谷的技术转移办公室，不仅解决了学校科技成果转移没动力的问题，也扭转了发明人成果转让利益没保障的局面，有效促进了大学科研成果的转移转化，并实现和保障了各创新价值链节点利益者利益。同时在专利成果的转让上，更多采用非独占许可，不仅企业获得专利使用权的成本低，而且可以使同一专利在更多的需求企业中扩散，加速了创新成果二次甚至 N 次重组创新和持续扩散，最大

化实现知识产权的潜在价值和社会价值，并加速了颠覆性创新的实现。

创新使各种要素快速聚集和整合，我国科技创新部门条块分割仍然存在，数字化为创新资源的流动和共享创造了条件，但创新资源开放范围和共享的权限仍受供给者特别是垄断者（政府）约束，而且有价值的科研资源分享的成本也十分高。成都市要根据各县（市）区实际，着力建立科技创新资源合理流动的体制机制，促进创新资源高效配置和综合集成；建立政府与市场有机结合的体制机制，让市场充分发挥决定性作用；建立科技创新的协同机制，以解决科技资源配置过度行政化、封闭化，研发和成果转化效率低等问题；进一步完善创新成果转移转化跨区域、跨主体利益分配机制、政策等，使企业、科技人员、创业者、投资者及政府的积极性、主动性、创造性充分发挥出来。

我国科技成果三权改革给予职务发明人（团队）很高的利益期许，但效果不明显，哪怕是被喻为具有小岗村影响力的成都西南交大首创的职务发明成果混合所有制改革，其价值还远远没有体现出来，所以有必要系统全面地学习借鉴硅谷经验。

二、着力培育以企业为主的产学研金介用多元化创新创业主体群

上述地区都非常重视以企业为主的产学研金介等联盟的多元化主体的培育，这是产业发展规律要求创造性服从实用性决定的。企业比高校和科研机构更贴近市场、更了解客户需求、更明晰技术的市场前景，企业才是创新驱动产业最直接最有效的执行者，因此各地区要加强对科技型创新型企业的培育，采取有效措施促进区域内主导产业内企业的分工合作，努力形成大中小企业密切配合、专业化分工与协作完善的产业体系，促进技术扩散和创新能力提升。同时无论是深圳南山区还是德清县都十分重视以企业为主体的产学研金介各创新主体战略联盟，因为它有效整合了创新链，弥补了自主创新信息传导和价值传导的制度缺失并降低了信息收集成本，有效强化了社会化创新投入持续增长的机制。

三、强化原发性产业孵化，着力培育具有根植性的全球供应链中高端的创新型产业集群/生态圈

从上述五个先行区看，创新驱动经济高质量发展最终都落脚到产业的选择和培育发展，各区域都非常重视发展具有自身特色的产业，形成具有

根植性的地方生产体系和产业集群，并致力培育具有世界支持性的创新型产业集群。产业是一个城市和区域的经济命脉。没有过时的产业，只有过时的产品，无论什么产业、产品（服务）做到极致，掌控标准和核心技术，就能胜出，德清县从地理信息产业入手，通过引育和全力布局，仅十年便声名远播全球。因此，成都市各县（市）区要根据本地资源、产业优势和经济实际情况，以未来产业或业态作为原发性产业孵化，强化组合创新和二次创新甚至 N 次创新，不断优化和调整产业或产品业态。如郫都区基于豆瓣产业，着力培育上下游、右左岸发展特色优势创新型产业集群，而不是盲目发展高科技产业和战略性新兴产业集群。之所以要着力培育创新型产业集群，是因为无论是传统产业还是高技术产业都存在着创新型产业集群；同时，创新型产业集群是区域内创新型企业最好的生存土壤和基地，是区域内教育科研机构的支持者和需求者，是创新型人才施展才华的大舞台，是区域内大学研究机构和企业试验产品的重要体验市场。发展创新型产业集群可促进区域内研究机构成果的产业化和市场化，能够很好地将区域各种创新主体和要素整合聚集起来，有力地支撑区域创新生态系统。

四、营造创新驱动发展的文化环境

文化是创新的土壤和基因，是一个创新区域的独立特质。波特（2012）指出"基于文化的优势是最根本的、最难模仿的，也是最持久的竞争优势"。如硅谷的"能者为上"以及尊重失败的文化，以色列敢于挑战权威、以经商为荣的创新创业文化都是值得借鉴的。成都是一个包容的城市，有其独特的天府创新文化，坚定文化自信，着力培育挑战权威（包括学术、权力以及等级等）的敢为精神，为成都市加快原始创新、颠覆性创新孕育能量和精气神。

第七章 共同富裕视角下成都市创新驱动县域经济高质发展的战略路径选择

第一节 发展思路、原则及目标

一、发展思路

深入贯彻党的二十大精神，全面落实习近平总书记对四川及成都工作系列重要指示精神和四川省委省政府以及成都市委市政府重大决策部署，以国家、省、市"十四五"经济社会以及科技创新发展规划和《质量强国建设纲要》等为指引，以成都市县域创新资源及创新能力特点、经济发展所处阶段为实际，牢固树立新发展理念，借鉴先进区域经验，以共创—共享—共益为总基调，以深化供给侧结构性改革和激活需求侧为根本动力，以公园城市、品质成都、幸福蓉城、现代化新天府为目标，实施差异化创新策略，推动基础研究、应用开发与场景应用、市场营销全链条创新发展，强化科技自立自强，促进成都市县域全面全过程差异化创新发展。实施产业协同创新战略，积极探索经济区与行政区适度分离，以制度化、数字化、网络化打通县域产学研用通道，优化和提升创新治理能力，着力推动科技成果转化和产业化，以新经济为抓手，以特色产业（产品、业态）为重点，以制造业为根本，以培育产业生态圈为纽带，深入推动产业链、创新链等多链融合创新发展，加快建圈强链，着力培育具有特色和优势的跨区域多元化的产业创新生态圈。实施差异化创新创业主体培育战略，积极深入推动职务发明成果混合所有制改革，持续推动"双创"升级行动，以创新带动创业、创业带动就业，推动县域创新创业新热潮，着力培育创业创新创富多元化主体群。实施"县（市）区、乡、村"三位一体以乡镇为着力点的城镇空间创新驱动发展战略，以产业功能区为主，以科创空间/产业社区建设为突破点，以城市更新和新城建设为依托，重塑城市与乡村宜居宜业协同创新生态空间，培育新动能，发展新经济，促进成都市县域经济向都市经济转型，推动成都市县域经济高质量现代化发展，打造全国具有影响力的创新驱动县域经济高质量发展多元化、特色化的共同富裕典范和样板区。

二、基本原则

（一）坚持改革创新驱动发展原则

纵深推进全面深化改革，持续以成都市提出的五项制度改革为牵引提高市场要素配置效率，构建有效激发市场主体创新创造活力的体制机制和制度环境，力争在关键领域和核心环节先行先试、走在前列。坚持创新是引领县域经济发展的第一动力，大力实施县域全面全过程产业创新驱动发展战略，着力培育和建立有比较优势和特色的高水平城乡创新生态体系，带动形成以生态种养业为基础，以先进制造业为引领，以新型服务业为支持的一、二、三产业互动融合的现代化产业体系，为跻身中国县域经济百强注入蓬勃动力。

（二）坚持协调联动统筹发展原则

坚持成都市县域间及县乡村规划共绘、交通共联、产业共链、平台共享、生态共保、文旅共建、社会共治，加快构建"多中心多组团"网络化城镇体系。强化城镇有机更新和乡村合理规划，持续调整城乡空间布局，深化重塑产业经济地理，全面提升绿色创新发展能级，促进城乡经营理念革新、发展路径转变、品质升级。加快推进国家城乡融合发展试验区建设，深入实施乡村振兴战略，构建新型城乡关系，强化制度机制创新，促进城乡生产要素双向自由流动和公共资源合理配置，不断缩小城乡发展差距和居民生活水平差距，实现城乡协调发展。

（三）坚持绿色低碳循环发展原则

全面贯彻落实习近平生态文明思想，以绿色、低碳、循环为基本路径，协调生产、生活、生态三大布局，积极探索生态价值转换内容、方式方法，建立完善绿色低碳制度体系、产业体系、城乡融合体系和消费体系，实现城乡空间结构、整体形态、生产组织、生活模式向绿色低碳转型，全市县域经济发展模式进入"创新驱动、内生增长、开放融合"新轨道，城乡发展韧性不断增强，经济发展和生态建设互动融合双赢共生发展。

（四）坚持共享包容和谐发展原则

坚持以人民为中心的发展思想，立足人民城乡人民建、人民城乡为人民，将人的全面发展作为县域城乡创新创业与高质量发展的出发点和落脚点，将增强全体居民获得感、幸福感和安全感作为城乡发展的核心导向，持续优化基本公共服务均衡供给，提升城乡宜人宜居宜业功能品质，让人民群众成为县域城乡创新与经济高质量发展的积极参与者、最大受益者和监督者。

（五）坚持需求/问题导向发展原则

坚持精准施策，紧扣各县域经济社会发展内在需求和问题，发挥创新特别是科技创新在全面建设中的核心地位，提高科技创新供给质量和效率，集聚各类创新资源，促进产学研用金介结合，加快先进适用科技成果向各县域乡村转移转化，做大做强优化县域特色产业，培育有特色和竞争优势的现代产业集群。

（六）坚持差异化发展原则

坚持分类指导、差异化发展，结合成都市各县（市）区经济社会发展水平、产业特色、创新能级及创新资源异同，因地制宜确定各县域创新驱动经济（产业）发展的目标、路径，加快经济发展方式转变和社会转型，推动县域经济差异化、可持续、高质量发展。

（七）坚持质量第一发展原则

以提高经济发展质量和效益为中心，树立质量第一的强烈意识，以技术、标准、品牌等为核心，深入开展质量提升行动，推动成都制造向成都创造转变，成都速度向成都质量转变，成都产品向成都品牌转变，加快建设质量强市强县。

三、发展目标

坚持"新发展理念"，坚持质量第一、效益优先，持续深入实施县域创新驱动发展战略和"创业天府"行动计划，着力培育县域经济发展新优势。到2025年，成都市县域产业协同创新体系基本建成，创新扩散驱动县域经济高质量发展效果明显，经济发展持续增长，量质双升，城乡融合共同富裕程度进一步提高，双核共兴、五区协同发展更上一个台阶，县域经济发展更加协调。

1. 产业链和创新链进一步深度融合发展，产业协同创新体系基本建成

持续深入实施县域产业创新驱动发展战略，加快落实建圈强链行动，到"十四五"末，成都市县域创新驱动经济发展能力明显增强，科技投入进一步提高，全社会 R&D 投入强度力争达到 3.5%；大众创业、万众创新的氛围更加浓厚，各县（市）区以产业为突出特色差异化的区域创新网络体系更加明显，培育 5~8 个上榜全国百强县（市）区和 15 个省级以上创新乡镇，100 个以上在全国具有影响力的名优特新产品，培育出电子信息、生物医药以及新能源等领域 3~5 个具有全球影响力的创新型产业集群，中心城区全部迈入创新驱动发展阶段。

2. 经济发展持续增长，质效不断提升

加快成渝地区双城经济圈以及成都都市圈建设，以新经济为抓手，加快产业生态圈培育，强化绿色低碳循环发展，积极推动经济提质增效，力争到"十四五"末，成都市经济体量超过 2.5 万亿元，人均 GDP 超过 1.1 万元；GDP 能耗较 2020 年降低 20%，工业增加值能耗低于 0.85 吨标准煤/万元；全员劳动生产率超过 19 万元/人，产业结构不断优化，形成以数字化智能化制造工业为支撑的一、二、三产业融合互动发展新格局。

3. 城乡融合深入发展，共同富裕进一步增强

持续深入推进城乡融合发展，努力探索特大中心城市农业农村现代化之路，力争到"十四五"末，全市农村居民人均可支配收入突破 4 万元，城镇居民人均可支配收入突破 6.5 万元，城乡居民收入比缩小到 1.70∶1 以内，农村大美公园形态成型成势，培育出 10 个以上具有全国影响力的城乡融合共同富裕的示范县或乡镇，在全面推进乡村振兴中走在前列、起好示范。

4. 双核共兴，五区协同发展更上一个台阶

坚定不移实施主体功能区差异化创新战略，持续深入推动成都市城市空间"十字"方针建设，加快城市有机更新，高标准建设城市新区，不断优化和调整五区产业功能区产业和业态。到 2025 年，成都市南拓、中优、北改、西控、东进五大空间功能区建设成效显著，东进区基本建设起以先进制造业和生产性服务业基地为战略支撑的现代化未来新城，南拓区域基本建成高质量发展先行区和公园城市示范区，西控区域基本建成生态价值

有效转化示范区和公园城市乡村表达最好形态区，北改区域基本建成成都都市圈重要的经济增长极以及链接欧亚的陆港门户枢纽、产贸结合的高质量发展先行区，中优区域基本建成高能级高品质生活城区，形成中心城区和天府新区双核同频共兴、东西南北中五大功能区协同发展新格局。

5. 各县域经济差异相对缩小，县域间发展更趋协调

强化"标准+"行动与品牌建设，着力推动创新扩散，到"十四五"末成都市县域间经济发展整体实力、能力不断缩小，区域间更加协调。成都高新区人均 GDP 超过 25 万元，基本进入财富驱动阶段，达到富裕国家水平；锦江区、青羊区人均 GDP 超过 17 万元，成功进入财富驱动转型阶段；武侯区、青白江区和新津区人均 GDP 超过 15 万元；人均 GDP 低于 10 万元的县域减少到 3 个及以下，经济实力最差的东部新区人均 GDP 超过 5 万元，县域间的经济显性实力差距有所缩小（如 GDP、人均 GDP），县域间的数字化、网络化以及公共服务水平和生态环境等软实力差距缩小明显。

第二节　发展的战略路径

所谓路径就是到达某个地方或目标的道路或通道。目标决定了如何选择相匹配的路径，以及如何到达目标。条条道路通"罗马"，但是到达"罗马"所费的人力、物力、财力和时间却相差甚远，使用的交通工具或载体也各不相同。因此，现实中要坚持有所为有所不为，根据目标有重点、有针对地选择必要的具有决定性作用的路径，即战略路径，使其资源费用消耗最小、生态环境牺牲最小，成本较低，效果最佳。为实现上述目标，借鉴先进区域经验，我们认为在未来的 5~10 年内，共同富裕目标下成都市县域创新驱动经济高质量发展应着力实施以下 5 条战略路径，促进成都市迈入创新驱动经济发展质量达到新的高度，城乡、不同创新主体、县域间共同富裕达到新水平，基本实现中国式现代化目标。

一、实施创新主体差异化培育策略，促进各县域创新主体高质量发展加快实现共同富裕

（一）高校+企业为主的县域创新驱动经济高质量发展策略

这类区域包括五城区（除锦江区）、双流区、温江区、新都区，以及

郫都区等高校富集区。这部分县域存在的最大问题是研发投入强、科研成果丰富、高学历人才多，但大学科研成果与地方需求适配度不高，成果转化率较低，经济发展不突出。

1. 进一步做大做强成都环高校知识生态圈

要进一步深化成都环高校知识生态圈建设，加快建"大学+成果转移转化平台+园区/产业功能区/社区+中介机构+产业基金"的创新发展模式，促进院校地企合作，加快院校服务地方经济发展，释放创新驱动经济高质量的最大潜能。

2. 深化职务科技成果混合所有制改革

学习借鉴斯坦福大学技术转移办公室等经验，根据成都市县域实际，一是由西南交通大学和四川大学等牵头，继续探索深化大学科研院所职务科技成果管理改革，改变现有产研院（科研处）只管理成果不重视成果营运的局面，真正建立以技术经理（经纪）人为核心的大学技术转移机构，并实行公益二类管理模式，注重科研成果管理，同时强化成果营运转移转化；二是进一步完善职务科技成果混合所制改革利益价值链分配机制，探索建立大学、院所、科研团队以及技术经理人相对合理的四方利益分配机制，可参考 1.5：2：4：2 比例，各大学科研院所根据自身实际适当调整利益分配比，真正建立起共创共享的互利共生的利益分配机制；三是鼓励大学科研院所职务发明专利尽量采取非独占许可，不仅有助于降低企业购买成本，更有利于促进专利成果的推广运用，最大化地实现知识产权产业化的乘数效应。

3. 着力构建和完善多方利益复合共轭知识产权评价机制

优化现行单一（包括市场中的招、拍、挂）的评价方式，着力构建市场+技术经理人+第三方评价机构多主体参与，体现各方利益复合共轭知识产权价值评定机制，有效激励促进科研成果转移转化。

4. 着力构建实质性有效多元化联盟或创新共同体

以企业为主鼓励企业与大学、科研机构建立研发机构、企业院士工作站、博士后工作站、工程（技术）研究中心以及制造、产业、技术创新中心等，鼓励企业构建和加入产业技术创新联盟以及专利联盟等各种战略联盟，着力构建产业与科技相结合的互动平台基地，并以项目、参股等方式建立起实质性的各类联盟，持续畅通产学研用通道。

5. 积极申报高价值专利培育中心，加快高价值专利培育

高价值发明专利是支撑经济社会高质量发展的核心要素。鼓励这类县

域加快制定《高价值专利培育实施计划方案》以及《高价值专利培育中心》支持政策，积极落实执行《关于提升高等学校专利质量促进转化运用的若干意见》（教科技〔2020〕1号）、国知发保字〔2021〕1号和财办建〔2021〕23号文件等，从鼓励创造转变为重视质量、聚焦转化；积极鼓励大学、科研院所、大企业申报高价值专利培育中心，着力提升专利供给质量和专利转化率。

6. 加快构建和完善新型创新创业教育体系

一是鼓励在蓉高校实施"双导师+产业导师共享制"。加快落实成都市人才政策3.0版的双导师制，学习借鉴以色列、斯坦福大学、康奈尔大学等创新创业教育体系模式，积极鼓励高校和职业院校本硕博采取"双导师制"，由学校吸引一批知名企业加盟共建或聘请企业高管或技术人才，联合学校推动"双导师制"，即一名学生有学术导师和产业导师，从学术导师获得创新思维、产业导师学到具体的创新技能，产业导师可一师多生共享，并把产业导师费用列入财政预算。二是构建市、县（市）区两级财政共同出资的双导师制度。进一步提升成都人才新政3.0版的双导师制政策激励的精准性，各县（市）区要根据每个在蓉高校、职业技术（技工）院校单位的本硕博人数，特别是硕博人数以及专业情况预算确定产业导师人数，尽量不采取封顶制，可对学校分文理、分专业、分人数以及学生结构层次构建多元化的产业导师或教授的市、县共同补助政策。三是积极总结推广电子科大、西南财经大学等大学与大学或大学与企业科研机构联合办专业课程经验，推动大学与各类科研机构、企业等联合办校、办专业，加强高质量的实用型复合型人才培养。四是积极推动电子科大以参赛为主增强大学生创新创业的实战培训模式，以校、企、学生自由选择为主，强制县域社区对需要实训的大学生提供至少半年的实训平台机制，着力提高高校及职业技术学校的教育质量，提高毕业学生的就业能力。五是通过校友、社会捐赠以及政府和项目资助等多元化途径筹集大学生创业基金，着力增加和提高大学生的创业经验、创业就业能力。

（二）以高科技型企业为主的县域创新驱动经济高质量发展策略

这部分区域主要是成都高新区。2022年成都高新区高效统筹疫情防控和经济社会发展，实现地区生产总值3 015.8亿元，年均增长8.5%，是成都市甚至西部经济高质量发展的重要增长极和动力源，但高新区是典型的两头在外的区域创新体系，缺少具有自主知识产权的本土大型科技型企业，市场消费不足。

1. 积极培育以自主创新为主的本土科技型企业群

在深入推进和落实成都市科技中小企业培育、双百工程培育以及成都高新区企业四级梯度培育模式外，学习借鉴深圳南山区，专门制定《自主创新科技型企业培育计划》，把"研发投入强度超过 10%"和"标准制定"作为核心参考指标，致力培育具有根植性的区域科技型企业主体群。

2. 实施创新主体质量提高工程，培育本土领军型企业

要鼓励企业走出去，实施全球化战略，在海外设立分公司、研发机构，布局营销渠道，获取全球资源和市场，提升国际竞争力；鼓励企业参与国际、国家和行业标准制定及修订，加快推进科技成果转化应用，打造一批有影响力的知名品牌和著名商标，着力提升自身的控制力和影响力。

3. 实施颠覆性创新培育行动计划，培育根植性、韧性强的具有世界级支持的创新型产业集群

积极落实成都高新区颠覆性创新激励政策，学习借鉴浙江德清县地理信息产业创新集群，进一步制定详细科学合理的《颠覆性创新企业培育行动计划》，加强对颠覆性创新的探索，包括颠覆性创新的内涵、实现路径和可能风口，特别是对高新区目前可能产生颠覆性创新的产业/行业领域细分切入口，强化宣讲、解读和培训，厘清颠覆性创新与原始创新的关系，让颠覆性创新成为成都高新区的文化品牌，真正与"岷山行动计划"融为一体。着力探索在芯片设计、制造、封装测试以及多元算力、元宇宙、新药等领域的创新突破，实现技术特别是设计和制造工艺的突破。依托成都高新区国家新一代信息产业基地，以功率半导体产业为突破点，加强与电子科技大学合作共建研究生基地，加快制定出台实施功率半导体产业专项政策，深入推动建圈强链行动落地落实，真正建立起安全、稳定、韧性强的世界级支持的以集成电路为重点的万亿级电子信息创新型产业集群。

4. 深化教育改革，培育原始创新思想种子

成都高新区要充分利用自身创新试验田优势和经济优势，深化现行教育体制改革，以 20 年为周期（6+6+8），以家长学生自愿为原则，以充分释放学生天性和培育学生的好奇心为宗旨，并以期权为激励机制，从小学一年级开始，每年建 2~3 个自由探索精英班，着力培育从 0 到 1 的原始创新思想种子。

（三）以研究型机构为主的原始创新策源地——天府新区发展策略

天府新区聚集大量的中科系、军科系科技资源和高端创新平台，特别是天府实验室，如何实现0-1、1至N，是天府新区原始创新策源地成功打造的关键，可以学习借鉴深圳湾模式。

1. 着力培育产业创新生态体系

构建"金融+园区/产业功能+中小微企业+人才"（重点实验和产业创新中心）完整创新生态链和产业闭环，按照"高端科技资源导入+科技园区+科技金融+上市平台+产业集群"的商业模式，形成以园区/产业为土壤、以科技金融为阳光雨露、以中小企业为种子幼苗和树木的全生命周期的产业创新生态体系。

2. 高标准建设天府新区"中央智力区"科学城

积极争取在部省市共建模式下，以科学城为核心，按照"基础研究+技术攻关+成果产业化+科技金融+人才支撑"的思路，持续高标准建设天府新区"中央智力区"科学城，引领西部（成都）科学城甚至成渝源头创新。

3. 实施圈层战略，联合打造"天府菁蓉"国际品牌

以"天府+菁蓉汇"园区品牌培育为核心，以国资不超过5%的优先跟投权，联合成都高新区成批量打造完备的"产业创新综合体"，到2035年形成以"成都天府新区和成都高新区"为核心区，以成都市其他区县为基石，以成德绵资、成渝为卫星，以长三角、珠三角等为辐射，以"一带一路"为海外，形成"核心+基石+卫星+辐射+海外"五大圈层，梯度布局创新链、产业链、价值链，向外输出"成都天府新区+成都高新区"创新成果产业化、商业化模式，向内导入各圈层高端科技创新要素，培育集聚一批具有核心竞争力的优质企业，形成自下而上推动的"一区多园"模式，以"天府+菁蓉汇"为引擎下沉式推动县域走向全球，优化重构成都市科技创新内外生态圈，着力推动原始创新奇点爆发式增长和跨越式发展，真正实现原始创新的颠覆性发展。

4. 深化科技管理体制改革，着力激活天府实验室新动力

以天府实验室新型研发机构为重点，不断探索管理体制和运营机制创新。围绕财政、土地、税收、人才、金融等方面，制定出台天府实验室专项支持政策，建立省、市、县（市）区共同投入的稳定支持机制。加快成都人才3.0版政策的落地落实，探索试行全球吸引天府实验室首席科学家

负责制，探索实施科研人员年薪制、协议工资制、岗位工资制和科研容错免责机制；深化科研经费使用"包干+负面清单"制度，增强创新策源能力，补齐创新短板，打造成都原始创新策源高地。

（四）以小微企业为主的县域创新驱动经济高质量发展策略

这部分县域主要是郊区新城与东部新区。这部分区域科技资源特别是高端创新资源和平台少，大学教育机构少，以职业技术教育为主，并以三次产业并行发展为特点。

1. 实施创新创业培育工程，着力培育创新创业种子

进一步深化商事制度改革，积极吸引大学（科研机构）科研人员（教授）以及毕业生（正规创新）与社会居民或大众（草根创新）等共同创新创业，持续深入推动"创业天府"行动计划在县域乡村落地生根，加快培育和提升职教校区、城镇街区/乡村社区、科技园区/产业功能区三区互动发展的创新创业环境，形成万众创新、大众创业的局面，着力推动郊区新城孵育更多众创小微企业。

2. 实施企业创新主体地位提升工程，提高企业自主创新能力

倡导企业构建技术、营销、管理、组织等多位一体的混合创新模式，努力突破体制机制障碍和实现制度、组织创新；加强国家、省、市研发及产业化相关政策及项目执行和落实，营造良好的知识产权法治环境，抓好产学研用结合机会，促进创新要素向企业聚集，激励企业增强研发投入；加快技术改造，积极主动引进消化吸收创新和集成创新，推动企业从一般产品应用生产向产品研发、技术开发、工艺设计以及商业化模式创新转型发展，推动创业企业向创新企业跃迁升级转变。

3. 强化职业教育与产业工人队伍建设相结合

积极整合教育部"现代学徒制"与人社部等的"企业新型学徒制"，深入落实《关于实施"成都工匠"培育五年计划的意见》（成委办〔2018〕32号）、《成都市企业新型学徒制工作实施方案》等，根据2021年《成都市推进产业工人队伍建设改革试点若干措施》精神，按照"一县（市）区一品牌、一院校一特色专业"工作思路，以企业新型学徒制为抓手，以"工匠"培育为着力点，以竞赛和企业实习培训为主要路径，着力构建适宜本县域产业特色的职教企校双师制、工学一体模式以及脱产与半脱产等方式，强化企业参与特别是设立规范化的企业课程标准，由定点培养向常态化、普遍化培养转型，力争成都市各县域职教双师共同培育模式到2025

年达到50%，加强职业教育、企业双师以及工匠培育三位一体融合发展，提高县域人才队伍素质和人才与产业的适配度。

二、实施差异化创新策略，打造特色鲜明的创新区，促进各县域经济竞相高质量发展

（一）实施创新能量差异化创新策略，打造县域特色鲜明的创新区

根据成都市各县（市）区域创新资源分布条件、创新能力空间分布特点（四大分类，见第三章的实证分析），以创新能量流为导向，按照创新能量流势差，通过技术转让、学习培训、直接投资和贸易、产业转移、开放共享等方式，促进四大类功能板块区创新要素能量由高处向低处流动扩散，在空间上以成都高新区为创新能量极核，辐射带动全市其他三大板块，而又不断吸纳其他区域的人流、物流和信息流等，形成互动式、立体网络化的创新成果应用、扩散驱动县域经济高质量差异化发展新格局。

1. 以全面创新为特点的创新极核引领区——成都高新区

以汇集整合全球创新资源，通过制度、技术以及管理（商业模式）等创新（智造）为主，应用为示范，扩散（转让）为根本，实现对成都市甚至是成都都市圈的核聚变式辐射带动，积极鼓励成都高新区采取托管、一区多园和园外园等形式，促进创新成果扩散。同时，吸纳和运用五城区特别是金牛区在轨道交通等高端装备制造业的技术自主创新运用与知识管理的成功经验，锦江区在商业模式创新上的经验，共享全省、市的市场、物流等，进一步增强成都高新区创新的极化势能，打造具有全球影响力的创新极核区，引领带动成都甚至成都都市圈创新驱动经济高质量快速发展，持续稳定进入财富导向驱动阶段。

2. 以集成创新为主的次级创新核区

这部分区域指青羊区、武侯区、金牛区、天府新区、锦江区，除锦江区外各自以知识创造和技术创新应用为主，而又相互吸引共生。五个区域通过技术吸纳、培训和产业承接等主动吸纳成都高新区的制度、管理、技术等创新成果，形成成都市科技创新成果转化能力强和具有很强知识创造能力的五颗耀眼的明星。金牛区在知识创造和技术创新方面表现突出，天府新区是创新策源地；锦江区是消费创新中心；青羊区、武侯区、金牛区均为原始创新、集成创新复合创新系统，但系统的韧性不及成都高新区强，五区与成都高新区一道形成全市创新成果应用和扩散驱动经济高质量

发展的高地。

3. 以引进消化再创新为主的一般创新区

这类区域是工业、农业以及第三产业并行发展的融合区，包括青白江区、新都区、龙泉驿区、双流区、温江区、新津区，以直接投资、贸易以及技术转让、培训学习和产业承接等方式吸纳成都高新区、五城区的知识技术扩散和自身创新成果应用为主，形成成都高新区、天府新区、金牛区、锦江区的知识、技术、管理以及场景应用创新能量释放的海洋，是成都市五城区、高新区、天府新区技术、管理以及制度创新的重点扩散吸纳区，并且是决定着成都市创新驱动经济高质量发展的关键转折区域。要着力推动天府新区科学城、高新区以及五城区的相关创新成果向这些区域扩散，大力增加研发特别是开发的投入强度，促进该区域创新驱动产业转型升级。

4. 以引进模仿为主的农林牧业郊区生态创新区

这部分区域主要是郊区8个新城区，区域创新能力较弱，主要通过直接投资、贸易以及政策的正负面影响和产业的主动布局（承接）等方式，在竞争、示范以及政策的约束和激励作用下，促进外部创新成果扩散到该区域和本区域企业主动提升技术水平。这类区域主要通过模仿引进创新，并积极探索商业模式、制度、组织等非研发创新以及逆向创新，驱动区域经济转型升级高质量发展；应加强制度创新特别是农村集体产权入市以及吸引城市人才流入农村的政策创新等；重点加强成都高新区、五城区（除武侯区外）、双流区和郫都区等高创新能级区域的成果向这些区域扩散，加快推动乡村振兴，实施县域乡村创新驱动发展战略，增强非研发创新活动投入力度，并鼓励与成都市外其他市州等相邻区域开展科技开发合作促进产业逐渐转型升级，促进区域经济尽早迈过创新驱动发展的门槛。

（二）着力构建和培育成都市县域协同创新高质量发展网络体系

1. 建立县域协同创新高质量发展中心

以"一核四区"西部（成都）科学城为重点，在天府新区科学城建成都市级县域协同创新中心总部。鼓励各县（市）区建立局部区域协同创新分中心，如"一核四区"西部（成都）科学城协同创新中心、五城区协同创新分中心、天府新区与五城区协同创新中心、郊区新城协同创新中心、中心城区与郊区新城协同创新中心等县域协同发展分中心。积极争取国家区域协同创新计划项目，鼓励成都都市圈建立获得国家支持的区域协同发展中心。

2. 构建县域协同创新中心工作机制

由科技局牵头，市领导相关负责人负责，天府新区科宣局负责日常工作，知识产权局、经信局、财政、交通、城建等部门协同参与，市、县、乡、村（产业社区）联动，形成纵横交错的信息网络畅通的工作机制。建立全市县乡村参与的联席会议制度，定期向各市县（市）区通报全市经济、社会、科技发展情况，定期发布重大科技攻关、技术需求以及新型产业组织、商业模式等动态发展情况。建立重大事项（项目）协调制度，采取"一县（区）一策"方式，协调解决各县（市）区在科技创新、成果转化及资源配置等方面遇到的重大问题。

3. 搭建县域协同创新信息共享平台

以成都市科创通为总平台，整合和连通成都市各部门相关创新资源，以高端人才、重点产品、核心专利、成功模式以及急需技术合作或成果转化项目、急需合作建设的科技创新服务平台以及新政策等为主要内容，着力建立全川创新资源信息共享平台。平台建设由各县（市）区相关部门指定专人负责，中心总部监督，信息每月更新，实行年终考评机制，并建立奖惩机制。完善区域科技公共平台开放共享运行机制和管理模式，进一步推动高校院所、军工单位、转制院所大型科研仪器、科技文献、科学数据等面向全市开放共享。

4. 建立县域交通、市场、物流以及产业一体化的标准体系

要从整体考量，从历史出发，综合比较，突出各县域区位特色优势，依托科技园区、产业功能区、科创空间/产业社区，构建起全市在交通、市场、物流以及产业、城乡等方面的协调发展机制，形成规划共制、标准统一（技术标准、行业标准、市场准入标准）、设施自建、基金支持的格局，促进交通、物流在空间上有效整合，市场在空间上平等共享，产业在空间合理布局，推动形成"一县一战略性主导产业、一镇（乡）/产业功区一特色产业、一村一特色产品"的发展格局，提高整体区域协同发展能力。

5. 培育县域协同创新主体

充分发挥各县（市）区在技术成果、产品、人才以及市场需求等方面的不同优势，进一步提升西博会、双创交易大会、华商大会等的服务质量和服务水平，推动各县（市）区大学、科研院所以及企业之间科技项目、人才、资金、知识、技术的跨区域深度融合，通过构建专利池、新型产业

技术研究院、创新共同体，开展技术联合攻关、成果转化、人才流动，以及举办各种交流会、学术研讨会和沙龙等，着力培育区域创新协同主体，促进区域互动共荣发展。

6. 建设县域协同创新载体

推动区域间共建园区、基地、孵化器以及公共服务平台等，根据各县（市）区产业重点和技术缺失链，联合建设一批高水平、资源共享的基础科学和前沿技术研究基地或工业技术研究院。鼓励成都高新区、五城区等采取托管、一区多园和园外园等形式，促进创新成果扩散。积极鼓励成都高新区、五城区在各区域外独立发展飞地园区、设立飞地研发中心以及建分支机构等，更好地承接和学习创新高能级区域技术、管理经验，形成你中有我、我中有你的全市创新驱动产业一体化互动融合发展新格局。

7. 构建和培育县域多层次开放性创新生态系统

实施县域开放协同创新战略，深入推动经济区与行政区适度分离制度，鼓励各县域探索主动融入成德眉资创新共同体、跨省级成渝地区科技创新和协同创新示范区、"一带一路"跨国创新枢纽。积极总结成都中法、中意、中日、中德、新川等国别产业园区建设经验，加快跨行政区域科技资源和平台载体的数字化、信息化建设以及共享利益机制的探索创新，着力打造多元化多层次开放性协同创新生态系统，为成都市县域经济高质量发展注入源源不断的创新动力。

（三）探索跨县域治理模式

1. 探索经济区与行政区适度分离的统分结合模式

经济活动一体化、社会事务属地化，全力构建"不破行政隶属、打破行政壁垒"的跨县域一体化发展制度体系，实现各类生产要素有效流动、优化配置。

2. 构建多元化扁平管理模式

托管、共建或实行"管委会+国有公司"管理架构，创新推行"产业园区+合资公司+创投基金"等管理运行模式，扁平化高效推进跨区域产业功能区或新区开发建设。

3. 构建联动发展机制，创新开发建设和管理模式

依托成都高新区创新资源优势、产业高端优势，以成都"科创通"、高新区"盈创动力"为重点，打造区域创新创业服务平台，促进资源开放共享。构建西部（成都）科学城与各县（市）区专业园区联动发展机制，

先行试点区域指导各专业园区建设发展，通过品牌输出、技术转移、项目申报、企业扩散、联合招商以及搭建人才、资本共享平台等途径，切实增强对全市各县（市）区产业功能区/专业园区和特色基地的辐射带动能力。加快数字化、信息化建设，着力构建中心城区科创空间的交互联通信息平台以及中心城区科创空间与郊区产业区的对接交流平台，着力构建以科创空间为重点的跨区域产业协同创新生态体系。

4. 建立利益共享机制

坚持"权责对等、成本共担"，探索建立存量收益由原行政辖区享有、增量收益跨区域分成机制，实现共赢共享，促进县域跨区域产业协同创新和创新要素的自由流动、高效配置，提高产业创新资源的利用率。

5. 探索制定数字化创新资源的开放权限和收费标准

由成都市大数据中心或集团牵头，积极整合科技部门、经信部门、中小企业局等的科技数据资源，明确开放范围、收费标准，鼓励按行业大类构建第三方机构服务机制，实现市场化营运管理，不断开发标准化多元化科技创新数据要素资源，降低商业化数字创新资源的获取成本，探索政府补贴购买消费方式。

三、实施差异化产业创新发展战略，打造多类型、特色化产业创新生态圈，推动各县域产业协同高质量发展

实施县（市）区、乡、村（产业功能区）"三位一体"的产业创新发展战略体系，坚持"东进、南拓、西控、北改、中优"方针，按照典型示范、分类突破、同步推进原则，推动县（乡）立足自身创新资源禀赋和产业特点，坚持全球视野、创新引领，把做强做优实体经济作为主攻方向，以新经济为抓手，以制造业为根本，加快创新资源有效流动和优化配置，以一县一特色产业生态圈（极核）建设为基础，以培育打造科创空间为重点，实施建圈强链工程，着力推动产业链与创新链深入融合发展，现代服务业与制造业、现代农业融合发展，到2035年力争打造3~5个国内领先、具有国际影响力的产业创新集群。

（一）实施一县一特色主导产业（极核），构建跨区域协同产业生态圈

产业生态圈的强弱大小是相对的，但一县（市）区至少要着力培育一个具有特色和竞争优势的产业生态圈或产业生态圈极核，这样才能保证一个县域持续快速发展。在成都2021年版的产业生态圈布局发展的基础上，

进一步优化县域产业功能区和产业生态圈的内容和布局，结合自身优势，突出细分赛道、前沿领域、区域特色，聚焦集成电路、新型显示、创新药、高端医疗器械、航空发动机、新能源汽车等20个产业领域，积极培育金融科技、数字技术与元宇宙、工业设计、绿色低碳等有市场、有区域优势和未来成长潜力巨大的细分重点产业或业态，实现一县一特色，着力形成一县（市）区/经济区至少一特色产业生态圈极核引领、多县协同共育的产业生态圈格局。

（二）持续实施建圈强链行动，培育打造县域产业创新生态圈骨架

1. 继续全面深入实施"链长制"，着力推动产业建圈强链落地落实

着力处理好政府与市场的关系，根据产业创新生态系统不同发展阶段，调整政府的角色。谭劲松等（2021）[①] 认为在产业创新生态系统的新生期，政府通过行政干预自上而下构建产业创新生态系统雏形。在扩展期和提升期，政府角色跨层次分离：向上成为宏观制度构建者，通过不断减弱的行政管理、增强的产业政策和科技资金资助，作为外部力量推动产业创新生态系统演进；向下作为产业创新生态系统参与主体——关键用户，促进产业创新生态系统演进。在成熟期，核心企业成为产业创新生态系统架构者，自下向上推动产业创新生态系统演进。进一步完善优化"链长制"，在产业生态圈发展初期，由成都市领导担任链长，统筹资源要素配置；对发展相对比较成熟的产业生态圈，构建以领袖企业为主+专家+政府三方参与的多元主体创新资源供给与需求统筹配置决策模式，协同产业链补链强链延链，按照"一条重点产业链一套政策工具包"的要求，构建"链主企业+领军人才+产业基金+中介机构+公共平台"的产业主体协同生态体系骨架，对产业链上下游、左右岸进行整体协同培育。

2. 积极制定产业链技术创新链互动嵌入图谱

成都市科技局、经信局会同行业领军企业与各县域相关部门积极组织制定产业链技术创新链互动嵌入图谱，强化产业链与创新链的互动，并及时发布、适时更新，寻找新的细分赛道，为企业及相关部门产业布局提供决策参考。

3. 创新极核牵引，构建跨县域协同创新网络

以西部（成都）科学城"一核四区"为主协同五城区，以国家重点实

---

① 谭劲松，宋娟，陈晓红. 产业创新生态系统的形成与演进："架构者"变迁及其战略行为演变［J］. 管理世界，2021，37（9）：167-191.

验、产业技术创新中心等国家级平台特别是天府实验室体系为创新极，与各县（市）区产业功能区/园区共同构建"创意+设计""研发+制造""总部+基地""制造+营销""营销+体验（服务）""服务+二次创意"多元化多路闭合循环创新链模式，着力打通产学研用通道，实现从创意到实验室样品到产品再到商品的全链纵横向网络化贯通，推动创新从 0 到 1、从 1 到 N 驱动经济高质量发展。

4. 协同招商，实现产业链纵向合理布局

由成都市投资促进部门牵头，会同市级部门、市属国有企业、各县（市）区，以县域科技园区/产业功能区招商办为基础，建产业链协同招商信息平台，建立产业链和创新链项目招商工作机制。

5. 着力培育打造高能级产业创新全链条科创空间

以增强科技自主自强，产业基础高级化和产业链现代化为目标，加快落实成都市发展和改革委员会等 18 部门联合签发的《成都市建设高品质科创空间政策细则》（成发改产业〔2020〕147 号），以产业功能区建设为依托，加快推动"11+2"中心城区 54 个科创空间培育，持续实施并不断完善揭榜挂帅制，大力引育相关重点实验室、新型研发机构、行业专业化孵化器、硬核科技"二次开发"实验室、城市场景实验室、中试共享生产线（基地），以及全球顶尖创新团队和中介服务机构等，为成果转化及产业化提供全链条"一站式"科技服务，着力打造产业创新极核区，并复制推广到郊区新城，促进成都各县域各乡镇平均构建一个具有创新功能的科创空间/产业社区，带动成都县域全面创新驱动经济高质量协同发展。

（三）着力培育以未来产业为基础的多功能融合的现代服务业创新生态圈

1. 大力培育金融科技产业创新生态圈

突出和提升成都建国家西部金融中心功能，进一步调整和优化现有产业生态圈，加快推动金融科技在现有生产生活服务业生态圈中脱颖而出，充分发挥西南财经大学知识创造+人才培育优势，成都市高新区交子金融"5+2"平台和锦江区消费金融中心的实践优势，以其他各县域为应用场景，依托成都市甚至川渝强大的市场需求，充分利用数字技术、区块链技术以及 AI 技术等和成都高新区建设国家金融科技创新服务中心契机，以绿色金融、智慧金融、知识产权金融、消费金融和乡村金融科技创新为重点，以聚集和培育金融类企业为核心，通过人才培养、投资平台建设、创新加速平台建设、运营服务，聚集中大型金融机构，优化成都市天使母基金，探索与社会资本联合设立创新验证基金、中试熟化基金、天使基金等创新链前端基金，打造"产、学、研、投、创"全产业链科技金融产业体系，形成以高新区、锦江区为核心的金融科技产业生态圈，着力把金融科技产业打造为成都市千亿级产业集群，助力成都高水平高质量建设国家西部金融中心，成为西南最具活力的金融创新区。

2. 积极培育数字化+元宇宙产业创新生态圈

一是强化底层技术体系构建。以成都高新区和天府新区为核心加强基础技术储备，聚焦区块链、人工智能、人机交互、电子游戏、物联网、网络及多元算力六大元宇宙底层技术体系，力争在元宇宙基础技术相关领域形成一批引领性、颠覆性的基础技术创新成果。二是融合赋能，构建多样应用场景。加快虚实融合智能制造的实际推广应用，打造虚拟空间协同设计、虚拟仿真、基于VR/AR的设备检修、虚拟职业培训、沉浸式体验等典型应用场景。重点依托成都各县域丰富而独特的历史文化资源和全国数量第一的博物馆优势，以青白江数字化+元宇宙基地建设为契机，推动元宇宙与成都市各县域特色文化元素以及博物馆等静态载体创新融合动态化发展，着力推动县域特色文化产业化、现代化、动态化；依托成都中医药大学、科创药业和彭州市天府中药城，以中医药为重点，探索健康医疗元宇宙发展模式，着力推动中医药产业由神秘黑箱变为清晰、可感知、可体验的大众医食文化产业；以五城区为主，构建通用性应用服务平台推动教育元宇宙融合应用，支持元宇宙相关企业与教育机构深度合作，着力推动产学研深度融合，理论与实践融合，全面提升县域创新创业教育培训质量体系。三是打造具有特色的多元化元宇宙产业集聚。优化元宇宙产业布局，强化县域创新联动，加大元宇宙重点项目和重点企业引育力度，加强供需对接及政策支持，着力提升企业核心技术水平和产业落地能力，重点培育打造以特色文化、中医药、教育培训为主的多元化具有全国影响力的数字化元宇宙产业集群。

3. 着力培育以工业设计产业化为重点的智能制造产业创新生态圈

制造业是经济高质量发展的重中之重，工业设计更是制造业高质量发展的关键环节。以青羊区工业创新设计功能区为核心，金牛区、成华区、龙泉驿区以及高新区等中心城区共同推进规划、设计、建设和招引，推动国际、国内著名设计公司和顶级设计师有效聚集，加快部署"科学家+设计师+企业家"创新主体链，强化创意人才引进，整合集成电路、新材料、人工智能、工程装备、仿真设计等领域的国家级、省级工业设计研究院，积极培育打造国家、省、市三级联动的工业设计中心，整体提升成都市工业设计公共服务平台水平；以场景应用为牵引，各县（市）区加快部署"新设计+微工厂+新品类功能区"产业生态链，推动从"0—1—N"的创新设计转化，全面提升成都的工业设计水平和工业设计产业化能力，以工业设计带动制造业高质量发展，着力培育具有全国影响力的以工业设计为重点的智能制造产业生态圈，促进成都制造业高质量发展。

（四）突出发展智能制造，重构县域特色化制造业产业创新生态圈

制造业是国民经济的主体，是立县（市）区之本、兴县（市）区之器、强县（市）区之基，锚定和加快落实《成都市"十四五"制造业高质量发展规划》，突出"成都绿色低碳智造"，加快数字化智能化转型，聚焦生态导向，推进工业绿色低碳转型，强化工业设计、中试孵化、数字智能化升级，围绕做优做强中心城区、经济区、郊区新城等城市核心功能，推进产业协同错位，增强功能优势，优化功能布局，构建更具城市竞争力的制造业经济地理空间，着力把三大经济区培育打造成成都县域制造业创新策源转化示范引领区，把中心城区打造成成都县域制造业产业升级和功能重构的高端引领区，把郊区新城打造成成都制造业生态价值转化探索引领区，到2025年成功创建国家制造业高质量发展试验区，到2035年成为国家绿色低碳产业发展示范区和全球先进制造业战略基地。

（五）大力培育和发展特色鲜明的都市现代农业产业创新生态圈

以《成都市都市现代农业功能区规划（2016—2025）》为指引，以现代农业产业功能区以及园区建设为依托，以"天府粮仓"为使命，以乡村振兴、城乡融合发展为主线，以生态价值有效转化和实现为目的，以天府源区域品牌为抓手，以农业产业化、产业景观化、景观生态化为导向，以国家成都科技中心和产业研究院两大高端创新平台为支撑引领，以成都服务全川农业科技创新联盟为支撑，以中国天府农业博览园、蒲江天府农创园、温江国家农业科技园、崇州都市农业产业功能区和天府现代种业园为引领核心区，以成都国家西部城乡融合发展示范区建设为契机，大胆探索实践，着力搭建和完善城乡融合发展的产业协同发展平台载体，加快推动生态种业+农产品精深加工+农业博览+农旅文商体学研融合与农业研发+孵化+中试+产业化的产业链与创新链深度融合发展，构建现代化的开放式农

业产业创新体系，率先构建农商文旅体学研融合发展的具有县域特色的多样化都市现代农业生态圈。

四、实施城乡空间差异化创新战略，推动城乡融合高质量共同发展

传统的创新空间模式分为创新锚机构区、城市更新型创新区、科技园区三类。在全面全过程创新视域下，成都市县域创新空间有所突破，在实施城乡精明收缩与精明增长的同时，重点培育优化以下三大创新创业生态空间，促进城乡融合、新老城区同步发展，共同富裕。

（一）着力培育打造高品质宜居宜业的科创空间

依托现有产业功能区，以建设创新型县（市）区及乡镇为抓手，以成都高新区、天府新区和五城区等中心城区为重点，以产业功能区/新型城镇建设为依托，以生态环境为本底，以科创空间/产业社区建设为突破口，突出空间的复合功能（M0），在引进研发企业及服务企业的同时，着力打造精致便捷低成本居所、咖啡馆、小型创意酒店、特色食品店以及公共休息空间，营造新型职住平衡环境，强化科研工作与生活、生态一体，着力打造功能复合、交通便捷、环境舒适，科技与生产生活生态"三生"融合的科创空间，重塑宜居宜业的城市创新创业生态空间。

（二）加快城市老区/镇有机、有效更新

1. 明确城市更新的发展方向

世界城市发展经历了城市中心到郊区再回归到中心城区的过程。《中华人民共和国国民经济和社会发展第十四个五年规划和2035年远景目标纲要》明确提出，实施城市更新行动。可见城市更新已成国家战略任务，成为推动城市高质量发展的重要战略举措。从国际城市更新看，绿色、低碳、智慧、可持续、便捷和公共资产的数字化是未来城市更新的主要方向。

2. 优化城市更新的功能定位

以《成都市中优"十四五"规划》为核心指引，落实《成都市公园城市有机更新导则》6大原则，继续实施天府锦城项目工程，以五城区特别是北改区为重点，优化更新区的功能定位，强化地域特色产业植入、成本控制、复合用地、工业上楼，打造相对紧凑的科创空间和新型社区。注重保留原有特色景点、建筑，更不能推倒重建，以绿植鲜花为本底，注重带动居民就业的产业平台和购物、停车、就医、就学、养老、健身等一系

列生活服务平台的打造和智慧升级。根据更新区不同特点，着力打造休闲区、中央商务区、科创空间以及便民公共服务区等，通过优格局、调功能、美社区、提品质、塑形态，凝心聚力建设"面向公园、春暖花开"的未来美好公园社区。

3. 采取自下而上、自上而下双向互动的城市更新创新模式

漫长的城市演化过程中，城市是自下而上慢慢生长起来的。强化政府引导，实施单位或企业调研拟方案、出设计，居民参与修改方案的城市更新模式。切忌华而不实、急功近利，快餐式更新，有形象、更要有内容，各县域先调查摸底，最终聚合形成顶层规划设计，分县域精准有序推进。

4. 完善城市更新的资金来源机制

疏通城市更新资金来源渠道，明确政府、企业、居民出资的边界，政府出资既要突出重点，又要全面全区域普及，不能仅示范，要充分体现财政资金使用的基础性、公平性和非营利性，努力培育环境优良、居民满意、功能恰当的有机更新模式，实现城市精明增长、智慧管理升级，推动各县域城市全面高质量发展。

5. 加强创意人才的引育，推动老旧城区城市创新提档升级

创意城市与城市创新具有天然的内在关联性。创意是以文化为本底的，成都中心城区的老旧城区积淀了丰富的历史文化，具有吸引创意者和培育创意产业的天然基因。研究表明，如果一个区域吸引了超过6%的创意人才，创意人才就会源源不断地涌入。成都中心城区老旧城区要进一步加强创意人才的引进，构建和完善创意人才工作、生活的平台空间，应用人机交互、电子游戏、多元算力、物联网等，通过沉浸式体验、特色产品、特色教育、特色餐饮等，把三国文化、金沙文化、古蜀农耕文化、锦官文化、丝绸文化、熊猫文化等打造成具有全国甚至全球影响力的城市创意产业，推动老旧城区城市创新、提档升级。

（三）优化创新乡村"三生"空间

1. 优化农林牧等作物用地空间结构，确保天府粮仓丰盈

要坚守耕地红线和底线，优化农村粮地、林地、经济作物用地结构，进一步有序清退花木培育基地，建立花木等非粮培育基地负面清单，保障和进一步增加种粮面积。

2. 加快林权、水权等制度改革，推动生态价值多元转化

坚持"两山理论"，以深化集体林权、水权等制度改革为抓手，以西

控成都国家城乡融合发展试验区为重点，积极鼓励成都市生态与大数据平台机构融合构建生态数字化中心，大力引进生态数字化研究机构，建立基于"数字两山"GEP核算的决策支持平台，加快成都市各县域林盘资源和水资源生态价值的评估，以龙泉山城市森林公园、龙门山湔江河谷建设为样本，着力推动生态价值资本化，以参股、转让经营权等方式，加快生态价值多元转化。

3. 加强合乡并镇/村的原乡镇/村的有机更新和提档升级

深化财政供给侧结构性改革，着力体现公平普惠原则，强化原乡镇/村落基础设施的提档升级；加快县域乡村规划，强化产业植入，着力实施"一乡一特色产业""一村或多村一特色产品"培育，形成镇镇有特色、村村有特品；并实施"一乡一特色人才培训基地"，强化县域乡村人才培训基地跨乡界共培机制，即各村村民根据自身的实践经验和特长爱好，可选择本乡镇免费培训，也可选择在其他乡镇培训基地免费培训，由成都市人力资源局统筹，努力推动老区、老镇、旧村落/新区/新镇/新村落共同繁荣发展，真正建立产业有特色，公共服务现代化、均等化的幸福和谐美丽现代化乡村。

4. 优化乡村居民住宅建设方式，着力打造乡村宜居宜业精明收缩新空间

党的二十大报告再一次明确提出要把饭碗紧紧端在中国人自己手里，耕地红线面积必须保障。现有农村居民建房有面积控制，但是房屋四周土地浪费很多，而且家家通公路也要占一定土地面积，考虑农村生产生活特点，坚持"小规模、组团式、微田园、生态化"的建设理念，一个村落以组或社区为单位集中建设两到三个相对大型的居民集中居住区，一个聚集区一般有7~8户人家，实行一家一户，四至分明，前带菜园，后有果园的传统"U"形或四合院格局。不主张目前农村的集中建房模式：一户人家一个或两个门面，户户相连，门前户后没有可利用的生态空间，这种模式的村落没有后续升级打造空间，更不利于全域旅游的发展，也是农户不愿集中修建的主要原因。要着力打造相对集中又有乡居特点的农村居住模式，以乡镇为中心，乡—村—社区（组）三位一体，不仅有利于农村公共服务设施建设，以及乡村卫生垃圾的清理和处理，更能有效推动农村聚集区发展，为推动县域乡村旅游发展创造可持续发展空间。同时要根据各县域地形地势特点，以及乡村居住人群特点，如根据老人、小孩、职业农

民、城市精英旅居以及城市银发养老等不同对象特点，规划建设不同类型乡村，着力打造宜居宜业精明收缩的乡村发展典范。

5. 创新村庄经营模式，加快城市资源、人才向农村流动

积极总结彭州市、温江区以及崇州市等宅基地腾退入市经验，深入推动宅基地腾退回归集体，复耕或作为集体建设用地入市流转，大力推广彭州市农村土地承包经营权登记颁发不动产权证书的做法，着力提高存量土地资源及衍生产品的利用率，构建有效承包期承包经营者长期经营利益法律保障机制。鼓励行政村和自然村采取抱团联建、股份合作等多种举措，发展壮大村级集体经济；进一步丰富乡村新业态，大力推动民宿、体育、乡创、文创、乡旅、研学等业态融合发展、迭代升级，持续带动农民增收。持续深入推动"创业天府"行动计划入县达村，加快吸引返乡大学生、农民工、青年创客以及城市精英等入乡创业，提升乡村人力资源素质，推动产业升级和城乡融合发展。

6. 数字赋能，重塑城乡融合新空间

以成都国家西部城乡融合发展试验区建设为重点，全面启动县域乡村"智能农业农村"行动计划，充分利用成都市电子信息产业数字技术优势和金牛区地理信息产业园基础，持续推动大邑县全国数字乡村试点县建设并积极总结经验推广，借鉴德清县数字乡村建设经验，推动数字技术产学研融合发展，加快搭建和完善乡村数字化平台，构建起乡村数字治理框架体系，推动乡村规划、乡村产业、乡村科技服务、乡村资源环境、乡村治理五大领域数字化转型，推动农村"三生"空间全面转型，重塑乡村空间形态，赋能乡村产业转型升级发展，提升乡村幸福感，真正建立产业有特色，公共服务现代化、均等化的幸福和谐美丽现代化乡村。

五、积极培育特色鲜明、多元化的县域创新创业孵化生态系统，营造良好的创新创业创富环境

（一）培育全链条、丰富多样的县域创新创业孵化生态体系

1. 实施县域差异化专业孵化战略，着力培育多样化孵化大市场

根据各县域产业布局特点，积极鼓励有条件的县（市）区、乡镇/产业功能区着力构建"创业苗圃/科创空间+孵化器+加速器+产业园+专业楼宇"的全产业创新链的创新创业孵化载体平台，积极推进相关高端人才、

大学研发机构、金融和科技中介服务机构等高端创新要素资源聚集；强化业界共治，鼓励社会资本参与科技创业服务中心/科技企业孵化器和企业加速器建设和运营，提高创新创业孵化服务能力，着力构建起成都市县域多样化专业性大孵化市场。

2. 重点打造具有全国影响力的孵化大市场品牌

以成都高新区、天府新区以及东部新区未来科学城为重点，依托科创空间和产业功能区，重点加快"碳中和+""空天+""量子信息+""芯片+""现代高端农业+"等孵化、中试以及全链条专业化孵化载体平台的培育和打造，努力把其建设为成都市县域企业、产品、业态以及场景体验的科创头部专业化和综合性孵化大市场，成为全市、全川乃至全球具有影响力的创新孵化高地。以锦江区、青白江区为主打造具有全球影响力的消费孵化大市场；以郊区新城为重点，着力联合打造具有全国影响力的生态价值转化孵化大市场；以龙泉驿区为核心打造汽车制造、消费一体化的具有全国影响力的孵化大市场；以金牛区为重点协同天府新区等，着力构建和打造具有全球影响力的轨道交通产业孵化大市场；以新都区为重点，构建和打造在西部甚至全国具有影响力的家具产业孵化大市场。

3. 强化县域专业孵化平台共用共享，提高孵化效率

由成都市科技局牵头，以科创通为依托，进一步组建县域孵化联盟协同中心，搭建孵化大市场数字化共享平台，着力激活各县域孵化载体平台，构建起营运高效的线上+线下开放互动的大孵化体系。

4. 进一步构建和完善综合性孵化载体平台

积极整合、重组中心城区综合性孵化载体平台，清退或转型低效率综合性孵化平台，加快现有综合性孵化平台提档升级，实施成都市县域孵化营运标准化财政补助，推行业界共治共建共享，着力提高成都市县域综合性孵化平台质量和利用效率。

5. 积极培育和丰富完善"众创空间"孵化载体平台

鼓励县域大学校区、城乡街区/社区以及科技园区，利用网络功能，在创客空间、创新工厂、创业场等孵化模式的基础上，大力发展市场化、专业化、集成化、网络化的"众创空间"，实现创新与创业、线上与线下、孵化与投资相结合，为小微创新企业成长和个人创业提供低成本、便利化、全要素的开放式综合服务平台，真正实现大众创业、万众创新。

（二）完善成都市城乡统筹科技创新服务平台体系

整合成都市各部门创新资源和平台，依托成都"科创通"、交子金融平台、成都市农业科技创新服务平台以及成都服务全川农业科技创新联盟等，构建市、县、乡/产业功能、村/社区全覆盖的科技创新服务点，构建包括政策查询、技术支撑、人才培训、投融资信息对接、管理信息服务、市场和产品营销服务等的一站式园区（社区）创业与技术创新服务体系，带动传统农业向现代农业、制造业向智造业转型升级，为构建市、县、乡/产业功能、村/社区"四位一体"创新驱动发展战略空间架构体系创造条件。

（三）积极推动县域创新驱动产业的载体平台提档升级

要加强各市（县）区的高新技术开发区、经济技术开发区、产业化基地以及重大科技创新基地建设，着力提升园区的能力；加快经济技术开发区向高新技术产业园区转型升级，加快一般园区向特色园区、国家级园区升级发展，着力培育创新驱动产业的载体，力争到 2025 年，成都市国家级高新区、特色基地以及特色园区达到 10 家。

（四）进一步拓展县域科技经贸开放合作

1. 构建和培育县域科技开放平台体系

加快成都国际技术转移中心、四川西部国际技术转移中心、国际科技合作信息网络等的建设，加快成都市新川科技园、中法产业园、中德产业园、中欧创新中心、中日产业园等 6 个国别合作园区建设，依托成都高新区、天府新区科学城、五城区等内的重点园区，整合和集成技术、人才、产业渠道等方面资源，建设一批高水平、开放式的国际合作研究中心、国际科技合作示范基地，积极引进跨国公司研发中心、国际知名研发机构，加快国际技术转移、合作成果应用和市场化进程。

2. 积极鼓励县域走出国门参与各类国际科技经济文化会议、展览、交流等活动

以青白江区为首，鼓励双流区、龙泉驿区、东部新区、简阳市积极参与"一带一路"建设，拓展与中亚、东南亚、欧洲等地区的经贸科技、文化会展合作，通过搭建重大活动平台和争取举办各种世界级的论坛、赛事、会展、文化交流等活动，开展技术、知识、贸易、文化等零距离交流、对接，为企业、高校和科研机构开展国际科技合作牵线搭桥，着力培育具有世界影响力的"三都三城"。

3. 加快构建县域科技一体化组织

深化成都市县域科技合作模式，组建县域产业技术合作联盟、专利联盟、工业技术研究院等，推动创新资源共享、平台共建、标准共制、基金共设，推进县域科技产业一体化发展。充分利用华商大会、糖酒会、西博会、创交会等积极统筹双边、多边、区域次区域开放合作，推动与重庆、西安、昆明、贵阳等周边区域互联互通，努力打造高水平全方位的内陆开放型创新经济[1]。

（五）持续建设创新创业就业友好城市，营造大众创业、万众创新的良好生态

1. 多层次培育"创业天府"品牌文化

鼓励各县域充分结合自身创业创新人物、故事等，充分挖掘"天府之国"的文明及法礼精神，着力发扬"兼容并包、吸纳百川"蜀文化的包容精神，积极学习深圳等敢为天下先、当仁不让的"敢为"精神以及江浙一带等以经商为荣的创业精神等，打造各有特色的县域创业创新文化精神。深化和丰富"创业天府"品牌内涵和内容，积极组织各县域加强产业功能园区/专业园区、产业集群、特色小镇/特色街区、企业品牌以及特色产品品牌建设，着力构建丰富多样的县域特色品牌体系。精心组织重大品牌策划活动，以全球视野积极开展境内外宣传和推广活动，提高"创业天府"品牌的知名度和影响力。

2. 健全创业天府辅导指导制度

鼓励各县域乡镇举办创业创新创造训练营、创业创新大赛等活动，培育创客文化，让创新创业成为最受尊崇的职业和最具挑战性的事业，从根本上形成创新创业的就业观和价值观，为大众创业、万众创新提供持续不断的动力和根本保障。

3. 持续打造青年创新创业就业友好环境

强化双核共兴、五区协同、城乡一体，以电子科大、四川大学、西南交大和四川农业大学等为首进一步完善中心城区大学生创新创业教育和实践体系，广泛布局创新创业孵化载体空间，实施差异化低成本多路径的创新创业孵化模式。学习借鉴以色列，注重资本、智慧与悠闲、美味和自然融为一体，探索分专业、分年龄、分学历为青年创造多层次近乎免费的初

---

[1] 佚名. 让城市更聪明、更智慧 [EB/OL]. 四川政务服务网，（2023-02-27）[2023-03-01]. http://cdstfxq.sczwfw.gov.cn/art/2023/2/27/art_24520_210966.html? areaCode=510110000000.

创孵化条件，实行失败不计损失、成功孵化的创业企业对孵化母机构进行回报的机制，健全创新创业激励机制。探索低成本融资服务模式，形成多层次青年创新创业融资支持生态。鼓励各县（市）区根据县域经济实力、产业发展战略以及人力资源特点，加快制定分专业、分学历的青年大学生创业分层补贴政策，升级青年创业"一站式"服务平台，提升成都市"创业之城"品牌力。实施就业优先战略，鼓励各县域开发新职业新工种，培育就业增长点，持续推进"技能成都"建设，健全全民终身职业技能培训制度，完善适应新就业形态的就业公共服务体系，打造"智慧就业"公共服务平台，完善高校毕业生、农民工、退役军人等重点群体就业支持体系。多路径挖掘创意创新人才，可以通过政府部门和民间机构举办各种创意人才大赛，如星光大道模式，让有才华的人出彩；可借助短视频等平台提供网络推介途径，政府部门设机构定期筛选创意创新种子，让更多的民间高手和技能型人才出现在大众视野，促进就业、创业和创新。

（六）营造法治、诚信、和谐、便捷、绿色的生产生活环境

1. 营造诚信守法的社会环境

以成都中心城区为首，逐渐建立起个人、企业和管理部门全方位的信息征信系统，针对税收、水电、消费、产品质量以及侵权特别是知识产权纠纷的失信行为，联合工商、税务、银行、法院、航空、交通等部门，实施黑名单制，真正建立诚信、守法的统一大市场社会环境。

2. 融入"智慧蓉城"建设框架，构建县域一体化的"三生"基础环境体系

以"智慧蓉城"建设为牵引，依托金牛区地理信息产业优势，运用人工智能、大数据等前沿技术推动城乡管理手段、管理模式、管理理念创新，立足各县域实际，抢抓政策机遇，积极主动融入"王"字型"智慧蓉城"运行框架，以"天府市民云"为主要载体，全面推动城市乡村经济、生活、生态以及治理数字化转型，培育打造智慧社区、智慧出行、智慧商场、智慧农场等，并加快构建延伸到街道、社区（村）、网格的智慧城乡运行管理体系。切实推进基础设施、能源供应、水资源共享、社会保障体系、信息共享、产业群落、城市体系、生态环境保护的衔接和无障碍延伸，以资源互惠共享为原则，着力构建县域城乡"三生"一体化基础环境体系，为成都市各县（市）区创新创业提供更加方便、智慧、快捷的"三生"环境。

3. 打造城乡融合的自然山水公园城市环境

以成都建设公园城市示范区为契机，鼓励各县域坚持美丽公园城市、美丽公园城镇、美丽公园乡村、美丽公园社区"四美"同步打造，以天府绿道为主线，围绕"蓝天、绿网"，打造"望得见山、看得见水"和"推窗见绿、满眼繁花"的工作生活环境，着力打造经济、美学、形象和生态多元化一体的美丽公园城市品牌。

第三节 保障措施

一、加快推动组织机构改革重组，建立多部门协同的科技创新全链条组织机构体系

（一）加快推动成都市及县域科技局组织功能和职责改革重组，建立差异化功能县域科技管理体制

按照《党和国家机构改革方案》要求，积极对接科学技术部改革后的新职能，加快成都市县（市）区科技局部门功能职责的调整，突出科技部门在科技领域的引领、监管和服务功能，加强宏观规划、体制改革、政策制定、督促检查以及县域区域创新生态体系建设。同时，根据各县域科技资源特点，优化科技创新全链条管理，基于县域创新能级和创新价值链重点差异，构建突出成都县域特色差异化的新型县域科技管理体制。如，高新区、天府新区以及五城区要实施科技创新全链条管理体制，按科技创新全链条不同节点设置基础研究、中试孵化、产业化等职能部门和科室；郊区新城知识创造弱，重在科技成果与产业结合，这些县域要强化孵化、产业化部门，职能设置与科技创新全链条管理体制有明显差异。

（二）加快推动相关部门科技创新职能的交接和人事安排

根据科技创新全链条不同节点的功能，重新分配科技局与其他部门职责，按照国务院机构改革对科学技术部功能的分离原则和要求，将科技促进农业农村发展规划和政策职责由各区县科技局划入农业农村局；将高新技术发展及产业化规划和政策，指导国家及省级自主创新示范区、国家以及省级高新技术产业开发区等科技园区，指导科技服务业、技术市场、科技中介组织发展等职责划入县域经信局等。科技局全身退出，不再主管或协同参与科技产业化相关职责事务。科技局原从事相关工作的人员建议随

岗进入新部门或在原部门重新调整或自由选择离职等，要做好职能部门相关工作的移交和对接。

（三）建立科技局牵头、多部门分工协同的科技创新组织体系

力争到2023年年底，成都市及县域建立起新型科技组织机构体系，突出强化科技自立自强和科技在现代化建设中的核心地位，科技局的工作重点是基础研究和关键核心技术的投入，宏观规划管理以及政策制定，明确科技部门与其他部门之间科技创新成果产业化的职能边界，整合各部门的资源，着力建立起成都市科技局牵头、其他部门协同的科技创新、成果孵化、产业化、商业化的科技产业创新协同组织体系，促进全社会科技创新资源、资本和市场有效对接并充分发挥作用，真正构建起创新驱动经济高质量发展的科技创新与产业化深度融合的创新生态组织体系。

二、深化科技财税体制改革，发挥财税引导功能

（一）进一步优化财政支持方式

1. 着力推进财政支出标准化，提升财政资金的配置和使用效率。除公共产品供给外，大力减少财政事后一次性直接补贴方式，向创新创业价值实现后的税费减免优惠等间接激励方式转变，推进财政支出标准化，提升财政资金配置效率和使用效益。这不仅可以有效地促进区域经济产业/行业的自发竞争发展，真正培育以消费和市场为导向的创新主体，而且极大地减少了企业与政府之间的博弈行为，有效地防止权力寻租。

2. 探索试行产学研预研资金

据2023年2月16日，企查查数据显示，中国2022年吊销注册的芯片企业达5 746家，比2021年增长68%，远超过往年，造成不良社会影响。可学习借鉴江苏省张家港市企业科技创新积分管理模式，实施产学研预研资金，按照"合作前期给予高校项目经费，引导启动校企合作；合作后期给予企业项目经费，撬动企业加大研发投入"的思路鼓励和支持企业与高校院所开展产学研紧密合作。

3. 积极完善和丰富财政支付模式

加快财政对天使投资者的孵化支持，积极实践和不断完善科技悬赏制和揭榜挂帅制。

（二）加快建立财税支持对象"正面+负面"并行清单制

要突出市场（消费者）决定产业、产品以及业态，尽量设立财政支持

正面为主并辅以负面的双面清单制，明确政府不支持的产业、产品、技术、人才及项目等，既明确重点，又不会错过新的业态、产品，使具有创意的新业态、新产品竞相涌现，有利于优化产业结构，培育新的增长点。

（三）积极探索财权进一步向县甚至乡一级下放

深入推动简政放权，进一步探索成都市级财权向县（市）区级下放，促进成都市各县（市）区财权与事权对等，为提高县（市）区科技财政投入创造条件。同时，县域创新驱动经济繁荣发展着力点和基点在乡镇/产业功能区，可探索部分财权特别是创新公共服务平台基础设施建设财权向乡镇/产业功能区延伸，重现 20 世纪 80 年代末县域及乡镇科技服务生产全面繁荣景象。

（四）着力探索构建体现全面创新的科学合理的财税政策体系

1. 实施差异化研发费用税前扣除比例支持政策

适当降低研发费用费用化税前扣除比例，保持甚至提高研究费用资本化的支持比例，促进研发费用费用化与资本化合理化，为企业融资等创造更多条件。

2. 加快制定激励企业增加基础研究投入的政策

积极响应中央、省市的部署，加快制定成都市基础研究十年规划和企业技术创新能力提升行动方案，协同财政和税务部门，加快落实 2022 年 10 月财政部、国家税务总局发布的《关于企业投入基础研究税收优惠政策》，激励企业自身加强基础研究投入和多路径加大对大学科研院所的基础研究投入，着力推动产学研紧密结合，提高成都市基础研发投入比例和基础研究能力。

3. 积极探索制定研发创新与非研发创新并行支持政策

积极探索建立和优化非研发创新财税政策，成都市县域特别是郊区新城及乡镇一级区域、低技术密集产业行业、服务业研发创新活动较少，更多的是非研发创新活动。成都市科技局应积极组织专家学者进一步对成都市非研发创新活动范围进行界定，建立差异化评价指标体系，根据成都市各区（市）县财政实际，鼓励成都高新区、天府新区、龙泉驿区以及五城区率先探索制定实施类似于研发投入税前加计扣除政策，建立起公平、公开、常态化、普惠性的非研发创新费用税前加计扣除政策，形成研发与非研发全面创新激励政策体系，着力推动制造与服务、城市与乡村、大中小微企业同步创新发展，技术与管理、制度、营销、组织、模式创新等全面全过程创新充分涌现，形成百花齐放的创新境界。

4. 着力构建多元化的研发投入来源机制

进一步向深圳南山区学习研发"6个90%"在企业的制度精神，健全社会多元化投入机制，完善社会捐赠、风险投资、金融科技产品等资金来源渠道，大力发展新型研发机构，营造多元化研发投入生态；降低政府研发投入占全社会支出比重，在保证财政科技投入资金持续增长的基础上，力争到2025年财政研发投入占全社会研发投入比低于30%，真正构建起以企业为主的研发投入机制。

5. 优化财税支持结构、时限

首先，优化财政科技投放资金结构，突出以基础研究、关键核心技术和产业"卡脖子"问题攻关为导向，增强科技自立自强财政投入，进一步向经济社会发展最迫切重大需求集中、向重点领域关键行业以及新基建倾斜，推动财政科技资金向基础研究和原始创新转变。其次，使财政资金进一步向规划、研究以及各种组织、论坛、交易会、数字化平台等促进创新资源互联互通的软实力提升的平台倾斜。最后，提高对产业联盟、专利联盟、新型研发机构、技术转移机构等新兴产业组织的支持力度，并延长支持时间。

三、深化科技投融资体制改革，搭建多元化投融资平台

（一）改变政府科技公共服务领域投资方式

进一步缩减政府及政府平台公司直接投资建设和营运孵化器、加速器以及产业园区基础设施建设项目投资控股比例，引入战略投资者；政府公共服务直接投资向公共服务购买转变，增加购买公共服务产品的范围，促进公共创新资源市场化运作，提高财政资金的利用率，增强其引导功能。

（二）探索建立创新服务投资负面清单制

探索建立创新服务投资负面清单制，充分发挥市场在资源配置中的决定性作用，进一步开放社会投资领域，使更多的社会资本参与到科技创新基础设施和公共服务平台建设上来，激发其创新创业活力。鼓励民间资本设立主要投资于创新公共服务、生态环保、新基建等领域的产业投资基金、集合资金以及信托计划。

（三）打破贷款责任终身制，建起真正的科技银行/社区银行

改变直接在现有商业银行下设科技贷款专柜的模式，探索建立由市、县（区）财政以及投资银行和大企业共同出资构建的科技专营机构，在科技型银行或专营机构取消贷款责任终身制，采取贷款损失最低标准值，贷款主要投资于以创新研发为主的初创企业，真正构建起具有硅谷银行性质的银行机构，切实为科技型中小企业服务。

（四）建立以企业为主的合伙制基金主体模式，增强基金营运的灵活性

进一步优化成都市知识产权基金来源主体结构，建立政府引导，企业、大学科研机构多元化主体参与的合伙制基金来源模式，增强产业基金、知识产权基金等各种资金投资运作的灵活性和时效性，提高其决策的独立性。硅谷80%以上的风险投资来源于私人独立基金和以合伙制为主的中小型风险投资机构，这种独立性的基金公司治理模式有着强大的生命力和决策的独立性，使得风险投资运作更具灵活性和时效性。

（五）建立政府与企业的出资与收益非对称机制，积极引进和培育中小创投公司

学习借鉴美国中小企业局中小企业投资公司（创投）孵化模式，鼓励成都中小企业局协同成都成投集团国有企业等（SBA）以2/3的比例为上限鼓励私人出不低于1/3的资本金来组建小企业投资公司（SBIC），大力引进和培育孵化县域中小企业投资公司，考虑成都市县域财政能力，如项目成功，SBIC向SBA支付不超过总利润的30%，私人可以获得不低于70%的利润；如项目失败则由SBIC和SBA共同承担相应的损失，可五五均分损失，增强中小企业投资局对风险投资的责任感、使命感和积极性，着力提高私人资本参与风险投资的积极性，促进社会资本转向实体经济。

四、构建科技资源成果有效转移转化共享服务体系

（一）鼓励各县（市）区跨省、市区共建共用共享具有自我特色的开放式科技成果转移转化中心

积极鼓励各县（市）区根据自身科技资源特点，与成都市内、市外甚至省外的科技交流中心、科技中心、科技转移平台中心共建科技成果转移转化服务中心，搭建起县域连通全国的以行业（产业）为特色的开放式科技成果转移中心。如青白江建川渝甚至西南先进材料产业成果转移中心，并着力推动创新券的互认互通，以成（川）渝甚至全国服务渠道促进成果

向县域流通落地和输出。

（二）鼓励各县（市）区建立科技大市场

1. 构建"线上+线下""五位一体"成果交易体系

学习成都全球双创交易大会模式，借鉴成都市高新区菁蓉国际广场高新技术服务超市模式，鼓励建立以县级市/产业功能区为基础、以乡镇（产业社区）为服务点、以更高层级的组织机构联结的线上+线下+场景应用的科技大市场，构筑展示、交易、共享、服务、交流"五位一体"的成果交易体系，并引进相应的市场化机构予以运营，广泛开展县、乡（产业功能区）科技赶场，形成市、县、乡镇/产业区三层级从城市到农村、国内到国外、线下到线上的广泛的技术市场交易网络体系，重现成都"八五"时期，科教服务广大农村景象。

2. 聚焦优质服务，加快科技资源数字化、平台化建设

鼓励通过合作共建方式让技术、咨询、检测、金融、知识产权等服务延伸至县域科技大市场，让创新驿站、风投公司、仪器使用等服务平台进驻市场，加快科技资源数字化、平台化建设，以实现成果、专家、专利、仪器等实体资源的直接和间接共享，培育覆盖全周期、全要素的科技服务产业链。

（三）建立和优化科技文献共享网络体系

1. 建全市统一的科技论文免费或有限免费共享网络

由成都市财政出资，统一购买以 CNKI 为主要数据库的科技文献资源库网，并制成行业模块永久使用，建全市统一科技论文免费或有限免费共享网络。建议由成都市科技信息情报所负责日常运作，与各县域联通。为防止资源共享无效率，根据成都市"5+5+1"重点产业，建立不同行业端口，并建立县域主导产业与行业端口一致进入分享原则。

2. 扩大和增加校企资源共享范围和内容

充分发挥科技资源最大化使用原则，不断拓展校企合作模式，建立互惠互利的利益机制，鼓励成都市重点大学、科研院所采取一校一县或一校一产业功能区模式。学校有限免费开通科技文献资料分享服务，为县域企业创新提供行业或产业前沿知识收集支持，着力弥补县域创新资源特别是产业行业科技文献资源的不足；企业为学校提供大学生毕业实习实践场地，实现更深入的互利互惠校企合作。

3. 进一步完善新一代地方专利检索及分析系统站点

依托成都市已接入国家知识产权局自主建设的地方专利信息服务系

统，积极构建面向县域的接入点，使成都市县域接入国家知识产权局地方专利信息成都站点，为县域构建连接全球专利资源的平台和端口，促进县域有效便捷吸纳全球科研成果和前沿知识信息，为企业科研院所专利检索提供免费平台。

五、积极推动金融产品创新，加大资本支撑力度

（一）积极探索互联网+股权众筹试点，着力解决小微企业融资难问题

2014年国务院提出股权众筹融资试点；2015年国务院办公厅印发的《关于发展众创空间推进大众创新创业的指导意见》（国办发〔2015〕9号）第六条提出支持股权众筹融资；2019年1月24日，中共中央、国务院发布《中共中央 国务院关于支持河北雄安新区全面深化改革和扩大开放的指导意见》，明确提出"筹建雄安股权交易所，支持股权众筹融资等创新业务先行先试"。股权众筹再次被国家关注，一方面是因为股权众筹具有"小额、公开、大众"的特点，对现有股权投资结构有所补充；另一方面，国家越来越重视民营企业、中小微企业和创业创新型高科技企业的发展，未来企业更多追求股本分红，股权众筹或将越来越受到重视。

（二）探索"区域股权交易+县域经济"合作的新模式

加快推进科技与金融融合发展，为实体经济注入强大金融动力，通过与天府（四川）联合股权交易中心（天府新四板）合作，鼓励有条件的县域探索设立县域特色板，如科技金融板、双创板、天府农业板、"一带一路"板等，开启"区域股权交易+县域经济"合作的新模式，将区域性资本市场服务功能下沉到县域，着力解决县域中小科技型企业创新创业融资难问题。

（三）积极争取设北交所服务站

鼓励成都高新区在省市支持下，充分利用自身企业资源丰富、科创企业多、竞争力强的特点，主动与北交所对接，积极争取设立北交所成都服务站，为培育企业上新三板（科创板）提供更直接更有效的服务。

（四）进一步创新"科创贷"细分产品

在现有"科创贷"产品系列中，加快推出人才贷、研发贷、种子贷等产品，并进一步丰富贷款额度结构，形成50万、100万、300万、500万有层次、有梯度的贷款结构，让更多的种子甚至点子企业有机会获得贷款。建议10万元的贷款采取直接授信方式，减少贷款的条款约束或增信行为。

六、加快构建和完善县域经济质量治理体系

积极落实 2023 年 2 月中共中央、国务院印发的《质量强国建设纲要》，继续深化"品质成都"建设，加快构建县域经济高质量发展治理体系。

（一）建设更适配的县域基础质量供给体系

着力推动经济质量效益型发展，深入实施质量提升行动，强化标准和品牌建设，提高区域和产业质量竞争力和影响力，加快产品、工程、服务提档升级，提高企业质量和品牌发展能力，强化市县乡与宏中微观双向互动的质量系统性谋划、整体性推进，打造成都市县域质量供给体系升级版。

（二）建设高水平的县域质量基础设施体系

着力加强质量基础设施运行监测和综合评价，成都高新区和天府新区牵头合理布局县域产业质量技术服务机构，实施质量基础设施拓展伙伴计划，以县域特色优势产业为基础，加强县域计量、标准、检验检测、认证认可等与国内国际衔接、互联互通，打造"一站式"集成服务基地，建设系统完备、结构优化、高效实用的质量基础设施，更好释放质量基础设施服务效能。

（三）建设现代化的基层质量治理体系

着力探索健全质量政策、完善质量法治、优化质量监管、深化质量督察和质量工作考核，强化基层治理、企业主责和行业自律，实现社会共治，营造政府重视质量、企业追求质量、社会崇尚质量、人人关心质量的良好氛围。

参考文献

阿吉翁，霍依特，2005. 内生增长理论 [M]. 陶然，倪彬华，汪柏林，等译. 北京：北京大学出版社.

阿伦拉奥，斯加鲁菲，2014. 硅谷百年史：伟大的科技创新与创业历程：1990—2013 [M]. 闫景立，侯爱华，译. 北京：人民邮电出版社.

埃德奎斯特，赫曼，2012. 全球化、创新变迁与创新政策：以欧洲和亚洲10个国家（地区）为例 [M]. 胡志坚，王海燕，主译. 北京：科学出版社.

波特，2002. 国家竞争优势 [M]. 李明轩，邱如美，译. 北京：华夏出版社.

陈喜乐，2010. 科技资源整合与组织管理创新 [M]. 2 版. 北京：科技出版社.

成都市科技信息情报研究所，2021. 2020 年成都市科技创新发展白皮书 [R]. 成都：成都市科技信息情报研究所.

德鲁克，2009. 创新与企业家精神 [M]. 蔡文燕，译. 北京：机械工业出版社.

洪银兴，2011. 关于创新驱动和创新型经济的几个重要概念 [J]. 群众 (9)：5-7.

侯贵松，2004. 创新：《哈佛商业评论》精粹译丛 [M]. 北京：中国人民大学出版社.

胡舒立，吴敬琏，2014. 新常态改变中国 [M]. 北京：民主与建设出版社.

霍奇逊，2007. 演化与制度：论演化经济学和经济学的演化 [M]. 任荣华，张林，洪福海，等译. 北京：中国人民大学出版社.

金琼，2001. 我国科技创新体系发展论 [J]. 上海经济 (3)：9-10.

沈能, 2009. 国内创新能力空间分布及其演进特征研究 [J]. 唐山师范学院学报 (11)：61-64.

沈玉芳, 殷为华, 2009. 区域经济协调发展的理论与实践：以上海和长江流域地区为例 [M]. 北京：科学出版社.

史忠良, 2005. 产业经济学 [M]. 北京：经济管理出版社.

宋刚, 2009. 钱学森开放复杂巨系统理论视角下的科技创新体系：以城市管理科技创新体系构建为例 [J]. 科学管理研究 (6)：1-6.

孙艳, 陶学禹, 1999. 管理创新与技术创新、制度创新的关系 [J]. 石家庄经济学学报 (1)：32-34

王文平, 2009. 产业集群中的知识型企业社会网络：结构演化与复杂性分析 [M]. 北京：科学出版社.

王孝斌, 王学军, 2011. 创新集群的演化机理 [M]. 北京：科学出版社.

武春友, 戴大双, 苏敬勤, 1997. 技术创新扩散 [M]. 北京：化学工业出版社.

张银银, 邓玲, 2013. 创新驱动传统产业向战略性新兴产业转型升级：机理与路径 [J]. 经济体制改革 (5)：97-101.

赵国栋, 易欢欢, 2013. 大数据时代的历史机遇：产业变革与数据科学 [M]. 北京：清华大学出版社.

中国社会科学院知识产权研究中心, 2008. 中国知识产权保护体系改革研究 [M]. 北京：知识产权出版社.

附件 成都市产业生态圈及产业功能区名录

成都市产业生态圈及产业功能区名录（2021版）

产业生态圈	功能区	所属区（市）县
电子信息产业生态圈	成都电子信息产业功能区	成都高新区、郫都区
	成都新经济活力区	成都高新区
	成都芯谷	双流区
	天府智能制造产业园	新津区
	崇州消费电子产业园	崇州市
医药健康产业生态圈	成都未来医学城	成都东部新区
	成都天府国际生物城	成都高新区、双流区
	华西医美健康城	武侯区、成都高新区
	成都医学城	温江区
	天府中药城	彭州市
航空航天产业生态圈	天府国际航空经济区	成都东部新区
	成都未来科技城	成都高新区
	成都工业创新设计功能区	青羊区
	新都现代交通产业功能区	新都区
	双流航空经济区	双流区
	成都空天产业功能区	简阳市
	淮州新城	金堂县

产业生态圈	功能区	所属区（市）县
轨道交通产业生态圈	金牛坝科技服务产业功能区	金牛区
	新都现代交通产业功能区	新都区
	天府智能制造产业园	新津区
	中德（蒲江）产业新城	蒲江县
汽车产业生态圈	简州智能装备制造新城	成都东部新区
	龙泉汽车城	龙泉驿区
	成都绿色氢能产业功能区	郫都区
	天府新区半导体材料产业功能区	邛崃市
新型材料产业生态圈	成都高性能纤维材料产业功能区	青白江区
	成都欧洲产业城	青白江区、金堂县
	成都高分子新材料产业功能区	彭州市
	成都空天产业功能区	简阳市
	天府新区半导体材料产业功能区	邛崃市
	淮州新城	金堂县
数字经济产业生态圈	成都科学城	天府新区成都直管区
	天府数字文创	天府新区成都直管区
	成都新经济活力区	成都高新区
	成都欧洲产业城	青白江区、金堂县
	天府牧山数字新城	新津区
人工智能产业生态圈	成都科学城	天府新区成都直管区
	天府牧山数字新城	新津区
	成都新经济活力区	成都高新区
	白鹭湾新经济总部功能区	锦江区
	金牛坝科技服务产业功能区	金牛区
	龙潭工业机器人产业功能区	成华区

产业生态圈	功能区	所属区（市）县
先进生产性服务业产业生态圈	成都科学城	天府新区成都直管区
	天府总部商务区	天府新区成都直管区
	简州智能装备制造新城	成都东部新区
	天府国际航空经济区	成都东部新区
	成都新经济活力区	成都高新区
	交子公园金融商务区	成都高新区、锦江区
	成都工业创新设计功能区	青羊区
	金牛坝科技服务产业功能区	金牛区
	好妆美谷	武侯区、成都高新区
	成都国际铁路港	青白江区
	双流航空经济区	双流区
	中国天府农业博览园	新津区
	简阳临空经济产业	简阳市
	淮州新城	金堂县
新消费产业生态圈	天府数字文创城	天府新区成都直管区
	天府奥体公园	成都东部新区
	交子公园金融商务区	成都高新区、锦江区
	春熙路时尚活力区	锦江区
	少城国际文创谷	青羊区
	荷花池国际商贸城	金牛区
	她妆美谷	武侯区
	三国创意设计产业功能区	武侯区
	东郊记忆艺术区	成华区
	成都熊猫国际旅游度假区	成华区、金牛区、新都区
	成北新消费活力区	新都区
	成都影视城	郫都区
	李冰文化创意旅游产业功能区	都江堰市
	龙门山湔江河谷生态旅游产业功能区	彭州市
	安仁.大邑博物馆特色小镇	大邑县
	西岭雪山文体装备功能区	大邑县

产业生态圈	功能区	所属区（市）县
都市农业和食品产业生态圈	温江国家农业科技园区	温江区
	中国川菜产业城	郫都区
	中国天府农业博览园	新津区
	简阳临空经济产业园	简阳市
	青城山旅游装备产业功能区	都江堰市
	崇州都市农业产业功能区	崇州市
	天府农创园	蒲江县
	天府现代种业园	邛崃市
	西岭雪山文体装备功能区	大邑县
	成都现代农业装备产业园	金堂县
碳中和产业生态圈	成都科学城	天府新区成都直管区
	中法成都生态园	龙泉驿区
	龙泉汽车城	龙泉驿区
	成都高性能纤维材料产业功能区	青白江区
	成都绿色氢能产业功能区	郫都区
	天府智能制造产业园	新津区
	成都高分子新材料产业功能区	彭州市
	天府新区半导体材料产业功能区	邛崃市
	淮州新城	金堂县
	成都空天产业功能区	简阳市

后记

本书由唐琼主持的成都市软科学课题"成都市县域经济差异化创新发展策略研究"的研究成果整理提升而得。在我国全面建成小康社会、开启全面建设社会主义现代化国家新征程之际，高质量发展成为"十四五"甚至更长时期经济社会发展的首要任务，创新成为发展第一动力，此时能出版一本基于共同富裕视角的关于成都市创新驱动县域经济高质量发展战略路径研究的学术专著，吾颇感欣慰。本书契合时代发展之需，不负几度春秋。从谋划到写成，前后花了五年时间，这期间经历了太多的意外和惊喜，生二孩、生病长达半年、经历新冠疫情，本书写好后又改名重写等，几欲放弃，还好在阳光灿烂、百花齐放的季节，终于可以出版。但由于时间和水平有限，本书仍存在许多不足，敬请读者海涵！

本书的出版实属不易。如果没有成都市科技局软科学项目基金资助、四川省社会科学院给予充足时间、丰富的文献资料支撑以及成都高新区、成都市（两院）院士中心、四川大学、电子科技大学、西南交通大学等提供的调研平台支持是难以完成的。在此，衷心感谢上述单位给予的鼎力支持和无限的理解与包容。

在本书写作过程中，我收集了大量的资料，调研了许多企业、部门、个人以及场景，除了自身10余年的知识、资料积累，还得到了相关单位及人员的大力支持。非常感谢成都高新区科技局张明同志，成都市科技局黄海同志，成都市科学技术顾问团夏梅老师，西南产权联合交易所冯再博士，以及四川省社会科学院蓝定香、刘金华、陈红霞、陈杰、王磊等同事、领导，他们为我提供了资料支持和相关建议。

同时，本书出版得到了西南财经大学出版社的大力支持。出版社有关编辑同志承担了繁重的校正、修改、规范任务，汪涌波老师为本书更名及出版提供了许多帮助。在此，向所有关心和支持本书出版的单位、专家学者和有关同志表示最衷心的感谢！

另外，本书在写作过程中参考引用了大量学者的学术研究成果，在此一并致谢！如有遗漏，敬请海涵！

最后，我要感谢我的家人对我的理解、帮助和支持，此书是牺牲了陪伴吾儿们成长的黄金时间换来的，在此表示深深歉意！同时也为你们骄傲，哥哥考上了理想大学，妹妹也健康快乐成长即将进入小学。我也更加明白，时间如海绵，以及危与机的辩证关系。早安，我的宝贝们，无论阳光还是风雨，我们一路成长前行！当然我最需要致歉的是我的父母，我不仅没有做到常回家看看，在你们耄耋之年，仍让你们牵挂和担心，在此，祝愿你们健康长寿，福如东海！

唐　琼

2023 年 5 月 16 日于蓉城浣花溪畔